JN295497

Truth In History 27

朝鮮三国志

高句麗・百済・新羅の300年戦争

自序

　三国時代といえば、魏・呉・蜀の3国が抗争を繰り広げた中国の三国時代を思い浮かべるのが一般的かもしれない。しかし、本書で取り上げているのは、朝鮮の三国時代である。

　古代の朝鮮において、高句麗・百済・新羅の3国が三つ巴の抗争を繰り広げた時代を、中国と同じように三国時代とよぶ。なかでも大国であったのが高句麗で、新羅は小国だった。しかし、その新羅が、7世紀、中国の唐と結んで百済と高句麗を滅ぼして朝鮮を統一し、三国時代は終焉となる。

　中国の三国時代にあてはめれば、魏が高句麗、呉が百済、蜀が新羅に該当するだろうか。ご存じの通り、中国では、三国時代に最終的な勝利を収めたのは、大国の魏であった。しかし、朝鮮では、小国の新羅が結果的に朝鮮を統一している。中国の三国時代でいえば、蜀が統一を果たしたようなものである。なぜ、小国にすぎなかった新羅が朝鮮統一をなしえたのか。その背景を探るのが、本書の出発点となっている。

　ただ、朝鮮三国の歴史を解明するのは、容易ではない。なにしろ、同時代の史料が存在せず、現存最古の『三国史記』ですら、新羅の滅亡から2世紀を経た12世紀に成立したものだからである。三国時代が終わってから5世紀を経ており、史料の信頼性はどうしても低くなってしまう。しかも、『三国史記』を編纂した金富軾は、新羅の王室の系譜をひいていたため、新羅を称賛する脚色や潤色が多い。

　『三国史記』によると、高句麗はB.C.37年、百済はB.C.18年、新羅はB.C.57年に建国されたと記されている。しかし、これは金富軾が意図的に新羅の建国を遡らせたものにすぎない。中国の史料に登場するのは、高句麗がB.C.1世紀、百済と新羅は4世紀になってからのことである。このため、本書では、三国時代の始まりを4世紀とし、それ以前の歴史については、序章でふれることにした。

　信頼性に欠けるとはいっても、朝鮮の三国時代を記す根本史料は『三国史記』しかない。『三国史記』を無視すれば、朝鮮の三国時代について叙述することは難しくなってしまう。そのため、中国や日本の史料を参照しつつ、内容の信憑性に留意しながら『三国史記』を利用している。

　なお、本書で叙述している内容は、会話文や手紙文も含め、すべて史料に依拠したものである。本書の性格から、逐一、典拠を示してはいないが、代わりに、巻末の年表に出典を明記することにした。

朝鮮三国志 ■ 目次

序章　高句麗の建国
扶余と高句麗の抗争 ……………………………… 8
漢・魏に従う高句麗 ……………………………… 14
鮮卑と高句麗の抗争 ……………………………… 24

第一章　百済・新羅の建国
高句麗を追う百済 ………………………………… 34
再び強国となる高句麗 …………………………… 44
百済の凋落 ………………………………………… 63
台頭する新羅 ……………………………………… 70

第二章　三国の動乱
隋の第1次高句麗遠征 …………………………… 92
隋を頼る百済と新羅 ……………………………… 98
隋の第2次高句麗遠征 …………………………… 102
隋の第3次・第4次高句麗遠征 ………………… 109

第三章　百済・高句麗の滅亡
隋を滅ぼした唐 …………………………………… 114
三国の抗争 ………………………………………… 118
唐の第1次高句麗遠征 …………………………… 127
追いつめられる新羅 ……………………………… 149
百済の滅亡 ………………………………………… 154
百済復興軍の蜂起 ………………………………… 165
唐の第2次高句麗遠征 …………………………… 169
百済復興運動の終焉 ……………………………… 175
高句麗の滅亡 ……………………………………… 187

第四章　新羅による統一
唐から距離をおく新羅 …………………………… 194
唐の朝鮮半島撤退 ………………………………… 200

コラム

- 扶余の建国神話 …… 13
- 高句麗の建国神話 …… 32
- 百済の建国神話 …… 62
- 新羅の建国神話［朴氏］ …… 88
- 新羅の建国神話［昔氏］ …… 89
- 新羅の建国神話［金氏］ …… 90

朝鮮三国志列伝

高句麗 …… 206

東明王	208	小獣林王	219
瑠璃王	209	故国壌王	219
大武神王	210	広開土王	220
閔中王	211	長寿王	221
慕本王	211	文咨明王	222
太祖大王	212	安臧王	222
次大王	213	安原王	223
新大王	213	陽原王	223
故国川王	214	平原王	224
東川王	215	嬰陽王	224
中川王	215	栄留王	225
西川王	216	宝臧王	225
烽上王	216	淵蓋蘇文	226
美川王	217	乙支文徳	227
故国原王	218	高安勝	227

百済 …… 228

肖古王	230	武寧王	237
仇首王	231	聖王	238
枕流王	231	威徳王	239
辰斯王	232	恵王	240
阿莘王	232	法王	240
腆支王	233	武王	241
久爾辛王	233	義慈王	242
毗有王	234	扶余豊璋	243
蓋鹵王	234	鬼室福信	244
文周王	235	道琛	244
三斤王	235	黒歯常之	245
東城王	236	階伯	245

新羅 —— 246

- 奈勿王 —— 248
- 実聖王 —— 249
- 訥祇王 —— 249
- 慈悲王 —— 250
- 炤知王 —— 250
- 智證王 —— 251
- 法興王 —— 252
- 真興王 —— 253
- 金異斯夫 —— 254
- 金斯多含 —— 254
- 真智王 —— 255
- 金居柒夫 —— 255
- 真平王 —— 256
- 善徳女王 —— 257
- 真徳女王 —— 258
- 武烈王 —— 259
- 文武王 —— 260
- 金庾信 —— 261

朝鮮三国王年表 …… 262

◎付録

- 朝鮮三国の武器・甲冑 —— 264
- 朝鮮三国志年表 —— 272

索引 …… 291
主要参考文献 …… 304

●凡例

・国名は、現在、読みならわされている読み方にしている。国号は、できる限り、同時代の史料に依拠している。たとえば、伽耶諸国のうちの金官伽耶は、同時代の史料に「任那」と記されているので、「任那」とした。なお、高句麗は、のちに国号を「高麗」とし、日本では「こま」と読んでいたが、本書では高句麗に統一した。

・朝鮮・中国の人名は、原則として漢音で表記している。煬帝は「ようだい」と読みならわされているが、とくに根拠はないものなので、本書では「ようてい」に統一した。なお、「朝鮮三国志列伝」では、朝鮮語読みを併記しているが、当時、そのように読まれていたことを意味するものではない。

・君主の称号は、一つの国では一つの称号に統一した。5世紀以前の新羅では、「尼師今」や「麻立干」などの称号が用いられていたが、すべて、王号に統一した。また、日本において天皇号が誕生するのは、7世紀になってからのことであるが、遡って天皇号を用いている。

序 章

高句麗の建国

扶余と高句麗の抗争

「箕氏朝鮮」と「衛氏朝鮮」

　朝鮮において、いつごろから国家が成立していたのかについては、よくわかっていない。中国最初の紀伝体の通史である『史記』によると、B.C.1046年、殷（？～B.C.1046年）を滅ぼした周（B.C.1046年～B.C.256年）の武王（在位B.C.1046年～B.C.1043年）が、殷の王族の一人で賢人として知られていた箕子を、朝鮮の地に封じたという。ふつう、その国を「箕氏朝鮮」とよぶこともあるが、国家として存在していたことを示す遺跡は発見されていない。このため、学術的にいえば、史実とは考えられないのである。

　朝鮮において、政治的権力の存在が確認できるのは、中国の漢（B.C.206年～220年）の時代である。B.C.195年、漢では、中国北部を治める燕王盧綰が失脚して匈奴（B.C.209年～93年）に亡命すると、盧綰の臣であった満が、朝鮮半島北部に逃れて新たに建国したという。満の姓は不明であるが、一般には、国境・辺境の意をもつ「衛」の字を冠して「衛満」とよばれている。そして、この「衛満」によって建国された国を「衛氏朝鮮」というが、その正しい国号は明らかでない。

●満による建国

漢の「朝鮮四郡」

　この後、「衛氏朝鮮」は、漢と対立し、B.C.108年、漢の武帝（在位B.C.141年～B.C.87年）による侵攻を受けることになった。武帝は、征圧した朝鮮半島に、真番・臨屯・楽浪・玄菟という四つの郡を設置して、漢の郡県としている。これがいわゆる「朝鮮四郡」である。「朝鮮四郡」の具体的な位置や範囲は不明だが、楽浪郡は平壌一帯、真番郡は楽浪郡の南、玄菟郡は朝鮮半島北東部、臨屯郡は玄菟郡の南に設置されたらしい。それぞれの郡の下には多くの県がおかれ、漢から派遣される漢人が郡県の長官となった。こうし

て、朝鮮半島は、中国王朝の統治下に入ることになったのである。

ただし、「朝鮮四郡」のうち、その後も安定していたのは楽浪郡だけで、玄菟郡・臨屯郡・真番郡においては、漢の支配に対する抵抗が続いたことから、支配の拠点は後退していく。B.C.82年、漢は、臨屯郡・真番郡を廃して楽浪郡・玄菟郡に併合することで立て直しを図るが、結局、玄菟郡では統治そのものが行き詰まり、B.C.75年には、事実上、玄菟郡は廃止に追い込まれてしまったのである。これにより、玄菟郡は遼東郡内に名目的に設置され、拠点としての玄菟城だけが残ることになった。

●漢の朝鮮四郡

高句麗の建国

漢による朝鮮半島支配が弱まるなか、替わって、玄菟郡の故地を支配するようになったのが、高句麗である。

高句麗がどのような経緯で建国されたのかについては、よくわかっていない。高句麗の建国について記す根本的な朝鮮の史料は、12世紀に完成した『三国史記』しかないためである。

●建国直後の高句麗

『三国史記』によれば、天帝の子と称する解慕漱を父にもつ高朱蒙が、扶余の金蛙王（在位B.C.48年～B.C.7年）の養子となったあと、B.C.37年、王位の争いから逃れるために卒本に逃れて高句麗を建国し、東明王（在位B.C.37年～B.C.19年）として即位したという。しかし、このことを同時代の中国の史料からは確認することができない。

このころ、朝鮮の周辺で最も勢威のあった国は、漢と扶余であった。おそらく高朱蒙は、漢に従って玄菟郡の高句麗県を実質的に支配しつつ、扶余王の娘を王妃に迎えるなどして、扶余とも和親を結んでいたのだろう。そして、漢の衰退に乗じて自立したのではないかと考えられる。

なお、朝鮮半島の北方で高句麗が建国されたころ、朝鮮半島の南方では、馬韓・辰韓・弁韓などの地域に分かれていた。それぞれの地域内には、小国が割拠するような状況で、統一した国家権力の発生はまだみていない。

扶余に人質を求められる高句麗

　高句麗が自立を図ったといっても、扶余の勢威は強大であった。B.C.6年正月、扶余の帯素王（在位B.C.7年～22年）は、使者を高句麗に送り、太子を人質として送るように要請してきた。このころ、東明王の跡を継いでいた瑠璃王（在位B.C.19年～12年？）は扶余からの要請を断ることはできないと判断して、太子の高都切を人質として送ろうとする。しかし、高都切は恐れをなして扶余に行こうとしない。人質になるということは、万が一、高句麗と扶余が交戦するようなことになれば、殺される運命にあったからである。

　結局、高句麗から扶余に人質を送らなかったことで、高句麗と扶余との間に亀裂が生じてしまう。そして、この年の11月、扶余の帯素王は、5万の軍勢を率いて高句麗に侵攻してきたのである。しかし、高句麗に大雪が降ったことから凍死者が続出したため、扶余軍は撤退したという。

扶余に服属する高句麗

　一度は高句麗征討を断念した扶余の帯素王は、それから14年後の9年8月、使者を高句麗の瑠璃王に送ってこう伝えた。

> かつて扶余と高句麗とは、和親を結んでいたにもかかわらず、高句麗は扶余から離れてしまった。しかし、人に長幼の序があるように、国にも大小の差がある。年少者が年長者に従うのと同じように、小国は大国に従うべきではないのか。そなたが扶余に従うのであればよい。しかし、そうでなければ、国を保つことは難しいと考えよ

事実上の降伏勧告である。瑠璃王は、群臣と相談のうえ、ひとまず扶余に降伏して、後日を期すことにした。そこで、扶余の使者を通じて、

> 弊国は、これまで礼儀をわきまえておりませんでしたが、今、貴国の教えを承りました。謹んで貴国に従います

と奏上したのである。ただ、瑠璃王の王子である高無恤だけは、この対応に納得しなかったらしい。扶余の使者に、こう語った。

「国に戻られたら、王に伝えてほしい。ここに重ねた卵があるとします。もし王が卵を割らなければ弊国は貴国にお仕えいたしましょう。ですが、王が卵を割ってしまえばお仕えすることはできません」

　高句麗から戻った使者から話を聞いた扶余の帯素王は、高句麗の王子がいわんとしていることの意味を、広く臣民にまで聞いて回ったという。する

と、ある一人の老婆が、
「重ねた卵というのは危険な状態にあるものです。きっと、高句麗の王子は、わが扶余のほうが危険な状態にあるのだといいたいのでしょう」
と解説した。この老婆の理解が正しいとすれば、高無恤は、扶余が高句麗に朝貢を促すことが、扶余を危機に陥らせることになると警告したことになる。

新の建国と高句麗

　高句麗が扶余との抗争に明け暮れていたころ、中国では廷臣の王莽が帝位を簒奪して新（8年〜23年）を建国し、漢は一時的に滅亡していた。儒教を信奉する王莽は、周の時代を理想として、中国以外の周辺諸国を蔑視する。そして、周辺諸国の君主の称号を「王」から「侯」に格下げしてしまったのである。これによって、瑠璃王の称号も、対外的には「高句麗王」ではなく「高句麗侯」になってしまった。

　「王」の称号が「侯」に格下げとなれば、王は対内的にも示しがつかなくなり、王権の衰退は避けられなくなってしまう。そうしたなかで、匈奴が新から離反すると、王莽は、匈奴を征討するため、高句麗にも出兵を要請したのである。しかし、瑠璃王が出兵を拒否したため、王莽が遼西郡の太守である田譚に高句麗へ侵入させたところ、高句麗軍は新軍を迎え撃ち、田譚を敗死に追い込んだという。

　こうしたなかで、新の廷臣である荘尤は、王莽に対し、こう諫言した。
「確かに高句麗人は、わが新の法に背きました。しかし、その罪がすべて高句麗侯にあるわけではございません。征討して罪を問うのではなく、自ら新の玄菟郡に従うようにさせたほうがよいでしょう。高句麗侯を征討しようとすれば、必ずや高句麗人は反乱をおこします。扶余も、高句麗に呼応するかもしれません。匈奴征討に手こずっているなかで、扶余や高句麗とも戦うのは、避けたほうがよろしいかと存じます」

　しかし、王莽は、その諫言を聞こうとはしない。逆に、12年、荘尤に命じて、高句麗を征討させることにしたのだった。中国の史料である『後漢書』によると、荘尤は、計略を用いて「高句麗侯騶」なる人物をおびき出して暗殺すると、その首を王莽のもとに送ったという。朝鮮の史料である『三国

『史記』では、高句麗の瑠璃王は、18年10月、離宮に行幸したところで急死したことになっているが、この「高句麗侯騶」こそ、瑠璃王だったのではなかろうか。「高句麗侯騶」の首をみた王莽は、「高句麗」の国号を勝手に「下句麗」と改めた。
　真相は定かではないが、このあと高句麗では、瑠璃王に替わり、太子の高無恤が即位して大武神王（在位12年？〜44年）となっている。

高句麗に侵攻する扶余軍

　高句麗の瑠璃王は、扶余の帯素王に対して、服属の意思を伝えてはいたものの、朝貢することはなかったらしい。13年11月、帯素王は、高句麗への出兵を命じた。これに対し、高句麗の大武神王は、扶余軍を迎え撃つ。
　とはいえ、扶余軍のほうが軍勢の数は多く、高句麗軍がまともに戦っても勝算はない。そこで、大武神王は、奇計を用いることにした。その奇計というのは、高句麗の山中に伏兵をおき、扶余軍に奇襲をしかけるというものであった。この計略により扶余軍が大敗し、馬を捨てて逃げ出すと、高句麗軍は扶余軍の敗残兵を追撃してすべて討ち取ったという。

扶余に侵攻する高句麗

　高句麗は扶余に圧迫され続けてきたが、ここにきて、大武神王は、扶余に対する反攻を開始する。そして、22年2月、扶余へと侵攻したのである。扶余の南辺には湿地帯が多く、高句麗軍は平地に布陣を完了した。
　これに対し、扶余の帯素王は、自ら大軍を率いて高句麗軍を迎え撃つ。そして、高句麗軍が布陣を完了する前に急襲しようとしたが、湿地帯にはまって進退の自由を奪われてしまう。このとき、高句麗軍は、扶余軍に総攻撃をかけ、帯素王を討ち取ったのである。だが、扶余軍は、王を討ち取られても総崩れにはならず、逆に、高句麗軍の陣を包囲したため、高句麗軍が窮地に陥った。しかし、ちょうど周囲に霧が立ちこめたため、高句麗軍は武器を持たせた藁人形を陣営の外に並べると、間道を通って脱出したという。
　大武神王は高句麗に帰還したのち、群臣に向かって、
　「扶余の王を討ったものの、滅ぼすことはできず、高句麗の国力を低下させてしまった。これは、ひとえに、王の責任である。どうか赦して欲しい」
　と語り、戦死者の家を弔問し、負傷者の家を慰問した。このため、高句麗の臣民は、大武神王のために忠誠を尽くすことを誓ったのだという。

扶余の建国神話

●霊気により誕生

　その昔、北方に索離という国があった。索離がどのような国であったのかは判然としないが、北アジアに存在していたらしい。索離の王は、王が不在の間に侍女が妊娠したため、殺そうとする。すると侍女は、
「天に鶏の卵のような霊気があり、それが私に下ってきました。そのあとで、身ごもったことに気がついたのです」
と弁明した。
　侍女が子を産むと、王は捨てさせることにした。しかし、豚小屋に放置しても豚はその子に息を吹きかけ、馬小屋に放置しても馬はその子に息を吹きかけ、守ったのである。王は、その子の父は天神なのではないかと考え、東明と名付け、育てることにした。

●東明の亡命

　成長した東明は、弓を射るのが上手であった。このため、王は東明が自らの王位を奪う存在になるのではないかと恐れるようになる。そして、東明は、索離を離れて南へと向かう。
　東明が弓で川面をたたくと、魚や鼈が浮かび上がって橋を架けた。しかし、東明が渡り終えると、魚や鼈は潜ってしまい、追ってきた索離の兵は、戻るしかなかった。こうして、東明は扶余の地に至り、王となったという。

●神話の系譜

　扶余人は、もともとは黒龍江上流域にいたモンゴル系の遊牧民族であったらしい。モンゴル系の遊牧民族は、狼とその妻である鹿の子孫であるという神話をもっているが、扶余の神話では、始祖をそうした聖獣の系譜につなげてはいない。ただ、東明が弓に秀でていたとしているところに、遊牧民族としての名残をみてとることができよう。
　また、東明が南方に向かったという神話は、扶余人による民族の移動を示唆していると考えられる。扶余が建国されたのは、現在の中国黒龍江省を中心とする一帯であり、農耕を主とする生活を始めていた。神話において、農耕民族の家畜である豚を飼っているのも、そうした生活を物語っている。

序章　高句麗の建国

漢・魏に従う高句麗

再興された漢に朝貢する高句麗

　漢（B.C.206年～220年）の帝位を王莽が簒奪して建国された新（8年～23年）は、結局、匈奴（B.C.209年～93年）の征討に失敗して国力を疲弊させてしまう。各地で反乱が相次ぐなか、王莽が殺されて新は滅亡する。そして、25年、漢の皇族の一人であった劉秀が混乱を収束させて漢を再興し、光武帝（在位25年～57年）として即位した。

　こうして、漢が再興されて間もない28年7月、漢軍が遼東郡から高句麗へ侵入してきた。驚いた大武神王（在位12年？～44年）は、群臣を集めて策を練る。このとき、配下の松屋句は、

「今、漢は凶作で、なおかつ臣民が蜂起しているにもかかわらず、大義名分の立たない出兵を強行しました。おそらく、皇帝が決めたことではなく、遼東郡の太守らが勝手に兵を動かしたものなのでしょう。このような出兵が成功するはずもありません。わが軍が天険に拠って奇襲をかければ、勝つことは難しくないはずです」

　という。これに対し、乙豆智は、

「『孫子』には、小敵の堅は大敵の擒なり、とあります。どんなに守備を固めても、少勢では多勢に勝つことはできません。殿下は、わが軍と漢軍では、どちらが多勢だとお考えですか。わが軍のほうが少勢なのですから、謀略を用いるのならともかく、まともに戦って勝つことはできないでしょう」

　という。大武神王が、

「謀略で討つというのは、具体的にはどうするつもりなのか」

　と聞くと、乙豆智は、

「着陣したばかりの漢軍は、士気も高いでしょう。ですから、今、戦うのは得策ではありません。殿下は城門を閉じて堅く守り、漢軍が疲れるのを待

ち、その後に打って出るのがよろしいかと思います」

と答えた。大武神王は、この乙豆智の献策に従うことにし、王都卒本の背後に位置する五女山城に籠城したのである。

しかし、漢軍は、数十日間たっても、包囲を解かなかった。このため、高句麗軍のほうが先に疲労してしまう。大武神王が、

「このままでは落城も免れまい。どうすればよいのだ」

と乙豆智に聞くと、乙豆智は、

「漢軍は、この城が岩地に築かれているため、水源はないと考えているにちがいありません。ですから、池の中の鯉をとって、酒といっしょに持っていって漢軍をねぎらうのがよいでしょう」

と答えた。王はその献策に従い、

> それがしが愚かなばかりに、皇帝陛下の罪を得てしまいました。そのため、陛下も将軍に100万の大軍をつけ、出兵を命じられたのでしょう。
> 今、それがしは、将軍の心に応えるだけの品をもちあわせておりません。つまらないものですが、皆様方でご賞味ください

などと書いた書翰を、鯉と酒に添えて漢軍の陣営に送ったのである。このため、漢軍は、城内に水が豊富にあることを知り、短期間で攻略することは

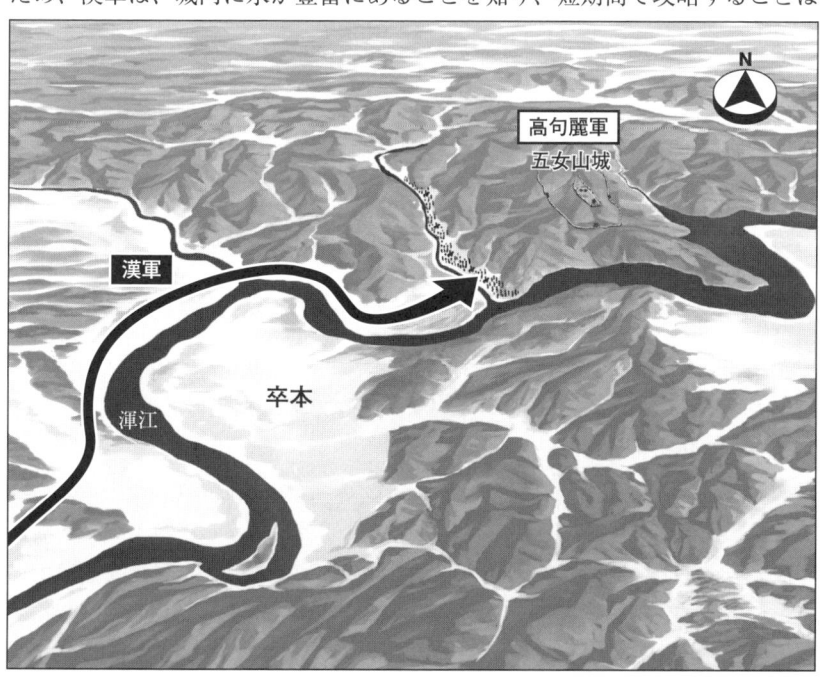

序章　高句麗の建国

不可能だと判断したのだろう。漢軍は、

> わが皇帝陛下は、そなたの罪を問わしむべく、それがしをこの地に遣わしたのである。今、そなたからの書翰を読む限り、陛下に従順であることに偽りはあるまい。それがしが責任をもって、このことを陛下に報告するとしよう

と大武神王に返書したのである。こうして、漢軍は高句麗から撤退した。このときの漢軍が、松屋句のいうように、遼東郡の太守らが勝手に兵を動かしたものであるかどうかはわからない。ただ、このあとも光武帝は朝鮮半島への介入を続けていたから、このときの出兵も、光武帝の命であったのだろう。

32年、大武神王は使節を漢に遣わして朝貢した。これにより、漢の光武帝は、新によって「侯」に格下げされていた高句麗の君主の称号を、「王」に戻したのである。

漢による楽浪郡の平定

このころ、漢の楽浪郡では、混乱に乗じて自立を図る漢人が現れていた。漢を再興したばかりの光武帝は、30年6月、楽浪太守の王遵に命じて、すでに自立していた王調を討たせている。

おそらく、高句麗の大武神王にも出陣の命令がくだったのだろう。大武神王は、32年4月、王子の高好童に楽浪郡の有力者であった崔理の娘を迎えると、油断した崔理を急襲して滅ぼしたのである。このとき、崔理は、敵が近づくと音を出して警告する角笛と太鼓を保持していたが、高好童に嫁いでいた娘によって壊されていたため、油断したという話も伝わるが、もちろん、伝説にすぎない。いずれにしても、大武神王は、37年には、楽浪郡の抵抗を抑えることに成功した。

しかし、それでも楽浪郡には、依然として、漢の支配に従わない漢人の勢力があったらしい。44年9月には、漢の光武帝が海路から派兵して、楽浪郡を平定したのだった。このあと、光武帝は、改めて楽浪郡に郡県を設けている。こうして、漢と高句麗は、清川江を国境とすることが確定し、しばらくは、平和が続くことになったのである。

漢と高句麗との抗争

漢を再興した光武帝は、楽浪郡の再建に取り組むなど、失墜した権威の回復に努めていた。しかし、その後、漢王朝では、幼帝の即位が続いたことで外戚が勢威をもち、やがては、権力争いが続いたことによって、衰退していく。

こうした漢の衰退に乗じて、高句麗の太祖大王（在位105年？〜121年？）は、漢が支配下におく玄菟郡・遼東郡への進出を図っていった。105年正月には、遼東郡に派兵して6県を侵掠したが、遼東太守の耿夔が防戦したため、高句麗軍は敗れた。だが、その後も、侵攻を繰り返したため、漢の安帝（在位106年〜125年）は、121年春、幽州刺史の馮煥と玄菟太守の姚光に命じて兵を高句麗に侵入させたのである。

これに対し、太祖大王は、太子の高遂成に2000の兵をつけ、漢軍に備えさせる。高遂成は、漢軍の陣営に使者を送り、偽って降伏を願い出た。こうして、馮煥と姚光が高句麗軍の降伏を信じて油断した隙に、太祖大王は、3500人の別働隊を密かに送り込み、玄菟郡・遼東郡の城を落として2000余人を討ち取ったという。

さらに、4月、太祖大王は、鮮卑軍8000とともに遼東郡に侵攻した。このとき、遼東太守の蔡諷は、新昌まで出陣して高句麗軍を迎え撃ったが、結局、討ち死にしてしまう。漢軍は、蔡諷を最後まで守ろうとした公孫酺ら100余人が討ち取られたという。

こうして勢いを得た太祖大王は、12月、1万余騎を率いて玄菟郡の拠点である玄菟城を包囲する。このとき、漢の安帝は、扶余に支援を要請し、扶余の王子である尉仇台が、2万の兵を率いて駆けつけた。このため、高句麗軍が大敗して、500余が討ち取られたという。

この直後、中国の史料である『後漢書』では、高句麗王の高宮が崩御して、太子の高遂成が即位したことになっている。朝鮮の史料である『三国史記』では確認できないが、このとき、高宮すなわち太祖大王が崩御し、高遂成が即位して次大王（在位121年？〜140年？）になったものとみられる。

●漢と高句麗

漢に降伏する高句麗

　高句麗において太祖大王が崩じて次大王が即位したころ、漢では玄菟太守の姚光が、
「太祖大王の服喪に乗じて出兵して、高句麗を討つべきかと存じます」
と上奏し、朝議での許可を求めていた。このとき、陳忠は、
「たしかに生前の太祖大王は狡猾でしたから、わが軍も討つことができませんでした。とはいえ、その太祖大王の服喪に乗じて高句麗を攻撃するというのは、義に反するものです。むしろ、高句麗には弔問の使者を送れば、次大王も先王の罪を悔い改め、漢に臣従するにちがいありません」
という意見を述べたため、安帝は、陳忠の献策に従い、高句麗征討を中止することにした。
　こうして、漢からの弔問の使者を迎えた次大王は、翌122年、漢人の俘虜を送還するとともに、自ら玄菟郡に赴いて降伏したのである。これを受けて、安帝は、次のような詔を発している。

　　高句麗の次大王は残虐かつ無礼であり、本来ならば、斬首のうえ、首を塩漬けにして晒すところである。だが、罪を認めて降伏してきたから、特別に恩赦を与えることにした。とはいえ、高句麗・鮮卑は毎年のように漢の土地を略奪し、奴隷として連行された漢の臣民は1000を数えている。このうち、漢に送還された奴隷は数十人から100人にすぎない。今後、漢に従い、奴隷としている漢人を自ら送還した者には、対価を払うことにしよう。子どもの奴隷の場合は、大人の半分の対価とする

　漢のこうした施策により、高句麗のほか、鮮卑などの諸民族も、進んで漢に従うようになったという。

再び漢に降伏する高句麗

　次大王が漢に降伏したことで、高句麗の王権は衰微していく。そうしたなかで、次大王の跡を継いだ新大王（在位140年？～179年）は、対外進出を試みなければ高句麗の王権を維持できないと考えたらしい。146年、新大王は、漢の遼東郡西安平県から楽浪郡に兵を送ると、楽浪郡の帯方県令を殺したうえ、楽浪郡太守の妻子を俘虜にしてしまったのである。
　もちろん、こうした行為を漢が認めるわけがない。ただ、桓帝（在位146年～167年）の代には、皇帝の外戚が権力を握っており、高句麗の侵入に対

処することができなかった。その後、167年に即位した霊帝（在位167年〜189年）の代になって、漢は高句麗への対処に乗り出している。168年に、玄菟太守耿臨率いる漢軍が高句麗に侵攻してきたとき、高句麗軍は大敗し、数百人が討ち取られたという。新大王は漢軍に降伏し、玄菟郡に従うことを誓った。そして、玄菟郡に従属させられた高句麗は、169年、玄菟郡太守の公孫域を支援するために、軍勢を派遣している。

高句麗の内政改革

　高句麗王権の弱体化を食い止めようとして失敗した新大王は、179年に崩御した。このとき、新大王の長男である高抜奇は不肖であったことから、群臣は次男の高伊夷模を奉じ、故国川王（在位179年〜227年？）として即位させたという。ただ、王権が弱まっていたときのことであり、実際に高抜奇が不肖であったかどうかはわからない。故国川王の外戚の意向であった可能性もあるだろう。

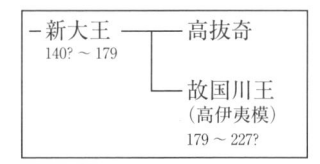

　故国川王が即位してほどなく、高句麗の国内では反乱がおきるようになっていた。そうしたなかで、故国川王は、内政の改革に着手する。当時、高句麗の国内は、涓奴部・絶奴部・順奴部・灌奴部・桂婁部という五つの部族の連合で構成されており、王は桂婁部から輩出されることになっていた。しかし、それでは、登用されるのは桂婁部の者に限られてしまう。広く人材を求めようとする故国川王は、191年に反乱を抑えると、こう布告した。

　　近ごろ、縁故により無能な者にまで官位を与えたため、国内が乱れてしまった。これはひとえに王の責任である。この状況を立て直すため、桂婁部以外の4部から、優れた人材を推挙せよ

　こうした王の命を受けた4部は、順奴部の晏留をともに推挙する。しかし、故国川王が晏留に改革を委ねようとすると、晏留は、

　「それがしには、改革を行う力量はございません。ですが、瑠璃王（在位B.C.19年〜12年？）の大臣を務めた乙素の孫にあたる乙巴素は、勇気と智恵が備わっております。改革を成し遂げられるとすれば、乙巴素をおいてほか

にはいないでしょう」

という。このため、故国川王は、乙巴素に改革を任せることにした。

しかし、改革には、既得権益をもつ貴族たちの抵抗がかなりあったらしい。そのため、故国川王は、

　　貴族であろうとなかろうと、乙巴素に服従しない者は粛清する

と布告した。こうして、高句麗は乙巴素によって、法に基づく統治を行うようになり、国内は安定していったという。

高句麗に進出する遼東郡の公孫氏

●高句麗に進出する公孫氏

－公孫度── 公孫康── 公孫淵

高句麗で内政改革が行われていたころ、漢では、献帝（在位189年〜220年）を奉じた董卓のほか、曹操などが権力をめぐって争う内乱状態に陥っていた。そうしたなか、189年に遼東郡の太守に任じられた公孫度は、漢からの自立を図っていく。さらに、公孫度の子である公孫康は、漢の楽浪郡を支配下におくと、204年、楽浪郡の南部を割いて帯方郡を設置するまでに至っている。

こうして、急速に勢威を拡大させていく公孫康が、高句麗の故国川王と衝突するのは時間の問題であったといえよう。高句麗は、公孫康による侵攻を受けることになった。このとき、故国川王の兄である高抜奇は、涓奴部の臣民3万余を率いて公孫康に降伏したという。

さらに、高句麗の国内では公孫氏に呼応した反乱が続発したため、故国川王は、王都である卒本を逃れ、209年10月、通溝への遷都を余儀なくされている。このあと、高抜

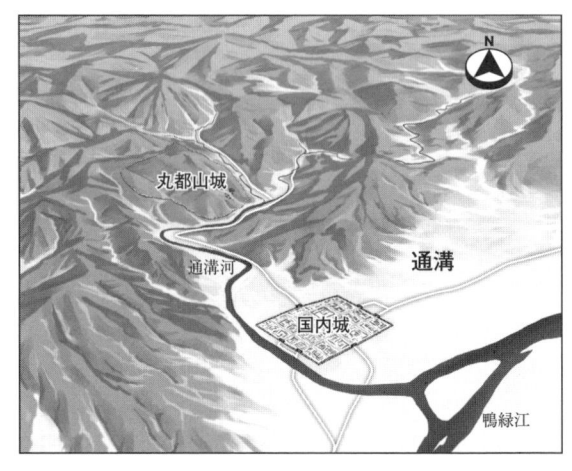

奇自身は遼東郡に移ったものの、子の高駮位居を高句麗に残して勢力を保ち続けた。

通溝における高句麗の王都は、国内城と、そこから西北に2.5kmほど離れた丸都山城で構成されている。国内城は、南北約600m・東西約700mの城壁に守られた平城で、もとは玄菟郡高句麗県の県城であったらしい。一方の丸都山城は、総延長約7kmほどの城壁に囲まれ、290haほどの面積をもつ巨大な山城で、国内城の詰めの城として位置づけられていた。

魏と結ぶ高句麗

漢は220年、献帝が曹操の子の曹丕に禅譲を強要されたことで滅亡し、中国は、魏（220年～265年）・呉（222年～280年）・蜀（221年～263年）が鼎立する三国時代（220年～280年）を迎える。そうした状況のなか、234年、魏の明帝（在位226年～239年）は高句麗に使節を遣わすと、高句麗の東川王（在位227年～248年）は、魏と和親を結ぶことにする。その2年後の236年2月、呉の大帝（在位222年～252年）が、使者の胡衛を高句麗に送って和親を結ぼうとしたときには、すでに魏に通じていた東川王は、胡衛の首を斬り、魏に送ったのである。東川王は、魏と友好的な関係を維持することで、高句麗を安泰にしようとしたわけだ。

238年、魏の明帝の命を受けた司馬懿が、公孫康の子である公孫淵を討つため4万の大軍を率いて遼東郡に出兵したときには、東川王も数千の援軍を送っている。高句麗は、たえず公孫氏の侵入に苦しめられていたから、援軍を送ったのは当然のことであったかもしれない。結局、降伏した公孫淵は斬首され、公孫氏は滅亡した。おそらく、公孫氏と結んでいた高抜奇の抵抗も、ここで終わったのであろう。

●中国三国時代の東アジア

鮮卑　高句麗　扶余
南匈奴　　　　沃沮
　　　遼東郡
　　魏
　　　　呉
蜀

高句麗に侵攻する魏

公孫氏が滅亡したあと、高句麗の東川王は、鴨緑江下流の遼東郡西安平県を攻撃するなど、魏の遼東郡への進出を図る。このとき、配下の得来は、

東川王に対し、魏と対立することの不利を訴えたが、東川王は聞かない。このため、得来は、
「高句麗の地は将来、廃墟になるであろう」
と嘆き、断食をして諫死したという。

●魏の高句麗侵攻

得来が予想した通り、高句麗が魏への進出を繰り返したことで、魏との対決は不可避となり、ついに、244年、高句麗は魏の幽州刺史である毌丘倹率いる1万の軍勢に玄菟郡から侵攻されてしまうのである。これに対し、東川王は、魏軍を上まわる2万の軍勢を率いて鴨緑江で迎え撃ったが、高句麗軍は1万8000余人を討ち取られたという。東川王は、わずか1000余騎で敗走した。高句麗の完敗であったことはまちがいない。そして、高句麗の王都の通溝を陥落させられてしまうのである。

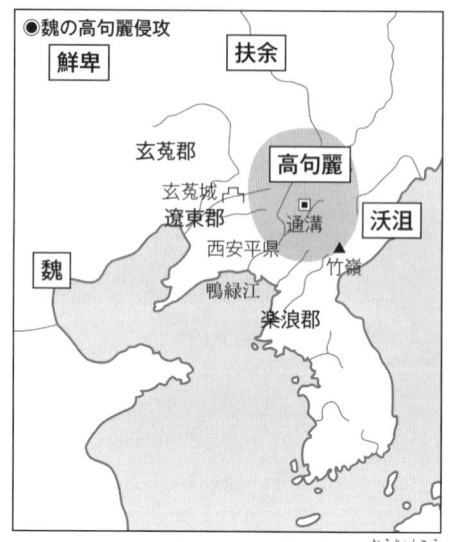

翌245年、毌丘倹は再び、高句麗に侵攻してきた。東川王は、沃沮に逃げようとして竹嶺に至ったが、ここで、追撃してきた玄菟太守の王頎率いる魏軍に囲まれてしまう。このとき、配下の密友は、
「このままでは脱出することはできません。それがしが命がけで防ぎますから、その間に殿下はお逃げください」
といい、手兵とともに魏軍の陣に突入していった。そのあと、東川王は、間道を抜け、かろうじて魏軍の包囲から脱出することができた。東川王が、
「密友を連れて戻ってきた者には重賞を与えよう」
というと、配下の劉屋句が、負傷していた密友を背負って戻ってきた。

こうして、東川王らの一行は、沃沮まで逃れることができたが、魏軍の追撃はおさまらない。こうしたなか、配下の紐由が進み出て、
「それがしに策がございます。偽って降伏したあと、隙をうかがって敵将を討ちましょう。その混乱に乗じて、殿下は魏軍を攻撃してください」
と献策すると、東川王も、その策を採用した。

そこで、紐由は、魏軍の陣営に赴いて、
「わが王は、魏に背いて逃げてはきたものの、もはや隠れるところもあり

ません。降伏をお許しいただければ、貴国に命を預ける所存です」
　といった。魏の陣営ではこれを信じて、高句麗の降伏を受けいれる準備を整えはじめたが、このとき、紐由は、隠し持っていた刀で魏の将軍を刺す。即座に紐由も殺されたが、魏の陣営は大混乱に陥った。同時に、高句麗軍が魏の陣に総攻撃をかけたのである。
　このように、高句麗軍の抵抗が続いたため、魏軍は東川王の捕縛を諦め、楽浪方面から撤退を開始する。魏の将軍である毌丘倹は、東川王に魏との戦いをやめさせようとして諫死した得来の墓だけは壊さないように厳命し、俘虜にした得来の妻子もすぐに釈放したという。

中国の動乱と朝鮮半島

　こうして魏は、高句麗への圧迫を強めていくが、265年、司馬懿の孫にあたる司馬炎に禅譲という形で帝位を奪われて滅亡した。司馬炎は晋（265年〜420年）を建国して、武帝（在位265年〜290年）として即位する。だが、その晋も、50年を経た頃にはモンゴル系とされる匈奴・鮮卑・羯、チベット系の氐・羌といった北方遊牧民族の侵入を受け、弱体化していった。

●晋代の東アジア
扶余　鮮卑　匈奴　高句麗　羌　氐　晋

　匈奴・鮮卑・羯・氐・羌といった異民族を「五胡」とよび、華北では、この「五胡」を中心におよそ16の国が興亡していくことになる。この時代を一般には五胡十六国時代（304年〜439年）とよぶが、このほかにも、漢族によって建国された国も存在しており、必ずしも、異民族の国だけが存在していたわけではない。
　晋は4代皇帝孝愍帝（在位313年〜316年）が殺されたことで316年に一旦は滅亡する。しかし、皇族の一人である司馬睿が華南に逃れ、318年、元帝（在位318年〜322年）として即位し、晋の再興を図った。国号は晋のままであるが、支配する領域は華南に限られており、同じ国としては見なしがたい部分もある。このため、316年以前の晋を西晋、318年以降の晋を東晋として区別することもある。
　晋（東晋）と北方遊牧民族との覇権争いが続くなか、高句麗も、そうした北方遊牧民族による侵入から逃れることはできなかった。

鮮卑と高句麗の抗争

鮮卑の高句麗侵入

　華北に侵入した北方遊牧民族のうち、高句麗にとって最も脅威となったのは、鮮卑である。鮮卑は、拓跋部・宇文部・段部・慕容部など、いくつかの部族に分かれていたが、そのうちの鮮卑慕容部が朝鮮半島に接していた。鮮卑慕容部の部族長である大人の慕容廆は、285年、扶余を占領してその王を自害に追い込んでいたから、高句麗は慕容廆による侵入を恐れていたのである。

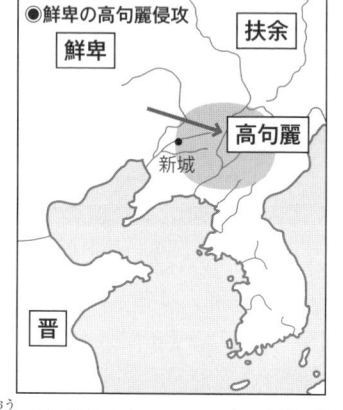

　そして、実際に293年8月、慕容廆率いる鮮卑軍が高句麗に侵攻してきた。高句麗の烽上王（在位292年〜300年）は逃げたが、鮮卑軍に追いつかれそうになる。このとき、小兄の高奴子が、500騎を引き連れて烽上王を守り、かろうじて危機を救ったのだった。命拾いをした形の烽上王は高奴子の功を高く評価し、官位を小兄から大兄へとあげたのである。

　3年後の296年8月、再び鮮卑軍が高句麗に攻めてきたとき、烽上王は、
「鮮卑の兵力は強大で、しばしば高句麗領を侵掠している。侵掠をやめさせるには、どうしたらいいだろうか」
と群臣に問う。これに対し、宰相の倉助利が、
「大兄の高奴子は賢く勇敢です。殿下が、鮮卑から高句麗の領土を守り、臣民の生活を安定させようとするなら、この高奴子のほかに任せられる人物はいないでしょう」
と答えた。

　早速、烽上王は、倉助利の意見を容れて、高奴子を新城の太守にする。以来、高奴子が善政をしいて新城を守っている間、鮮卑軍が攻めてくることはなかったという。

美川王の即位

　300年正月に地震があった高句麗では、その直後の2月から7月まで雨が降らず、凶作になってしまう。このように困窮した状況にありながらも、烽上王は、国中から15歳以上の男女を徴発して王宮の修理にあたらせた。このため、多くの臣民が高句麗から逃げ出したという。
　宰相の倉助利は、烽上王に対し、
「天災により臣民は苦しんでいます。にもかかわらず、殿下は宮廷の修理のために駆りだし、さらに臣民を苦しめておられます。これでは、とても臣民の父母たる王の務めを果たしているとはいえません。しかも、わが高句麗の隣には鮮卑という強敵がいるのです。もし、高句麗の疲弊に乗じて鮮卑が攻めてきたらどうされるおつもりですか。お考え直しくださいませ」
　と諫言した。しかし、烽上王は、諫言を容れるどころか、
「王というのは、臣民から崇敬されなければならないのだ。王宮を豪華にしなければ、威厳を示すことができないではないか。そちが、諫言するのは、臣民から称えられたいからなのだろう」
　と怒ったのである。倉助利は、なおも引き下がらず、
「王は臣民を憐れみ、宰相は王を諫めるのが務めです。それがしは、義務として王を諫めなくてはなりません。称賛が欲しいわけではないのです」
　と訴えた。すると、烽上王は笑いながら、
「そちは、臣民のために命を懸けるとでもいうのか。二度とそんな冗談を言うでないぞ」
　といって倉助利の諫言をまともに聞かなかった。
　この時点で、倉助利は、烽上王に何をいっても無駄だと思ったにちがいない。やがて、烽上王を廃位させようと考えるにいたった。
　そして、300年9月、倉助利は、ついに烽上王を幽閉したうえ、かつて烽上王が謀反を疑って殺した弟高咄固の子である高乙弗を迎え、美川王（在位300年〜331年）として即位させたのである。高乙弗は父が殺されたあと、隠棲していたのであったが、倉助利は高乙弗を捜し出すと、烽上王に見つからないよう、匿っていたのだった。
　このあと、廃位に追い込まれた烽上王が、将来をはかなんで自害すると、烽上王の王子二人も自害したという。

```
┌ 烽上王 ──┬─ 男子
│ 292〜300  │
│           └─ 男子
│
└ 高咄固 ──── 美川王
              （高乙弗）
              300〜331
```

「朝鮮四郡」を併合する高句麗

　即位したばかりの高句麗の美川王は、北方遊牧民族の侵入により弱体化した晋(265年〜420年)の遼東郡へと進出していく。このころ、遼東郡を実質的に支配していたのは、晋に従う鮮卑慕容部であった。302年9月には、美川王自らが3万の大軍を率いて玄菟郡に出兵し、俘虜8000人を得て王都通溝に移住させた。また、311年8月には、遼東郡の西安平県を襲撃して奪い取っている。

●高句麗による朝鮮四郡併合

　ただ、このときの美川王は、鮮卑慕容部から遼東郡を奪うことを目的としていたのではないらしい。美川王は、晋の郡県である楽浪郡と帯方郡を併合しようとしていたから、遼東郡に進出して、晋の本国と両郡を分断しつつ、鮮卑慕容部の介入をも牽制しようとしたのだろう。こうして、313年10月、美川王は楽浪郡を滅ぼし、翌314年には帯方郡をも滅ぼしたのである。楽浪郡と帯方郡の故地は、漢(B.C.206年〜220年)がB.C.108年にいわゆる「朝鮮四郡」を設置してから420年余にわたって、漢・魏・晋といった中国王朝の支配下にあったが、このとき再び、中国王朝の支配から脱したことになる。楽浪郡と帯方郡を領有したことにより、高句麗は、朝鮮半島北部の沿岸部に交易の港を確保することができたばかりでなく、遼東郡・玄菟郡へ進出するための拠点をも手にしたのである。

　さらに、315年2月、高句麗は玄菟城を攻略して、遼東郡への進出の拠点とした。これにより、高句麗は、遼東郡・遼西郡を実質的に支配する鮮卑慕容部との対決姿勢を強めていくことになる。

遼東を平定した鮮卑慕容部

　そのころ、中国では、匈奴によって建国された前趙(304年〜329年)が316年に晋を滅ぼしたあと、前趙の将軍であった石勒が趙王を自称して後趙(319年〜351年)を建国する一方、逃げ延びた晋の皇族が華南で再興を図るなど、混乱に陥っていた。そうしたなか、自立を図ろうとしたのが、晋の平州刺史であった崔毖である。平州は、遼東郡を中心に東方の諸郡を管轄して

いた州であったが、すでに楽浪郡・帯方郡・玄菟郡などを高句麗に奪われていた。そのため、まず遼東郡を確保しようとしたのである。

ところが、遼東郡では、鮮卑慕容部の部族長である大人の慕容廆が、鮮卑大単于と自称して、自立を始めていた。こうした鮮卑慕容部の動きに対し318年、崔毖は、高句麗および鮮卑段部・鮮卑宇文部と諮り、鮮卑慕容部が拠点としていた棘城に侵攻したのである。

●晋・後趙代の東アジア
鮮卑　宇文部　粛慎
拓跋部　慕容部　高句麗
段部　棘城　遼東城
後趙
晋

これに対し、慕容廆は籠城して堅守していたが、鮮卑宇文部の軍に対しては、酒肉を送るなどして労ったという。このため、高句麗と鮮卑段部では、鮮卑宇文部と鮮卑慕容部との間に密約があるものだと疑って、それぞれ本国へと撤退していった。

もちろん、これは仲間割れを誘おうとする慕容廆の計略であり、鮮卑宇文部が鮮卑慕容部に通じていたわけではない。鮮卑宇文部を率いる悉独官は、

「たとえ高句麗と鮮卑段部が撤退したとしても、鮮卑宇文部だけで鮮卑慕容部を滅ぼしてくれようぞ！」

といって、単独で戦う構えをみせた。これに対し、慕容廆は、子の慕容皝のほか、重臣の裴嶷を先鋒として城から打って出させると、自らも大軍を率いて鮮卑宇文部軍を攻撃した。これにより、鮮卑宇文部は大敗し、悉独官は命からがら逃げ戻ったのである。

敗報を聞いた崔毖は、甥にあたる崔燾を棘城に送り、偽って戦勝を祝賀させた。崔燾は、隙をみて慕容廆を討とうとしたのだろうが、そのような謀略が百戦錬磨の慕容廆に通じるわけもない。慕容廆が、軍備を整えて崔燾らを迎えたため、恐れをなした崔燾は、慕容廆に計略を明かしてしまう。

慕容廆は、崔毖のもとに崔燾を送り帰すとともに、自ら大軍を率いて遼東郡の拠点である遼東城に向かうと、使者を崔毖に送って、

「降伏するのが上策で、逃亡するのは下策であるぞ」

と告げさせた。しかし、崔毖は降伏することを拒否し、319年12月、数十騎とともに高句麗へ亡命したのである。

崔毖を逐った慕容廆は、子の慕容仁を遼東郡におき、名実ともに支配するようになった。一方、美川王は、慕容廆に対抗するため、330年、後趙に朝貢して和親を結んでいる。

序章　高句麗の建国

前燕の建国

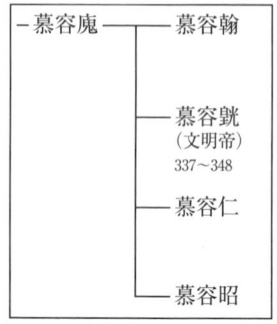

　鮮卑慕容部では、333年5月、慕容廆が病没し、慕容廆の三男である慕容皝が、位を継いで大人となった。慕容皝は、かねてより勇猛で知られていた庶兄の慕容翰や、父に寵愛されていた弟の慕容仁と慕容昭を疎ましく思っており、兄弟の仲がよくなかったという。

　このため、慕容皝が大人になると、慕容翰は鮮卑段部に亡命し、慕容仁と慕容昭は、慕容皝を廃すべく兵を挙げたのである。慕容昭はすぐに殺されてしまったが、慕容仁は、鮮卑宇文部と鮮卑段部を味方につけて、抵抗を続けた。

　翌334年、慕容皝は、晋から「鎮軍大将軍、平州刺史、大単于、遼東公」に冊封された。晋の権威によって、自らの権力の正当性を示そうとしたのである。追いつめられた慕容仁は、捕らえられて慕容皝によって処刑され、慕容仁の臣であった佟寿や郭充らは高句麗に亡命した。

　こうして、鮮卑慕容部の実権を掌握した慕容皝は、337年、前燕（337年〜370年）を建国すると、文明帝（在位337年〜348年）として即位した。

```
─慕容廆─┬─慕容翰
        │
        ├─慕容皝
        │  （文明帝）
        │  337〜348
        │
        ├─慕容仁
        │
        └─慕容昭
```

前燕と対峙する高句麗

　前燕が建国されたころ、高句麗では遼東郡への進出を繰り返していた美川王が331年2月に崩御し、故国原王（在位331年〜371年）が即位していた。故国原王は、早くも来るべき前燕との戦いを想定して、玄菟郡の故地に新城を築いている。新城は、前燕との国境に位置しており、故国原王は、前燕軍の侵入を、この新城で食い止めようとしたのだった。

　339年、前燕の文明帝が高句麗に侵入し、新城にまで迫ると、故国原王は和睦を請う。これにより、前燕と高句麗との全面対決は回避され、翌340年、故国原王は太子を前燕に遣わして朝貢した。

　だが、故国原王は、前燕に服属する気はまったくなかったらしい。342年2月、通溝の丸都山城を修築するとともに、その麓に国内城を築くと、8月には王都を通溝に戻している。高句麗の王都である通溝は、244年、魏（220年〜265年）による侵攻を受けて陥落していた。故国原王は、その通溝を再び王都とすることで、前燕に対峙しようとしたのである。

高句麗侵攻を図る前燕

　高句麗が前燕の侵入に備えて王都の通溝を整備していたころ、前燕の文明帝も帝都を棘城から龍城に移し、高句麗と鮮卑宇文部を平定する準備を着々と進めていた。その戦略を立てたのが、文明帝の庶兄にあたる慕容翰である。慕容翰は、かつて文明帝との対立を避けて鮮卑段部に亡命していたが、このころ、帰参していたものだった。

●前燕の高句麗侵攻

　慕容翰は文明帝に、
「まず高句麗を征圧し、そのあと鮮卑宇文部を滅ぼせば、華北に進出することも不可能ではありません」
と戦略を述べた。これにより、文明帝は、まず高句麗に侵攻することを決めたのである。

　前燕から高句麗に向かうには、南北二つの道がある。北路は平坦であったが、南路は険しくて狭い。この点をふまえ、慕容翰は、
「高句麗は、前燕の大軍が北路から来るものと予想して、南路の防御をおろそかにするでしょう。陛下が本隊を率いて南路から進撃すれば、王都の通溝を攻略するのも難しいことではありません。万が一、高句麗に南路を固められたとしても、北路から別働隊を進撃させておけば、別働隊が通溝に向かうことができます」
と献策する。文明帝は、慕容翰の献策に従うことにした。

前燕を迎え撃つ高句麗

　342年11月、文明帝は、五男の慕容垂と庶兄の慕容翰を南路軍の先鋒とし、自らは4万の大軍を率いて高句麗に向かう。それとともに、配下の王寓らに2万5000の兵をつけて、北路から高句麗に向かわせた。

　そのころ、高句麗では、前燕軍が北路から攻めてくるものと予想していた。そのため、故国原王は、弟の高武に命じて本隊5万の軍勢で北路を守らせる一方、自身は別働隊を率いて南路を守ることにしたのである。

　前燕軍が二手に分かれて高句麗に侵攻してきたとき、北路では高句麗軍の

本隊が前燕軍の別働隊を壊滅に追い込む。しかし、南路では、高句麗の別働隊が前燕軍の本隊を迎え撃つものの、大敗してしまう。前燕の将軍韓寿は勢いに乗じて王都の通溝に至り、陥落させたのだった。こうして、故国原王の王母周氏らは前燕軍に捕らえられ、王宮も宝物を奪われたうえに焼き払われてしまったのである。

一方、故国原王自身は、前燕軍に敗れたあと、単騎で逃亡を図っていた。文明帝が、故国原王の追跡を諦めて帰国しようとしたとき、韓寿は、

```
─ 美川王
  │ 300～331
  │
  └─ 故国原王
     331～371
周氏
```

「高句麗の地は、もともと地形が険しく、たやすく攻めることができません。だからこそ、故国原王も臣民も、山谷に隠れているのです。もし、わが前燕の大軍が撤退すれば、すぐに山谷から戻ってくるでしょう。それでは、将来に禍根を残してしまいます。ですから、故国原王の父である亡き美川王の遺骸を奪い、王の母を前燕に連行し、故国原王が降伏したら返すのがよいでしょう」

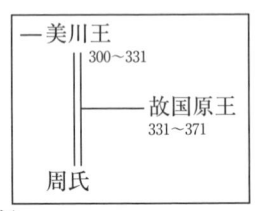

と献策した。

文明帝は、この韓寿の策に従い、美川王の陵墓をあばいてその遺骸を車に乗せて持ち去るとともに、故国原王の王母周氏をはじめとする男女5万余人を俘虜として前燕に連れ去ったのである。

故国原王は、王都の通溝を焼かれたため、このあと、一時的に都を遷した。その場所についてははっきりとしないが、通溝東方の江界にある東黄城であったと考えられている。

前燕に朝貢する高句麗

父の遺骸と母を前燕に取られた形の故国原王としては、もはや、前燕に降伏するしか、再興の道は残されていなかった。はやくも、翌343年2月、故国原王は弟を遣わして前燕に朝貢したが、その貢物の数は1000を超えていたという。

こうして、文明帝は、美川王の遺骸を返還することにしたが、王母周氏はなおも前燕に留めて人質にしておいた。その後の高句麗との交渉を有利に進めるためである。

結局、故国原王の王母周氏が人質から解放されたのは、文明帝が崩じ、その跡を継いだ子の景昭帝（在位348年～360年）が即位したのちのことだった。355年12月、故国原王は前燕に使臣を遣わすと、改めて人質を送ること

を条件に、王母周氏の返還を要請すると、景昭帝はこれを快諾する。ちょうどこのころ、前燕は、華北への進出を本格化させようとしていたところだった。そのため、高句麗と友好な関係を結ぶことで、背後を固めようとしたのである。

こうして、故国原王の王母周氏は高句麗に送還され、同時に、故国原王は前燕から「征東大将軍、営州刺史、楽浪公、高句麗王」に冊封された。冊封とは、中国の皇帝が外国の王などに爵位を与えて藩属国とし、君臣関係を確立するものである。爵位の授与が冊書という文書を用いる冊授という形で行われ、その冊授によって王の封土が認められることから、冊封という。

ちなみに、爵号にみえている「楽浪公」というのは、楽浪郡の統治者であるということを意味している。朝鮮の王朝が、中国の王朝から郡の支配を認められるのは、このときが初めてであった。

前燕の滅亡

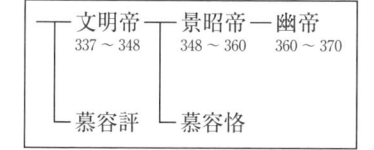

```
┌─ 文明帝 ─┬─ 景昭帝 ─ 幽帝
│  337〜348  │  348〜360   360〜370
│           │
└─ 慕容評   └─ 慕容恪
```

前燕の景昭帝が360年に崩御すると、その子である幽帝(在位360年〜370年)が即位した。このとき、幽帝が幼少であったことから、叔父の慕容恪が国政を助けることになったが、この慕容恪は一廉の人物であったらしい。慕容恪の補佐を受けた幽帝の治世のもと、前燕は最盛期を築き上げていったのである。

そのころ、華北で勢威を誇っていたのは、氐族によって建国された前秦(351年〜394年)であった。前燕の全盛期が続けば、前秦と華北における覇権を争うことになったかもしれない。

しかし、前燕では、慕容恪の死後、幽帝の大叔父にあたる慕容評が実権を握ると、その独裁的な政治により国力は衰退していく。そして、370年、前燕は前秦軍の侵入を受けて、滅亡してしまったのである。

前燕の実力者であった慕容評は、高句麗に亡命を図ったが、高句麗の故国原王は慕容評を捕らえて前秦に送った。故国原王は、前燕の滅亡を機に、成長著しい前秦と友好的な関係を結ぼうとしたのである。これを受けて、372年6月、前秦の宣昭帝(在位357年〜385年)は使節と僧の順道を遣わして、仏像や経文を高句麗に伝えている。

華北で前秦が覇権を握るなか、遼東郡への進出を諦めた高句麗は、朝鮮半島南部に興った百済へと侵攻していこうとする。

高句麗の建国神話

●朱蒙の誕生
　扶余の金蛙王（在位B.C.48年〜B.C.7年）が川の畔で柳花と名乗る女性に出会ったとき、柳花は、金蛙王にこう告げた。
「わたしは河神の娘で、天帝の子という解慕漱から寵愛を受けました。しかし、怒った両親によって、川に流されてしまったのです」
　金蛙王が柳花を幽閉したところ、やがて柳花は卵を生んだ。金蛙王は、その卵を犬や豚に与えようとしたが、犬や豚も食べない。そこで、道に棄てたところ、牛や馬は踏まずに避けて通った。さらに、城外に棄てたところ、鳥が翼でその卵を覆う。このため、金蛙王は、自らの手でその卵を割ろうとしたが、どうしても割ることができなかった。卵に神秘性を感じた金蛙王が柳花に卵を返したところ、一人の男の子が生まれた。金蛙王は、その子を朱蒙と名付け、王子として育てることにした。

●扶余からの亡命
　やがて朱蒙は、勇猛な青年へと成長していったが、金蛙王の実子たちに妬まれるようになる。柳花は、朱蒙の身に危険が迫るのを察して朱蒙に、
「扶余の王子たちは、お前を殺そうとしている。母のことは心配しなくていいから、早くここから逃げなさい」
と諭す。朱蒙が、扶余を脱出して川にさしかかったとき、水中から魚や鼈が浮きあがって橋を架け、朱蒙が渡り終えるとまた水中に潜った。こうして、朱蒙は、追っ手の扶余兵を振り切り卒本に着くことができたのである。この卒本が豊饒でなおかつ堅固な土地であったから、朱蒙は高句麗を建国し、東明王（在位B.C.37年〜B.C.19年）として即位したという。

●神話の系譜
　東明王が川を渡るときに魚や鼈が手助けしたという話は、扶余の建国神話にみえている東明と同じである。高句麗の建国神話が、扶余の建国神話を受けて創作されたのはまちがいない。
　ただ、高句麗の建国神話では、始祖が卵から生まれたことになっている。これは、南方に特有な「卵生神話」を取り入れたものである。

第一章

百済・新羅の建国

高句麗を追う百済

百済の建国

百済という国名は、晋(265年～420年)の正史として編纂された『晋書』において、372年、百済が晋へ朝貢したという記述のなかにはじめてみえている。一説に、百済は、中国の三国時代(220年～280年)の歴史書である『三国志』に記されている馬韓50余国のうちの伯済が発展したものともいわれるが、詳しいことはよくわかっていない。

12世紀に成立した朝鮮の史料である『三国史記』によると、扶余の金蛙王(在位B.C.48年～B.C.7年)に育てられた東明王(在位B.C.37年～B.C.19年)が高句麗を建国したあと、東明王の跡を継いだ瑠璃王(在位B.C.19年～12年?)との対立を避けた異母弟の高温祚が高句麗を離れて南下し、B.C.18年に百済を建国したという。『三国史記』の記述が正しければ、この高温祚が百済の建国者ということになるが、残念なことに、同時代の中国の史料からは、これを史実だと確認することはできない。

ただ、百済の王家は、姓を「扶余」としており、のちには国号を「南扶余」と改めてもいる。高句麗と同じく、扶余王家の流れをくむものと自認していたことは確かである。また、考古学の成果からは、百済が高句麗と共通する墓制を採用していることも指摘されている。これを考えると、百済が、高句麗の流れをくんでいたのは事実だったのではなかろうか。

高句麗は、314年、帯方郡を滅ぼしていた。この帯方郡の故地に興ったのが百済であることを考えると、帯方郡の故地を治めるために派遣された高句麗の王族が、自国が前燕(337年～370年)の侵入により疲弊するなかで自立したというのが実際のところであったのかもしれない。その後、百済が372年に晋へ朝貢したことを考えあわせると、百済の建国は、晋へ朝貢した肖古王(在位346年～375年)の時代であったと推測される。

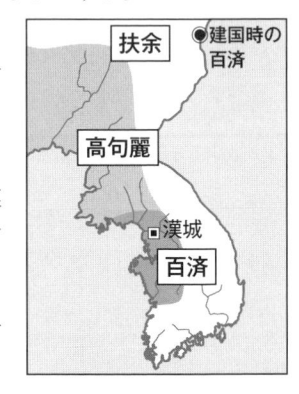

百済の王都、漢城

　百済は、4世紀中頃までには、漢城に王都をおいていた。このときの王城と考えられているのが、漢江南岸に築かれた風納土城である。

　この風納土城が、わざわざ「土城」とよばれているのは、周囲3.5kmほどの長方形の土塁に囲まれているためであった。しかし、単なる土塁の城だと侮ることはできない。この土塁の幅は、40mもあったことが明らかにされているからである。

　城を長方形の城壁で囲む形は、中国の王朝が採用していたものであった。そのため、この風納土城も、もともとは帯方郡に属した県城の一つであったとみられている。

　高句麗が帯方郡を征圧したあと、高句麗の属城となり、やがて高句麗からの自立を図った百済の王城となったものであろう。

百済と倭の通交

　前秦（351年～394年）の華北統一によって、遼東郡への進出を断念した高句麗が百済へ圧力を強めるなか、百済は、倭と結ぶことで高句麗と対峙しようとする。このころ、倭では畿内の王権による統一が進められており、任那などの伽耶諸国とも交流をもっていた。

　百済の肖古王は、364年、倭と通交するため、久氐・禰州流・莫古解の3人を朝鮮半島南部の卓淳に送る。卓淳に着いた百済の使節が、

　「海の向こうに倭という国があると聞いておりますが、どのように行けばいいのかわかりません。我々を倭に案内してくだされば、わが百済の王は、貴国の王に報いることでしょう」

　と言上すると、卓淳の側では、

　「海の向こうに倭という国があることは存じております。でも、我々もまだ行ったことがないので、案内することはできません。それに、海を渡るだけの大船がなければ、倭に行くことは難しいでしょう」

と回答した。そこで、百済の使節は、
「それもそうだ。確かに大船がなければ、海を渡るのは難しい。一度、百済に帰って大船を建造してから出直すとしよう」
といって、百済に帰ったという。

それから2年後の366年、倭から斯摩宿禰らが使節として卓淳に来たので、卓淳の側では、百済の使節のことを倭の使節に話した。そこで、斯摩宿禰は、早速、従者の爾波移と卓淳人の過古を百済の肖古王のもとに遣わしたという。喜んだ肖古王は、倭からの使節を懇ろにもてなし、百済の宝物を爾波移に下賜した。

さらに肖古王は、宝物庫を開け、財宝を爾波移にみせながら、
「わが国には、このように珍しい宝物がたくさんある。そなたの国に使節を遣わそうとしたが、これまでは航路もわからず、行くことができなかった。これからは、使節を遣わして友好的な関係を結んでいきたい」
と語ったという。肖古王は、財宝を爾波移にみせることで、百済の国力をみせつけようとしたのである。

そして、その言葉通り、367年、百済が久氐らを使節として倭に派遣すると、倭は千熊長彦を百済に派遣した。こうして、百済と倭は、国交を結ぶようになったのである。

百済に敗れる高句麗

百済が高句麗と対峙するために倭と国交を結ぶころ、高句麗は、百済に侵攻する計画を立てていた。そして、369年9月、ついに高句麗の故国原王は、自ら2万の大軍を率いて、百済に侵攻したのである。故国原王（在位331年～371年）は、雉壌に着陣すると、兵を分けて百済領を侵掠した。

これに対し、百済の肖古王は、太子の扶余須に命じて、雉壌に向かわせる。扶余須が半乞壌に着陣したとき、高句麗軍の将軍である斯紀が百済の陣営に投降してきた。この斯紀は、もともと百済人であったのだが、

国王の馬の蹄を傷つけたため、罰せられることを恐れて高句麗に亡命していたものである。斯紀が扶余須に対し、

「高句麗軍は、数が多いとはいっても、訓練された兵はほとんどいません。精兵が集められているのは、赤旗の部隊だけです。もし、先に赤旗の部隊を破れば、残りの兵は自滅するでしょう」

というと、扶余須は、この献策に従い、赤旗の部隊を攻撃した。高句麗軍の精兵は、確かに、赤旗の部隊に集められていたらしい。赤旗の部隊が敗れると、高句麗軍は総崩れとなり、敗走を始めたのである。

百済軍は、敗走する高句麗軍を追って、水谷城の西北にまで至った。このとき、百済の将軍の莫古解が、

「『老子』には、足るを知れば辱められず、止むを知れば殆うからず、とあります。この戦いで百済が得たものは少なくありません。これ以上、何を手に入れるおつもりですか」

と諫言すると、扶余須は、高句麗軍の追撃を中止させた。

扶余須は、戦勝を記念するため、その場に石を積み上げて上ると、

「我々が高句麗を破った証としようぞ」

と兵を鼓舞し、百済へと引き返していった。

扶余須が石を積み上げた場所には、馬の蹄のような岩があったため、後世にいたるまで、「太子の蹄跡」とよばれたという。

再び返り討ちにされた高句麗王

369年の雉壌の戦いで百済に敗れた高句麗では、着々と、百済に反攻する準備を整えていた。そして、371年10月、再び高句麗は、百済征討の兵を挙げ、百済に侵入したのである。

これに対し、高句麗軍襲来の報せを聞いた百済の肖古王は、礼成江の川辺に伏兵をおき、高句麗軍を待ち伏せすることにした。兵法には、「半ば済らしめてこれを撃つは利なり」という。水中では、兵の防御力が著しく低下するからである。百済軍は、高句麗軍が礼成江を渡河するところを見計らって急襲した。百済軍の攻撃を予期していなかった高句麗軍は、総崩れとなってしまう。

高句麗軍が本国に敗走するなか、百済の肖古王は、太子の扶余須とともに精兵3万を率いて高句麗に侵入し、王都のある東黄城に向かった。高句麗の故国原王は、自ら打って出て戦ったが、流れ矢に当たって討ち死にしてしまう。高句麗軍の完敗だった。

高句麗では、故国原王の戦死により、故国原王の長男である小獣林王（在位371年～384年）が即位した。

王城の防御を固める百済

　一方、高句麗の故国原王を討ち取って勢いにのった百済の肖古王は、そのまま高句麗の平定を命じることはなく、高句麗から全軍を退却させている。高句麗の平定を図れば、戦いが泥沼化すると考えたのであろう。それは、賢明な判断であったかもしれない。

　そして、肖古王は、それまでの王城であった漢城の風納土城から、1kmほど南に位置する夢村土城に拠点を移したらしい。夢村土城は、南北約700m、東西約500mと南北にやや長い楕円形をし、30～40m級の自然丘陵を城壁でつなげた城だった。その城壁は、長さが2kmを超え、最も高いところは45m近くもあったという。

　おそらく、夢村土城は、矩形の平城であった風納土城よりも防御力に優れていたのだろう。もともと、風納土城の詰めの城として、築かれた可能性もある。いずれにしても、肖古王は、この夢村土城に居城を移すことによって、高句麗の逆襲に備えたのだった。

晋に朝貢する百済

　371年10月に高句麗の故国原王を討ち取った百済の肖古王は、その余勢をかって、翌372年6月、晋に朝貢した。そして、晋から、「鎮東将軍、領楽浪太守」に冊封されている。すでに、晋は北方遊牧民族の侵入によって、華北の支配権を失い、華南を勢力下におくだけの存在となっていた。しかし、弱体化して権力を失いつつあっても、権威が失われることはなかったのである。

　「領楽浪太守」というのは、楽浪郡の故地を治める太守という意味で、あくまでも名目的な称号にすぎない。実際に、楽浪郡の故地を支配しているのは、高句麗だったからである。百済は、実質的に楽浪郡の故地を支配する高句麗に対抗するため、名目的な称号を望んだものだろう。晋もまた、北方遊牧民族に対抗するため、百済との外交が必要だったのである。

七枝刀を倭に送る百済

　372年に晋へ朝貢した百済の肖古王は、同じ年、七枝刀1口、七子鏡1面ほかの宝物を倭王に贈った。七枝刀というのは、まっすぐな刀身の左右に各3本の枝身をつけ、合わせて7本の刃をもつ刀のことである。刀身の表裏に刻まれている金象眼された62文字の銘文のなかには、「先世以来、未だ此刀あらず、百済王世子、奇しくも聖徳を生じ、故に倭王のため、旨して造す。伝えて後世に示せ」とあり、369年に百済が倭への贈り物とするべく製作したものだという。

　この七枝刀は、倭王権にゆかりが深いとされる奈良県天理市の石上神宮に現存している。しかし、銘文や『日本書紀』などの記録からは、どのような目的をもって百済から倭に贈られたものであるかははっきりしない。ただ、当時、百済は、前秦と結ぶ高句麗と対峙していたから、前秦と対立する晋に朝貢するとともに、背後に位置する倭とも、和親を結ぼうとしたものと推測することはできる。

百済への復讐を図る高句麗

　父である故国原王を百済に殺された高句麗の小獣林王は、百済に復讐する機会をねらっていた。そして、375年7月、百済の北辺に派兵して、水谷城を攻撃させたのである。

　これに対し、百済の肖古王は水谷城に救援軍を送ったが、高句麗軍の猛攻を防ぐことができず、結局、水谷城は高句麗軍に落とされてしまう。肖古王は、改めて大軍を送ろうとはしたものの、ちょうど百済は凶作に見舞われており、大軍の動員ができるような状況にはなかった。こうして、百済の北辺が高句麗に侵略されるなか、肖古王は崩御してしまう。このため、375年11月、肖古王の子である仇首王（在位375年〜384年）が即位した。

　高句麗は、肖古王の崩御と仇首王の即位について、すぐに情報を得たのだろう。はやくも、この月、百済の北辺に出兵するとともに、使臣を前秦に遣わして朝貢した。

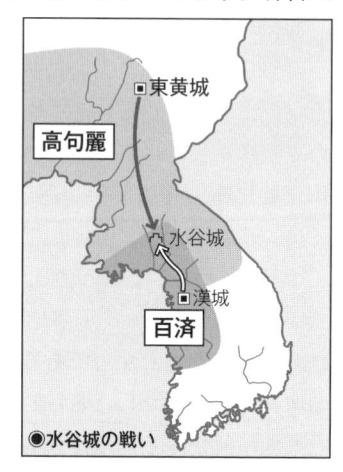

●水谷城の戦い

後燕の建国

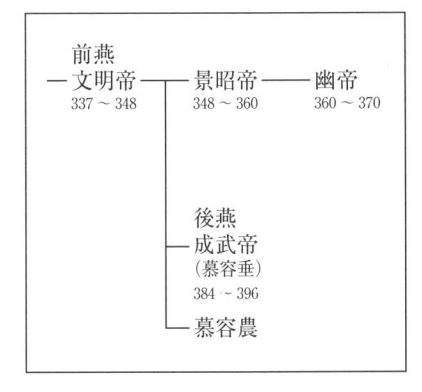

●五胡十六国時代の東アジア

[地図：北魏、扶余、龍城、高句麗、中山、前秦、後燕、百済、倭、晋]

[系図]
前燕
― 文明帝 ─ 景昭帝 ─ 幽帝
　337～348　　348～360　　360～370

後燕
― 成武帝
　（慕容垂）
　384～396
― 慕容農

　高句麗の宗主である前秦は、376年には代（315年～376年）と前涼（301年～376年）を滅ぼし、ついに華北を統一する。しかも、華北を統一した勢いに乗じて、華南に勢力をもつ晋を討つ作戦まで練っていた。

　しかし、晋を討つため、100万と号する大軍を擁して南下した前秦軍は、383年の淝水の戦いで晋軍に大敗してしまう。こうした混乱に乗じ、384年には、前燕の文明帝（在位337年～348年）の五男である慕容垂が成武帝（在位384年～396年）として即位して後燕（384年～407年）を興す。後燕は、中山に都をおき、華北の東部から遼西郡を領有した。

　建国まもない後燕が警戒したのは、衰退著しい前秦ではなく、百済を圧迫しつつある高句麗であった。このため、成武帝は、一族の慕容佐に命じ、高句麗との最前線に位置する龍城を守備させた。

後燕に敗北する高句麗

　中国で後燕が建国されたころ、高句麗では384年11月、小獣林王が崩御し、故国壤王（在位384年～391年）が即位していた。即位間もないころではあったが、故国壤王は、混乱する華北の情勢をみて、遼東郡に進出する好機ととらえたのだろう。翌385年6月、4万の大軍を遼東郡に派兵したのである。

　これに対し、後燕では龍城を守備する慕容佐が、将軍の郝景に命じ、兵を遼東郡に送ったものの、高句麗軍の侵攻を阻むことはできなかった。結局、高句麗軍が後燕軍を破り、遼東郡と玄菟郡を制圧することになったのである。

　しかし、後燕も、高句麗による侵略を黙認したわけではない。5か月後の

11月、成武帝は、弟の慕容農に命じ、高句麗へと侵攻させ、遼東郡と玄菟郡を奪還している。そして、慕容農は、龐淵を遼東太守に任じ、遼東郡の支配にあたらせるとともに、高句麗による侵入を防がせたのである。

　高句麗はその後も、後燕への侵入を試みるものの、龐淵の堅固な守備に阻まれてしまう。結局、このあと、高句麗が後燕から遼東郡・玄菟郡を奪還することはかなわなかった。

●後燕の高句麗侵攻

新羅と結ぶ高句麗

　後燕からの遼東郡・玄菟郡奪還を断念した高句麗の故国壌王は、矛先を転じて、百済への進出を図ろうとする。そして、386年8月、故国壌王は、百済の北辺に派兵したのだが、逆に、百済軍に敗北してしまう。

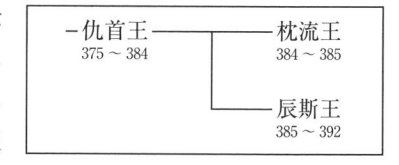

```
-仇首王―――――枕流王
375～384      384～385
          ┃
          ┗辰斯王
           385～392
```

　このころ、百済では仇首王の跡を継いだ子の枕流王（在位384年～385年）がわずか在位2年にして崩じたあと、枕流王の弟が辰斯王（在位385年～392年）として即位していた。辰斯王が、果敢に高句麗の南辺へと進出したため、故国壌王は、百済軍を防ぐことができない。結局、後燕に遼東郡・玄菟郡を奪われただけでなく、百済の侵入を防げずに、高句麗は、次第に弱体化していく。

　このとき、後燕と百済に挟まれた高句麗が、唯一、友好的な関係を結んでいたのは、朝鮮半島東南に位置する新羅だけである。しかし、当時の新羅の勢威は弱く、新羅と結ぶことで、後燕・百済に対抗できるとは考えられなかった。

新羅の建国

　新羅は、中国の三国時代の歴史書『三国志』に記されている辰韓12余国のうちの斯蘆が発展したものともいわれるが、詳しいことはよくわかっていない。高麗（918年～1392年）時代の12世紀に成立した『三国史記』には、B.

C.57年に新羅が建国されたと記されているが、これを同時代の中国の史料で確認することはできない。『三国史記』を編纂した金富軾が、新羅の王家の流れをくんでいたことから、意図的に、建国の時期を遡らせたものとされている。

実際に新羅が建国されたのは、377年、高句麗とともに前秦の宣昭帝（在位357年〜385年）へ朝貢した奈勿王（在位356年〜402年）の時代であろう。このときはじめて新羅は、中国王朝に国家として認められたのである。

中国と領土・領海が接していない新羅は、高句麗か百済の協力がなければ中国の王朝に朝貢することはできない。新羅は、高句麗に従って中国までの朝貢を実現させれば、百済の影響力をも排除できると考えたのである。高句麗もまた、新羅の朝貢に協力すれば、優位な立場で同盟することができるとともに、対立する百済の背後を脅かすことができるとふんだのだろう。こうして、両国の利害が一致したことで、そろっての朝貢が実現した。

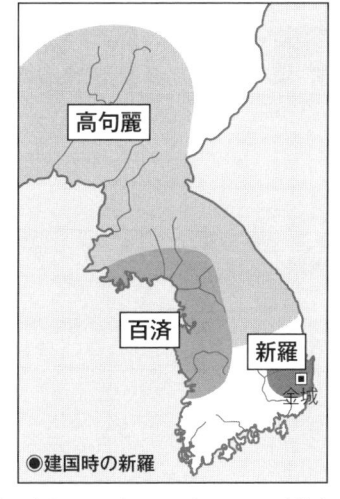

新羅の奈勿王は、381年にも、高句麗とともに再び前秦へ朝貢している。新羅の使者である衛頭が、宣昭帝に謁見して新羅の国内事情などの問答に応じたとき、

「そなたは、今の新羅が昔とは異なるというが、それは、いったいどういうことなのか」

と宣昭帝が問うと、

「それはちょうど中国における王朝の交替のようなものです。どうして昔と今が同じでありましょうか」

と衛頭は答えたという。

新羅の国内事情が具体的にどのように異なっていたのかについては、よくわからない。中国の史料である『隋書』によると、245年に高句麗が魏（220年〜265年）に侵攻されたとき、逃れた高句麗人が新羅を建国し、のち、亡命してきた百済人が新羅の王になったという。百済における政変から逃れてきた王族の一人が、実権を掌握して新羅の王になったのではなかろうか。それが、新羅の昔と今が異なるということなのかもしれない。

再び強国となる高句麗

高句麗・倭と結ぶ新羅

　後燕(384年〜407年)と百済に敗れた高句麗の勢威が衰えるなか、391年5月、高句麗の故国壌王(在位384年〜391年)が崩御して、広開土王(在位391年〜412年)が即位した。広開土王は、即位するとただちに富国強兵を図り、最大の敵である百済を討とうと考え、なおいっそう、新羅との結びつきを強めようとした。

　392年正月、高句麗の広開土王は、新羅に対して人質を出すように使者を遣わす。高句麗の圧迫を受けている新羅としては、拒絶するという選択肢もなかったであろう。これを受けて、新羅の奈勿王(在位356年〜402年)は、伊尺湌である金大西知の子を人質として高句麗に送った。こうして新羅は、高句麗に従うことを対外的にも示したのである。

百済に侵攻する広開土王

　新羅と結んで南方の安全を確保した広開土王は、392年7月、4万の大軍を率いて自ら百済の北辺を侵掠し、石峴城など10余城を陥落させた。これが、広開土王の最初の対外遠征となる。

　広開土王の父である故国壌王の時代には、高句麗への侵入を繰り返していた百済の辰斯王(在位385年〜392年)も、うかつに広開土王率いる高句麗軍と戦うことはできないと判断したようだ。結局、辰斯王は王都の漢城から打って出ることはおろか、援軍を派遣することすらできず、漢江以北の百済領が、高句麗に奪われるのを黙ってみているよりほかなかった。

契丹への遠征

　漢江以北の百済領を征圧した広開土王は、百済遠征から帰還してわずか2か月後の9月には、北方民族の契丹が支配する領域へと侵攻していく。高句麗は、故国壌王の時代、契丹による侵入に苦しめられており、高句麗の臣民が多く、連れ去られていたからである。

　契丹に侵入した広開土王は、契丹と結ぶ後燕が契丹に援軍を送ってくる前に、退却する。それでも、契丹の男女500人を俘虜としたうえ、高句麗の臣民1万人を取り戻したという。

　こうして、百済・契丹に続けて勝利を収めたことで、広開土王の権威は、高まることとなった。

百済の要衝関彌城を落とす

　契丹遠征から戻った広開土王は、翌10月には、再び百済に侵攻して、関彌城を攻撃する。この関彌城は、礼成江の河口に位置する喬桐島に築かれており、海上交通を押さえる百済の要衝であった。ここを高句麗に奪われた場合、百済は黄海の制海権を失ってしまうばかりか、王都のある漢城から漢江を下って黄海に出ることもできなくなってしまう。

●関彌城の戦い

　関彌城は、四面を海に囲まれた天険に築かれていたが、広開土王は、七つの方面から総攻撃を加えたという。関彌城の百済軍は奮戦したものの、援軍が送られてくることはなく、結局、20日目に落城してしまった。

不審な死を遂げた辰斯王

　高句麗による猛攻を受けるなか、392年11月、百済では辰斯王が急死した。辰斯王が崩じたのは、漢城を離れて狩りをしていた最中のことであったという。もしかしたら、高句麗に圧迫されつつある状況に不満をもった廷臣に、暗殺されたのかもしれない。もともと、辰斯王は、先代枕流王（在位384年～385年）の弟で、枕流王

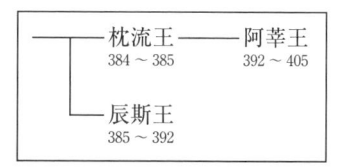

```
┌ 枕流王 ───── 阿莘王
│ 384～385      392～405
│
└ 辰斯王
  385～392
```

が崩じたあと、枕流王の子が幼少であるという理由で、なかば強引に即位していたものであった。百済の史料を引用する『日本書紀』には、辰斯王が殺されたと記されている。

辰斯王の崩御により、枕流王の子が即位して阿莘王（在位392年～405年）となった。393年正月、阿莘王は、外戚の真武に政治と軍事の実権をゆだね、国家を立て直そうとする。真武は、知略に優れており、百済の臣民は、こぞって真武に従ったという。

高句麗への反攻に失敗する百済

即位したばかりの百済の阿莘王は、「関彌城は百済の北辺を守る重要な城であるのに、今は高句麗の支配下におかれてしまっている。これを悔しく思わない日はない。ぜひにも関彌城を奪い返し、高句麗に雪辱せよ」
と真武に命ずる。これにより、393年8月、真武は1万の軍勢を率いて高句麗の南辺に向かい、石峴城などの5城を奪還しようとして、まず関彌城を取り囲む。真武は、みずから陣頭に立って指揮をしたものの、高句麗軍が城を堅守するため、兵粮が尽きてしまう。結局、百済軍は、撤退せざるをえなかった。そのころ、王都の通溝にいた高句麗の広開土王は、百済軍が関彌城を落とせないとみて、自ら出陣することはなかったという。

395年8月、百済の阿莘王は、真武らに命じて高句麗を攻撃させた。これに対し、高句麗の広開土王は自ら兵7000を引き連れ、礼成江の川辺に陣を布く。結局、百済軍は、高句麗の陣を崩すことができずに敗退し、8000人が討ち取られたという。8月、広開土王は、高句麗の南辺に7城を築き、百済軍の再度の侵入に備えた。

広開土王の読み通り、その年の11月、百済の阿莘王は、礼成江の戦いの報復をするべく、自ら7000の将兵を率いて漢江を渡り、青木嶺に着陣した。しかし、あいにくの大雪によって多くの兵士が凍死してしまう。遠征を続けられないと判断した阿莘王は、全軍を退却させた。

百済の降伏

　百済の疲弊をみた高句麗の広開土王は、396年8月、百済に総攻撃をかけることにする。そして、広開土王が、百済の支城を落としながら王都のある漢城に迫ると、阿莘王は、
「今後は、永遠に貴国の奴客として仕えます」
と誓いをたてて降伏し、男女1000人の奴隷などを広開土王に献上したのである。広開土王にとって百済は、祖父故国原王（在位331年～371年）の仇ではあったが、降伏を受けいれ、阿莘王の一命を助けている。そして、広開土王は、阿莘王の弟らを人質にとって高句麗に凱旋したのだった。
　一度は、高句麗からの自立に成功していた百済であったが、ここで再び、「跪王」として百済が高句麗に従属する関係になったのである。

倭と結ぶ百済

　広開土王の百済侵攻に際し、倭が百済に援軍を送った形跡はない。百済は、肖古王とその子である仇首王（在位375年～384年）の時代に、倭へ七枝刀を贈るなど、倭とは友好的な関係を結んでいた。しかし、続く枕流王、辰斯王、阿莘王の時代には、疎遠になっていたようである。
　396年に高句麗に降伏した百済の阿莘王は、勢威の回復を目指し、倭と再び和親を結ぼうとした。そして、翌397年5月には、太子の扶余映を人質として倭に送ったのである。このころ、倭は、高句麗と同盟する新羅への出兵を繰り返しており、百済は高句麗と対峙するため、倭との絆を強くしようとしたのだった。
　もちろん、倭と結ぶということは、降伏した高句麗に反旗を翻すということを意味する。すでに阿莘王は弟を高句麗に人質としてとられていたから、倭との同盟は、当然、秘密裏に行われたのだろう。

新羅に侵攻する倭

　百済の阿莘王から太子の扶余映を人質として受け取った倭は、百済に加勢することを決めた。そして、399年、渡海した倭軍は、高句麗の同盟国である新羅に攻め込み、新羅の城を次々に落としていく。
　一方、倭軍による侵攻を受けた新羅の奈勿王は、巡察先の平壌に滞在していた広開土王に使者を遣わし、

「倭の大軍が新羅に侵入してきました。どうか、新羅をお助けください」

と救援を求める。広開土王も、そのままでは新羅が滅亡してしまうと考えたのだろう。新羅の使者に対し、必ず高句麗軍が救援すると伝えたのである。

そのころ、新羅の王都である金城は、中国のように矩形の城壁によって都市を囲む羅城を採用してはおらず、王宮である月城の周りを、南山城、明活山城、仙桃山城などの山城で防御していた。もし金城周辺の山城を落とされてしまえば、遅かれ早かれ新羅の王都は陥落してしまうにちがいない。

後燕との和睦を図る高句麗

高句麗が新羅に救援軍を送るうえで、懸念となっていたのは、高句麗の西方に位置する後燕の動向であった。そのころ中国では、高句麗と和親を結び後燕を牽制していた前秦が394年に滅亡してしまっていたからである。もし、広開土王が新羅を救援するために大軍を派遣すれば、必ずや、後燕が高句麗に侵攻してくるにちがいない。そう考えた広開土王は、後燕の昭武帝（在位398年～401年）と和睦する道を選ぶ。

こうして、400年正月、広開土王は、後燕に使臣を遣わして朝貢することにした。しかし、もともと、高句麗と後燕は対立していたものであり、昭武帝も広開土王による突然の和睦要請を疑ったことだろう。そして、高句麗の情勢を探るなかで、倭軍の新羅への侵入という情報も得たと思われる。

昭武帝は、高句麗の困窮につけこむこととし、400年2月、自ら3万の軍勢を率いて、高句麗へと侵攻したのである。ただ、後燕も、鮮卑拓跋部によって建国された北魏（386年～534年）と対立してお

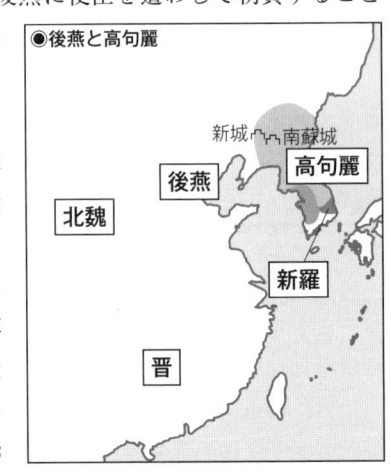

り、全兵力を高句麗に注ぐことができたわけではない。結局、昭武帝は、叔父の慕容熙を先鋒として高句麗国境の新城・南蘇城の2城を落とすと、全軍を撤退させたのだった。

高句麗の影響下におかれる新羅

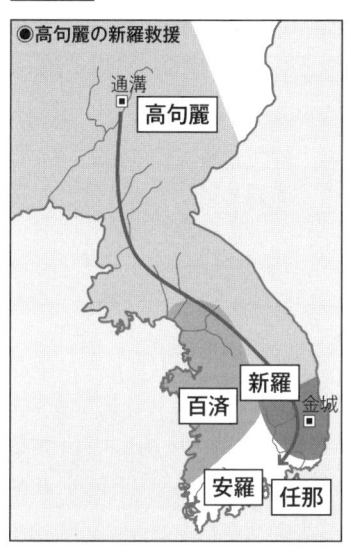

●高句麗の新羅救援

こうして、なんとか後燕による高句麗侵攻を防いだ広開土王は、400年、約束通り自ら5万の軍勢を率いて新羅の救援に向かう。そのころには、すでに倭軍は新羅に侵入していたが、高句麗軍は倭軍を新羅から追い出すことに成功する。そして、伽耶諸国にまで倭軍を追撃すると、任那の従抜城を降伏させた。どうやら、伽耶諸国のうち、任那や安羅などの沿岸諸国は、倭と結んでいたらしい。結局、この戦いでは、高句麗と新羅が勝利したことになる。

こうして、新羅は倭の侵入を防ぎ、領土を回復することができた。しかし、それは高句麗の支援によるものであり、以後、新羅が高句麗の影響下におかれてしまうことになったのは、当然の帰結ともいえよう。

402年2月、新羅では奈勿王が崩御すると、高句麗での人質生活から戻ってきたばかりの金大西知の子が、実聖王（在位402年～417年）として即位する。ただ、実聖王は、王族の一人ではあったが、奈勿王との血縁がとりたてて濃いわけではなかった。『三国史記』では、奈勿王の子が幼かったために、実聖王が即位したことになっているが、実聖王が高句麗から新羅に帰国した直後、奈勿王が崩じたという印象はぬぐえない。つまるところ、実聖王の即位を望む高句麗によって、奈勿王は殺されてしまったのではないだろうか。

倭と結ぶ新羅

即位したばかりの実聖王は、百済と対抗するため、百済と友好的な関係を結んでいる倭とも和睦しようとする。それまで、たびたび新羅は、倭の侵入を受けていたが、倭と結べば百済と倭との同盟にも楔を打ち込む形となり、一石二鳥だと考えたからである。

新羅が倭に和睦を要請すると、倭は新羅から人質を送ることを条件につけた。このため、402年3月、新羅の実聖王は、奈勿王の三男である金未斯欣を人質として倭に送ることにしたのである。こうして、新羅と倭との間には同盟が結ばれることになった。
　実聖王は、かつて奈勿王によって高句麗への人質として送られたことがあったから、金未斯欣を人質として送ることに、抵抗はなかっただろう。むしろ、王位を危うくするかもしれない金未斯欣を、人質という形で他国に体よく追い払うことができて喜んでいたかもしれない。
　倭は、百済と新羅のどちらにも恩を売っておくのが戦略的にも有利だと判断したのだろうか。新羅と同盟を結んだものの、新羅と対立する百済との同盟も、依然として維持していた。

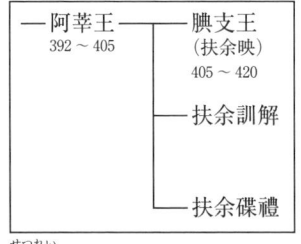

腆支王の即位

```
─阿莘王──┬─腆支王
  392～405  │  （扶余映）
            │  405～420
            ├─扶余訓解
            │
            └─扶余碟禮
```

　百済の阿莘王が405年9月に急死すると、人質として倭に滞在していた太子の扶余映は、帰国を許されて護衛の倭兵とともに百済へと向かう。しかし、扶余映が百済に上陸するやいなや、廷臣の解忠が扶余映のもとを訪れ、
「阿莘王が崩じられたあと、閣下の弟の扶余碟禮が政権を奪おうとして蜂起するなど、都は混乱しています。騒ぎが収まるまで、今しばらくここでお待ちください」
と告げたのである。百済では、阿莘王の崩御後、扶余映の次弟である扶余訓解が、摂政として国政を代行していたところ、扶余映の末弟である扶余碟禮が、王位につこうとして兵を挙げ、扶余訓解を殺したところだった。
　ほどなく扶余碟禮の反乱は、解忠らによって平定される。こうして、扶余映は、王都の漢城に迎えられて即位し、腆支王（在位405年〜420年）となった。腆支王は、扶余碟禮の乱を平定した論功行賞として、解忠に達率の官位を与えるとともに、解氏一族を重用する。解氏は、このあと、宮廷内の主要な官職を独占するとともに、王妃を輩出する百済王家の外戚となっていく。
　これに対し、それまで百済の主要な官職を独占していた真氏は没落していった。おそらく、扶余碟禮を即位させようとしていたのは、真氏であったのだろう。
　高句麗への侵入を図って敗北を続けていた先代の阿莘王と異なり、新たに

即位した腆支王は、高句麗との対立を望まなかったらしい。また、高句麗の広開土王も、後燕への進出に専念しようとしたため、高句麗と百済との間には、平和が保たれることになった。

後燕を破る高句麗

高句麗の広開土王が後燕への進出を本格的に考えるようになったのは、401年に後燕の昭武帝が暗殺され、昭武帝の叔父にあたる慕容熙が昭文帝（在位401年～407年）として即位するなど、後燕の国内が混乱していたからである。後燕に苦しめられてきた広開土王が、この混乱に乗じない理由もなかろう。

●高句麗の後燕侵攻

広開土王が、402年、後燕の宿軍城を攻撃すると、宿軍城を守備していた後燕の平州刺史である慕容帰は、城を棄てて逃亡した。このころ、後燕は北魏に圧迫されて龍城を王都にしていたが、この宿軍城は、龍城から、それほど離れてはいない。高句麗は、宿軍城を手にしたことで、龍城を攻める拠点を手に入れたのである。

広開土王が宿軍城を拠点として後燕への侵入を繰り返すなか、もちろん、後燕も黙って見過ごしていたわけではない。405年正月、後燕の昭文帝は、高句麗の遼東城を攻撃する。このとき、遼東城の高句麗軍は、城門を固く閉じて、打って出ることはなかった。広開土王の援軍を待つことにしたのである。

しかし、広開土王が救援軍の派兵に手間取るなか、遼東城では兵粮の備蓄が底を尽き、陥落しそうになってしまう。昭文帝も、遼東城の落城は、時間の問題だと考えたことだろう。しかし、その奢りが命取りになってしまったのである。

遼東城がいよいよ落城するというとき、昭文帝は後燕軍の将兵に対し、
「遼東城を落とした暁に、朕は龍城から皇后を迎え、いっしょに入城するつもりであるからそう心得よ」
と布告するとともに、それまでに時間をかけて落とすことにした。このため、後燕軍の将兵が攻めるのをためらっているうちに、高句麗の援軍が着陣

したのか、結局、後燕軍は遼東城を落とすことができず、撤退するしかなくなったのである。これにより遼河以東の地は、完全に高句麗の所有となった。

後燕の滅亡と北燕の建国

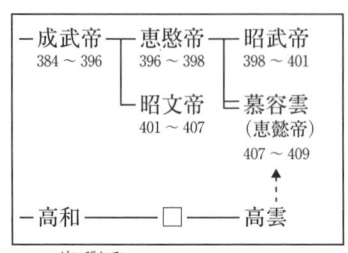

```
─成武帝   ─恵愍帝   ─昭武帝
 384〜396  396〜398  398〜401
          └昭文帝   └慕容雲
           401〜407  （恵懿帝）
                    407〜409

─高和─────□────高雲
```

昭文帝は後燕の帝都である龍城に戻ったが、その権威は著しく失墜し、臣民の心は離れていった。そうしたなか、407年に、後燕の将軍であった馮跋が昭文帝を殺して後燕を滅ぼしたのである。馮跋は、新たに北燕（407年〜436年）を建国し、昭文帝の兄恵愍帝（在位396年〜398年）の養子であった慕容雲を恵懿帝（在位407年〜409年）として即位させた。

慕容雲の祖父は高和といい、342年に高句麗の故国原王が前燕軍に敗れたとき、俘虜として連行された高句麗の王族の一人であったらしい。高和はそのまま後燕に仕え、その孫の高雲が、数々の武功によって恵愍帝の養子に迎えられ、慕容氏の姓を賜ったものである。

北燕の実権を握ろうとする馮跋にとって、鮮卑の出身ではなく、高句麗とのつながりをもつ恵懿帝ほど都合のよい傀儡はいない。恵懿帝を擁立していれば、後燕の遺臣の不満をそらすこともできるうえ、高句麗と友好的な関係を築くこともできたからである。

事実、後燕と度重なる戦いを繰り広げてきた高句麗の広開土王も、北燕の建国を機に、恵懿帝と友好関係を築こうとした。409年3月、広開土王は北燕に使臣を遣わすと、恵懿帝もこれに応えて答礼の使者を高句麗に送っている。広開土王も、北燕と和親を結んだことで西方を脅かされる心配がなくなり、安堵したことだろう。

しかし、同年、恵懿帝は暗殺されてしまい、馮跋が自ら文成帝（在位409年〜430年）として即位する。それでも、文成帝の在位中、高句麗と北燕とは、遼河を境界として、互いに不可侵の関係を続けたのだった。

広開土王の崩御

高句麗の広開土王は、北燕との友好的な関係を築いてまもなく、412年に崩御した。広開土王の基本的な戦略は、新羅と結んで百済・倭の連合軍と戦うというもので、王の遠征によって、高句麗の版図は、東は日本海、西は遼

河、南は礼成江、北は松花江に及んでいる。高句麗は、広開土王によって、朝鮮半島の大国に押し上げられたといっても過言ではない。

広開土王が崩御したあと、広開土王の長男である長寿王（在位412年〜491年）が即位した。百済を支援する倭との戦いを繰り広げた広開土王とは異なり、長寿王は、倭との和睦を図ったものらしい。413年には、長寿王の使者と、倭王讃の使者がつれだって晋に朝貢している。長寿王は、「使持節、都督営州諸軍事、征東将軍、高句麗王、楽浪公」に冊封された。

もっとも、倭王讃の使者については、倭王からではなく、高句麗が俘虜にした倭人を使者に仕立てたのではないかという考えもある。だが、中国の王朝を中心とする冊封体制のなかに倭を引きずり込むことで、高句麗の安定を図るという戦略は、ありえない話ではない。実際、このあと高句麗と倭が、直接に戦うことはなかったのである。

暗殺された新羅の実聖王

　高句麗で広開土王が崩じて長寿王が即位すると、新羅の実聖王は、引き続き友好的な関係を結ぶため、先代の奈勿王の次男である金卜好を人質として送った。金卜好は、実聖王が倭に人質として送っていた金未斯欣の兄であった。実聖王は、前と同じように、王権を盤石にするため、体よく追い払ったのだろう。

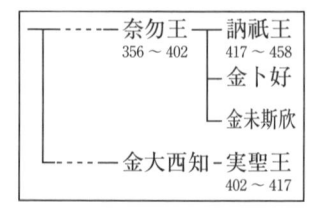

```
            ┌─ 奈勿王 ─┬─ 訥祇王
            │ 356～402 ├─ 417～458
            │         ├─ 金卜好
            │         └─ 金未斯欣
            └─ 金大西知 ─ 実聖王
                         402～417
```

　ただ、実聖王がもっとも恐れていたのは、奈勿王の長男である太子だった。このため、実聖王は、417年5月、奈勿王の太子を暗殺しようとして高句麗の長寿王に諮ったらしい。しかし、太子のほうが高句麗にとって都合がよいと判断した長寿王は、逆に実聖王を暗殺させると、太子を訥祇王（在位417年～458年）として即位させたのだという。『三国史記』では訥祇王が自ら手を下したといい、『三国遺事』では依頼された高句麗人が暗殺したといい、どちらが正しいのかはわからない。

弟の帰国を図る新羅の訥祇王

　即位したばかりの新羅の訥祇王は、まずなによりも、高句麗と倭に人質として送られていた二人の弟を帰還させようとした。もちろん、高句麗と倭が、すんなりと人質を返すとは限らない。そこで、弁舌の士を高句麗と倭に派遣しようとしたのである。

　訥祇王が3人の賢老に、
「わが弟の金卜好と金未斯欣の二人は、それぞれ倭と高句麗の人質となり、数年経っても新羅に帰れずにいる。弟たちのことを考えない日はない。弟たちを新羅に帰国させたいのだが、どうすればよいだろう」
と相談すると、3人は口をそろえて、
「奈麻の朴堤上が、勇気もあるうえ、知略に長けていると聞いております。朴堤上なら、必ずや殿下の弟君を連れ戻すことができるでしょう」
と答えたという。そこで、訥祇王は朴堤上を呼んで協力を求めると、朴堤上は、
「それがしは不肖ではありますが、殿下の命令とあらば、拒むわけにはまいりません」
といって快諾したのである。

高句麗から帰還する金卜好

418年正月、朴堤上が、進物を携えて高句麗に入国すると、長寿王に対し、

「それがしが聞くところによりますと、隣国との和親に欠かせないのは誠意だけです。隣国に人質を送らなければならないというのでは、とても誠意があるとはいえません。卜好公が貴国に人質として赴いてから、かれこれ10年近くになり、訥祇王は、常に弟を思慕しております。もし、殿下が卜好公の帰還をお許しになられても、殿下が損することはないうえ、訥祇王は殿下の恩を忘れることはないでしょう。よくよくお考えになってください」

と訴えると、長寿王は、

「よかろう」

といって、ついに金卜好の帰国を許した。高句麗と新羅は友好国であったから、長寿王も、金卜好の帰国をいつまでも留めるわけにはいかないと考えたのだろう。

倭からの人質奪還策

金卜好が高句麗から帰国すると、訥祇王はたいそう喜んだ。しかし、すぐに、

「二人の弟を左右の手のように思っていたのに、片手だけが戻ってきたようなものだ。金未斯欣を取り戻すにはどうしたらよいだろうか」

と歎くようになる。悲壮な訥祇王の姿を見かねた朴堤上は、

「それがしは、能力には劣りますが、すでに身を新羅に捧げた以上は、最後までやりぬく覚悟でおります。とはいえ、高句麗は新羅と親しい国でしたからうまくいきましたが、倭は高句麗のようにはいきません。謀を用いてお連れするしか方法はないでしょう。ですから、殿下はそれがしが謀反をおこしたと偽りの情報を広めてください」

というと、秋になってから倭に向かった。

このとき、すでに朴堤上は、自らの命と引き換えに金未斯欣を新羅に生還させるつもりであったのだろう。朴堤上は、妻子にも会わずに倭へと渡海していったのである。

あわてて湊に行った朴堤上の妻が、泣きながら、

「気をつけて行って来てください」

と呼びかけると、これを聞いた朴堤上は、

「それがしは、王命を奉じて敵国に行くのだ。そなたは、再びそれがしと会えるなどと思ってはならない」

といい残したという。

朝鮮との外交を取り仕切っていた倭の廷臣である葛城襲津彦らは、当初、朴堤上が偵察に来たのではないかと疑っていた。しかし、新羅の訥祇王が金未斯欣と朴堤上の家族を監禁したという情報を得て、朴堤上が金未斯欣と通じて、訥祇王に反旗を翻したものと判断したようである。

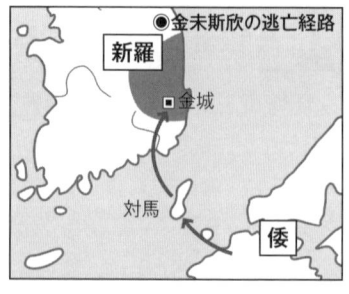

そのころ、新羅が高句麗と結んで倭に派兵するとの情報を得ていた倭では、機先を制して新羅に出兵することにした。そして、金未斯欣と朴堤上を新羅遠征軍の将軍に命ずるとともに、新羅への道案内を託したのである。

こうして、倭軍が新羅に遠征する途中に経由した島で、朴堤上は、金未斯欣に新羅への脱走計画を打ち明けた。これがどこであったのか『三国史記』には記載がないが、『日本書紀』によると対馬だという。それはともかくとして、計画を打ち明けられた金未斯欣は、

「自分はそなたを父のように慕っているのに、一人で脱走することなどできるわけがない」

と拒絶したものの、朴堤上は、

「もし二人が同時にいなくなれば、すぐに倭軍にばれてしまいます」

という。金未斯欣は朴堤上の首を抱きしめて、泣きながら別れを告げると、夜陰に乗じて船で倭の陣営から脱走した。

朴堤上が陣営から起きてきたのは、翌日の昼頃である。それは、できるだけ金未斯欣の脱走を、倭軍に知られないための策であった。そこで初めて金未斯欣がいないことに気がついた倭軍は、あわてて金未斯欣の行方を追ったものの、時すでに遅く、金未斯欣は新羅に入ったあとだったという。

捕らえられた朴堤上は、全身を焼かれる火刑ののち、斬刑に処せられてしまう。訥祇王は、亡き朴堤上に大阿湌の官位を追贈し、金未斯欣は、朴堤上の次女を妻に迎え、その忠節に報いたのだった。

高句麗の遷都

　427年、高句麗の長寿王は、通溝から、平壌に王都を移す。大同江北岸に位置する平壌は、古くは楽浪郡の中心として栄え、豊かな土地を抱えていた。新羅と結んで百済と対峙するという戦略をかかげる高句麗にとって、平壌への遷都は、ある意味、必然であったともいえよう。高句麗は、平壌に遷都することで、朝鮮半島南部へ本格的に進出することを明らかにしたのである。

　ただ、高句麗が都に選んだ場所は、現在の平壌ではなく、平壌から東北に数km離れた大城山城とその西南麓に位置する清岩里土城であった。清岩里土城は平時の居城であり、その背後に控える大城山城が戦時に籠もる詰め城としての役割を担っていたもので、高句麗は、586年に現在の平壌城へ遷都するまで、この大城山城と清岩里土城を拠点としている。

北魏に朝貢する高句麗

　高句麗が平壌に遷都したころ、華北で最も勢威を誇っていたのは北魏である。高句麗の長寿王は、すでに425年に、北魏へ使節を遣わして朝貢しているが、435年6月にも、改めて北魏に使節を遣わして朝貢した。

　このとき、長寿王は、北魏の太武帝（在位423年～452年）に、国諱の教示を要請している。国諱とは、歴代の皇帝の諱、すなわち実名のことである。名前が神聖なものと考えられていたこの時代、皇帝の諱と同じ字を使うのは恐れ多いことだとみなされていた。この考えは、生存中の皇帝の名だけではなく、すでに崩じている皇帝の名にも及んでいる。長寿王は、高句麗の王の名が、宗主である北魏の皇帝の名と同じにならないよう、予め北魏の歴代皇帝の諱を知っておこうとしたのである。

北魏の太武帝は、長寿王の誠意を高く評価して、廷臣の李敖を高句麗に遣わし、皇帝の家系と諱を記した書を長寿王に与えた。それとともに、長寿王を「都督遼海諸軍事、征東将軍、領護東夷中郎将、遼東郡開国公、高句麗王」に冊封したのである。これに対し、長寿王は早くもこの年の秋、使臣を北魏に遣わし、冊封に対する恩を謝している。こうして、高句麗と北魏は、友好的な関係を結ぶことになった。

● 北魏と高句麗

北燕の滅亡

　高句麗と結ぶ北魏の勢威が日増しに高まるなか、龍城を本拠とする北燕は弱体化していく。そのころ、北燕では、文成帝の弟である馮弘が昭成帝（在位430年〜436年）として即位していたが、昭成帝は常々、
　「もし北魏に攻め込まれるようなことがあれば、東の高句麗を頼って北燕を再興することにしたい」
と群臣に伝えていたという。そして、密かに配下の陽伊を高句麗に遣わし、いざというときに亡命を受けいれてくれるように要請していた。

● 北燕の滅亡

　もちろん、昭成帝は、北魏との外交交渉を諦めていたわけではない。だが、436年の初め、昭成帝が北魏に使節を遣わして降伏しようとしたとき、北魏の太武帝がこれを許さなかった。すでにこのとき、太武帝は、北燕を滅ぼすつもりでいたようだ。
　北魏では、昭成帝が高句麗に亡命を図る予定だという情報もすでに得ていたのかもしれない。太武帝は、高句麗に対し、昭成帝の亡命を受けいれてはならないと命じたのである。北魏は、高句麗の宗主であり、北魏に征討された昭成帝の亡命を禁ずるのは当然のことといえよう。

しかし、436年4月、北魏が北燕に侵攻したとき、高句麗の長寿王は、将軍の葛盧・孟光に数万の軍勢を与え、北燕使の陽伊とともに、昭成帝の救援に向かわせる。そして、昭成帝とその家族、廷臣らを庇護したうえ、高句麗に護送させたのだった。龍城を離れるとき、昭成帝は自らの王宮に火をつけたが、この火は10日間も燃え続け、高句麗に向かう昭成帝らの行列は80余里（約45km）にも延びていたという。ここに、北燕は滅亡したのである。

高句麗征討を図る北魏

それにしても、なぜ高句麗は、北燕の滅亡が避けられないなか、北魏の命を無視してまで、昭成帝の亡命をうけいれたのだろうか。もともと、高句麗と北燕は友好的な関係にあり、昭成帝の要請を断ることができなかったということもあるかもしれない。だが、北魏との緩衝地帯として、北燕を残しておきたかったという高句麗の戦略的な意向もあったように思われる。

昭成帝の亡命を聞いた北魏の太武帝は、高句麗に使者を遣わして、昭成帝を北魏に送還することを命じた。しかし、高句麗の長寿王は、昭成帝を北魏に送らず、代わりに、使者を北魏に遣わして、昭成帝とともに北魏の藩属になることを奏上したのである。

これは、太武帝の命を拒否したも同然であり、怒った太武帝は、高句麗征討の兵を挙げようとする。しかし、近臣らが高句麗出兵を諫めたため、太武帝も遠征を中止したという。

北燕の昭成帝を殺した高句麗

高句麗に亡命してきた昭成帝は、ほどなく太子の馮王仁を人質としてとられてしまう。『三国史記』には、昭成帝のふるまいが傲慢であったためと記されているが、実際には、長寿王が昭成帝を支配下におこうとしたため、対立が生じたものなのだろう。

高句麗に見切りをつけた昭成帝は、438年3月、使者を宋（420年〜479年）に遣わして亡命を要請した。宋は、晋のあとを受けて華南に興った王朝で、華北で覇権を握る北魏と覇を競っていたからである。宋の文帝（在位424年〜453年）は、昭成帝の申請をうけいれることにした。文帝は、昭成帝を擁立することで、北魏との戦いを有利に進めようとしたにちがいない。

文帝は、配下の王白駒を大使とする7000余の使節団を仕立てて、高句麗まで昭成帝を迎えに行かせるとともに、高句麗の長寿王に対し、昭成帝の送還

第一章　百済・新羅の建国

59

を命じた。しかし、宋への亡命は昭成帝が独断で決めたことで、長寿王が認めていたわけではない。このため、長寿王は、将軍の孫漱・高仇らに命じて、昭成帝とその一族10余人を殺害させるとともに、高句麗に入った宋の使節団を襲撃したのである。

●高句麗と北魏・宋

そのあと、長寿王は、捕らえた王白駒を宋に送還するとともに、王白駒が高句麗兵をみだりに殺したことを文帝に訴えた。北魏と対峙する宋としては、それ以上、高句麗との関係を悪化させたくなかったのであろう。文帝は、長寿王の訴えを聞きいれて、王白駒らを形式的に投獄したが、ほどなく釈放した。

華北を統一した北魏

昭成帝が一族とともに殺されたことで、北燕再興の道は断たれ、北燕の故地は北魏に併合された。そして、翌439年、北魏は北涼（397年〜439年）を滅ぼし、ついに華北を統一したのである。ちなみに、北魏は、534年に東魏（534年〜550年）と西魏（534年〜556年）に分裂し、さらに東魏は北斉（550年〜577年）、西魏は北周（556年〜581年）に替わった。この、北魏・東魏・西魏・北斉・北周の五つの王朝を総称して北朝とよぶ。

●南北朝時代の東アジア

また、華南では、宋・南斉（479年〜502年）・梁（502年〜557年）・陳（557年〜589年）という四つの王朝が交替しており、これを南朝とよぶ。こうして、中国では北朝と南朝が対峙する南北朝時代が始まることになった。

北魏が華北を統一すると、高句麗の長寿王はさっそく、慶賀の使節を北魏に遣わした。高句麗は、北魏の命に反して昭成帝の亡命を受けいれたという経緯があったが、結果的に昭成帝を討ったことにより、両国間の緊張を緩和させようとしたものだろう。しかし、長寿王が本気で北魏との国交を回復しようとしていたとは考えられない。なぜなら、439年、長寿王は、北魏征討の兵を挙げた宋の文帝の要請に応じて、800頭の軍馬を宋に送っているから

である。長寿王は、北魏と宋の対立をうまく利用しながら、勢威を拡大させようとしたのだった。

北魏を警戒する高句麗

　北魏では465年に文成帝（在位452年～465年）が崩じて、文成帝の長男である献文帝（在位465年～471年）が即位した。その代替わりを祝賀するという意味もあったのか、翌466年3月、高句麗の長寿王は、およそ20年ぶりに北魏への朝貢を行った。

　このとき、献文帝の継母にあたる文明太后は、献文帝の後宮に長寿王の王女を差し出すことを求めてきたが、長寿王は、王女がすでに嫁いでいるので代わりに姪を送りたいと伝えている。王女が本当に嫁いでしまっていたのか、王女を差し出したくないための方便であったのかはわからない。だが、なにしろ長寿王は、98歳まで生きたことから「長寿王」と諡されたものである。このとき、長寿王は70歳を越えていたから、王女がすべて嫁いでいたとしてもおかしくはない。そうしたことを、北魏でも理解していたのだろう。文明太后は、長寿王のこの申し出を了承した。

　こうして、北魏からは、長寿王の姪を迎える使節が高句麗に送られることになったのだが、この使節が高句麗の国内に入ろうとするころ、

「北魏はかつて、北燕の王女を妃に迎えておりましたが、その北燕を滅ぼしています。そのようなことができたのも、王女を迎えにきた使節が、北燕の地理を調べていったからにほかなりません。殿下は、いかなる手段を使ってでも、この婚姻をお断りください」

と、長寿王に訴える廷臣が現れた。長寿王は、確かにその通りだと考え、北魏に対しては、姪が急死したと記した国書を呈したのである。北魏は、これが偽りであることを疑いながらも、使者の口から、

「王の姪の死が事実なら、改めて王族の中から選んで差し出すように」

と伝えさせると、長寿王も、こう答えた。

「陛下が自分の罪を赦してくださるのなら、謹んで帝命を奉ります」

　そうこうしているうちに、北魏では、献文帝と文明太后が政治の実権をめぐって対立を始め、471年、敗れた献文帝は長男に譲位を余儀なくされてしまう。こうして即位することになった孝文帝（在位471年～499年）が、わずか5歳の幼児であったことから、高句麗王族の女性が入内するという話は自然消滅した。

百済の建国神話

●東明王の庶子、高沸流と高温祚

　扶余の王子として育てられていた高朱蒙は、王位をめぐる争いを避けて卒本に亡命する。このとき、卒本の王には男子がいなかったため、高朱蒙に王女を嫁がせたのだという。やがて、高朱蒙と王女との間に、高沸流と高温祚の兄弟が産まれた。B.C.37年、卒本の王が崩御すると、高朱蒙が東明王（在位B.C.37年〜B.C.19年）として即位し、高句麗を建国したらしい。

　しかし、東明王には、卒本に亡命してくる以前に、高類利という長男がいた。その高類利がB.C.19年4月、実母とともに東明王のもとに亡命すると、東明王は、高類利を太子とした。同年9月、東明王が崩御し、高類利が瑠璃王（在位B.C.19年〜12年?）として即位すると、瑠璃王の異母弟にあたる高沸流と高温祚は、兄との対立を恐れ、高句麗を離れることにした。

●漢城に都をおく高温祚

　B.C.18年、高沸流と高温祚の兄弟は、10人の臣下とともに漢城（現在のソウル）に至ると、拠点をおくのに適した土地を探した。このとき、10人の臣下は、漢城に都をおくことを勧めたが、高沸流は聞かず、黄海沿岸の彌鄒忽（現在の仁川）に向かった。

　一方、漢城を都と定めた高温祚は、10人の臣下に国政を委ねたことから、国号を十済とし、温祚王（在位B.C.18年〜28年）として即位する。やがて、彌鄒忽に拠点をおいていた高沸流が、彌鄒忽を拠点としたことを後悔したまま薨じると、高沸流に従っていた百姓、すなわち多くの氏族がこぞって漢城に移り住んだことから、のちに国号を百済と改めたという。

●神話の系譜

　一般に建国神話というものは、王の権威を高めるため、聖獣から生まれたり、卵から生まれたりするなど、特異な話をもっている。しかし、百済の建国神話には、そうした話は登場しない。

　百済にとって、扶余と高句麗の系譜につながることこそ、王の権威を高めるものとして認識されていたのだろう。神話というよりは、むしろ、つくられた歴史としてみたほうがよいかもしれない。

百済の凋落

北魏に支援を請う百済

　471年に北魏（386年～534年）の孝文帝（在位471年～499年）が即位すると、高句麗に圧迫され続けていた百済の蓋鹵王（在位455年～475年）は、翌472年、慶賀の使節を北魏に遣わすとともに、高句麗に対抗するための支援を要請した。このとき、百済が北魏に呈した国書の内容は、概ね次のようなものである。

> 弊国は、極東に建国して以来、歴代中国王朝の教化を受けておりますが、高句麗が道を塞ぐため、思うように朝貢もできません。弊国は、高句麗と同じく、もともとは扶余から分かれたもので、かつては友好的な関係にありました。しかし、北燕（407年～436年）の滅亡後、高句麗の勢威は強まり、弊国は圧迫され続けております。弊国を憐れんでくださるのなら、援軍を派遣して、弊国を救ってください

　北魏の孝文帝は、なにぶん幼児であったから、もちろん百済の国書を理解することなどできない。北魏の朝廷は、百済の使節を厚く礼遇したあと、使者を百済に遣わして国書を蓋鹵王に与えた。孝文帝名義の国書には、

> 高句麗が百済の領土を侵犯しているというのはよくわかった。だが、高句麗はわが北魏に朝貢して久しく、今現在、北魏の命に背いているわけでもない。それなのに、突然、高句麗を討つのは道理に反するというものだろう。もし、今度、高句麗が朕の命に従わないことがあれば、そのときに高句麗の罪は明らかになるはずだ。高句麗を討つのは、それからでも遅くあるまい。そのときは、高句麗までの道案内を頼もう

　北魏としても、国内で政権をめぐる混乱があったばかりであり、実際問題として、高句麗に出兵する余裕などなかった。それに、北魏は南朝の宋（420年～479年）と対峙していた関係で、背後に位置する高句麗との関係を悪化させたくないと考えていたはずである。

　結局、北魏が高句麗遠征を計画することはなく、これに失望した百済の蓋鹵王は、二度と北魏に朝貢することはなかった。

百済を謀る高句麗

　百済が北魏に高句麗征討を訴えていたころ、当の高句麗では、長寿王（在位412年～491年）が百済への侵攻を計画していた。そして、百済に潜入する間者を探していると、道琳という僧が、
「拙僧は、仏道を極めることができなかったので、これからは国に報いたいと思っております。殿下が、拙僧をお使いくだされば、必ずやお役に立てるでしょう」
　と名乗り出たのである。これを聞いた長寿王は、道琳を密かに百済へ潜入させることにし、高句麗で罪を犯したと偽らせ、百済に向かわせた。
　道琳は、百済の蓋鹵王が、碁を打つのを趣味としていたことをあらかじめ知っていたにちがいない。碁の名人としても知られていた道琳は、早速、自らを蓋鹵王に売り込んだのである。
　蓋鹵王が道琳を召して碁を打つと、はたして道琳は名人であった。こうして道琳は、蓋鹵王の側近くに仕えるようになったという。ある日、道琳は、
「殿下は、外国人にすぎない拙僧によくしてくださっております。拙僧は、殿下の恩に報いなければなりません。一言だけ申し上げたいことがあるのですが、よろしいでしょうか」
　と蓋鹵王にうかがいを立てる。これに対し、蓋鹵王が、
「なんでもいうがよい。百済の国益になることであれば、むしろいろいろと聞きたいくらいだ」
　というと、道琳は、こう訴えた。
「百済は、四方を山や海に囲まれております。だからこそ、周囲の国々も、百済をあえて侵略しようとは思わないのでしょう。ただ、残念なことに、百済では王宮や祖廟の修理がなされておりません。もし、王宮や祖廟を立派にすれば、ますます、周囲の国々は百済に一目をおくようになるのではないでしょうか」
「そなたのいいたいことはよくわかった。その通りにやるとしよう」
　と蓋鹵王はいい、王宮や祖廟の修理を始めた。道琳は、そうすることで、百済の国力を衰えさせようとしたのである。案の定、百済の財政は逼迫し、臣民の困窮は厳しくなっていく。
　そして、その後、高句麗に戻った道琳から百済の内情を聞かされた長寿王は、ただちに百済への出兵を決めた。

陥落した百済の都、漢城

475年9月、高句麗の長寿王は、3万の軍勢を率いて百済に侵入し、王都である漢城に向かう。このことを知らされた百済の蓋鹵王は、太子に向かい、

●高句麗の百済侵略

高句麗
平壌
漢江　漢城
百済　熊津
錦江　新羅

「道琳のいうことを信用したばかりにこんなことになってしまった。百済の兵力は弱まっており、たとえ危機が迫っても、誰も王のために戦うことはしないだろう。自分は百済のために死ぬ覚悟をしているが、そなたまで巻き込むわけにはいかない。ひとまず逃げて新羅に助けを求め、そのあとで王位を継ぐがよい」

といい、木刕満致・姐彌桀取らとともに新羅に向かわせたのである。

ほどなく、漢城は、高句麗の対盧である斉于・再曾桀婁・古爾万年らに率いられた高句麗軍に包囲されてしまった。蓋鹵王は城門を閉じて籠城を図ったが、高句麗軍は四方から総攻撃を加えるとともに、火矢で城門を焼いたのである。

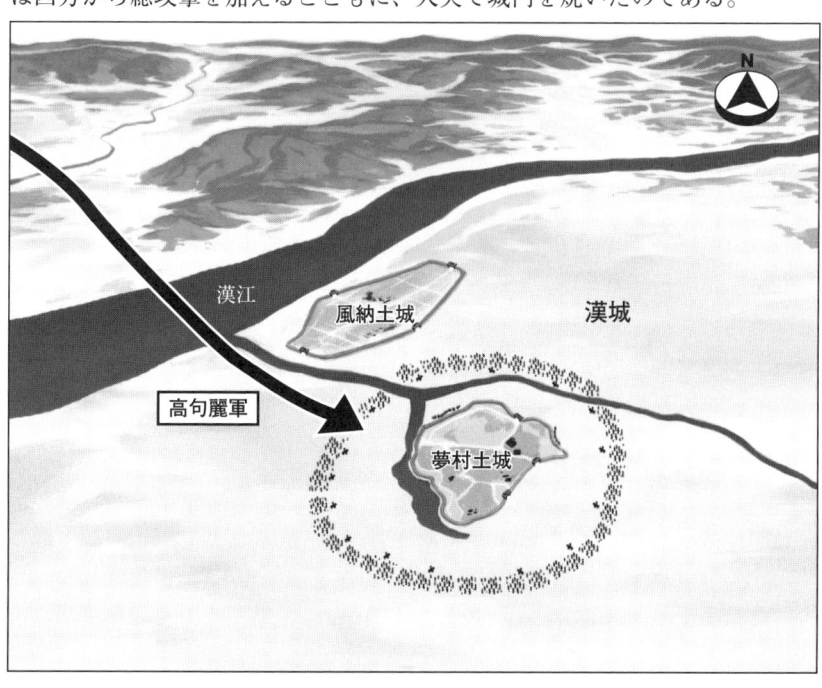

漢江　風納土城　漢城
高句麗軍　夢村土城

結局、蓋鹵王は漢城での抵抗を諦め、数十騎を連れて城を出て、西方へと逃亡したが、高句麗軍の再曾桀婁に捕らわれてしまう。再曾桀婁は、馬から下りて蓋鹵王に礼をすると、王の顔に向かって3度唾をかけ、その罪状を数え上げて責めたのち、王を殺害した。ちなみに、再曾桀婁や古爾万年は、もともとは百済の貴族であったが、このときにはすでに、高句麗に従っていたものである。

蓋鹵王を殺害した高句麗軍は、百済の男女8000人を俘虜にして、高句麗に撤退した。こうして、高句麗の版図は、漢江の南岸まで及ぶことになる。

そして、このときが、高句麗の全盛期であった。

再起を図る百済

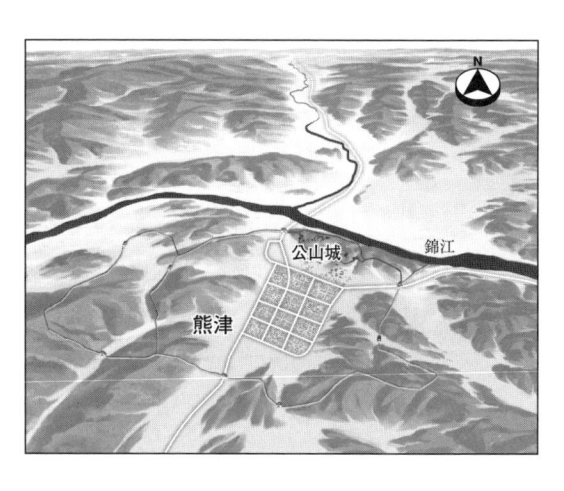

漢城から逃れた蓋鹵王の太子は、新羅に救援を求め、新羅の援軍1万とともに漢城に戻ってきた。しかし、すでに漢城が落城し、蓋鹵王も殺害されたということを聞き、高句麗への抗戦を諦めている。群臣によって推戴された蓋鹵王の太子が、文周王（在位475年〜477年）として即位すると、早くも百済の復興に着手した。

即位したばかりの文周王が、まず行ったのは、漢城から熊津への遷都である。熊津は、錦江の中流域に位置し、周囲を山に囲まれた天険であった。王宮は、高さ110mほどの公山城にあり、周囲は全長2.5kmほどの土塁によって防御されていたと考えられている。

暗殺される百済王

百済の文周王は、477年4月、弟の扶余昆支を内臣佐平に任じ、百済を復興するための改革を委ねたのだが、その扶余昆支は早くも7月に急死してしまう。これにより、宮廷内に勢力をもったのが、兵官佐平として軍事を担う解仇であった。

```
┌ 文周王 ── 三斤王
│ 475〜477    477〜479
│
└ 扶余昆支 ─ 東城王
              （扶余牟大）
              479〜501
```

　477年9月、狩りに出た文周王は盗賊に殺されてしまうが、この盗賊をけしかけたのが解仇であったという。文周王の崩御により、13歳の太子が即位して三斤王（在位477年〜479年）となった。三斤王は、解仇の影響力を排そうとはしたのだろうが、幼少であることから、それも難しい。結局、百済における政治と軍事の実権は、解仇に握られることとなった。

　だが、解仇は、三斤王の側に立つ佐平の真男らと対立を深めていった。そして、478年春、ついに解仇は、恩率の燕信とともに兵を挙げた。これに対し、三斤王は、真男に2000の軍勢をつけて解仇・燕信を討たせようとしたが、逆に敗れてしまう。しかし、精兵500を率いた徳率の真老が解仇を討ち、これをみた燕信が高句麗に亡命すると、三斤王は、百済に残された燕信の妻子を捕らえて斬首した。

　こうして、なんとか国内の混乱を終息させた三斤王であったが、在位3年目の479年11月に崩御してしまう。三斤王に子がいなかったことから、倭に人質として送られていた扶余昆支の子である扶余牟大が百済に帰国し、東城王（在位479年〜501年）として即位した。この東城王のもとで、百済は、本格的に復興していくことになる。

百済をねらう倭

　百済の国内が混乱していた478年、倭王武は、自ら「使持節、都督倭・百済・新羅・任那・加羅・秦韓・慕韓七国諸軍事、安東大将軍、倭国王」と称して、宋の順帝（在位477年〜479年）に上奏文を呈していた。その上奏文には、概ね次のようなことが述べられている。

　　弊国は、歴代中国王朝の教化を受けており、朝貢を欠かすことはありませんでした。ところが、朝貢の経由地としていた百済が、無道な高句麗に侵略されてしまい、弊国は朝貢することができません。亡父である済は、高句麗が朝貢の邪魔をすることに憤り、自ら渡海して高句麗を討とうとしました。しかし、ちょうどそのとき、急に父の済と兄の興が亡くなったため、兵を動かすにはいたらなかった次第です。そこで、陛下の理解を得られたなら、高句麗を討ち、父と兄の遺志を果たそうと思います

　倭王武は、「使持節、都督倭・百済・新羅・任那・加羅・秦韓・慕韓七国諸軍事、安東大将軍、倭国王」を自称し、百済・新羅・任那・加羅のほか、

第一章　百済・新羅の建国

新羅を除いた秦韓、すなわち辰韓諸国や、百済を除いた慕韓、すなわち馬韓諸国における軍事権を認めてもらおうとしていた。もちろん、名目的な軍事権ではあったが、倭王武としては、これらの国や地域に、倭の影響が及んでいると自負していたのであろう。

ここに百済が入っているのは、百済から扶余昆支とその子が倭に人質として送られていたことと無関係ではなかった。人質を送ってきた百済を、倭としては自国の影響下にあると考えても不思議ではない。しかし、百済もまた宋に朝貢しており、宋の順帝が百済に対する倭の軍事権を認めるわけにはいかなかった。そこで、順帝は、倭王武を、百済の軍事権を除外した「使持節、都督倭・新羅・任那・加羅・秦韓・慕韓六国諸軍事、安東大将軍、倭王」に冊封したのである。

倭王武は、宋の順帝に高句麗征討の支援を求めていたが、順帝は、表だって拒否しないものの、援軍を送ることはしなかった。宋の戦略として、倭に援軍を送ったことにより、高句麗が宋と対立する北魏に接近することは、なんとしても避けなければならなかったからである。

それとともに、実際問題として、宋は弱体化しており、高句麗征討の援軍を送る余裕すらなかったと思われる。倭王武が朝貢した翌年の479年、順帝は将軍の蕭道成に帝位を譲ることを余儀なくされ、宋は滅んでいるのである。蕭道成は新たに南斉（479年〜502年）を興すと、即位して高帝（在位479年〜482年）となった。

南斉に朝貢する加羅

百済が高句麗に漢城を落とされて弱体化していくなか、百済の圧迫を受け続けてきた伽耶諸国では、加羅を中心として勢威の回復を図ろうとする。そして、479年、加羅の嘉悉王が南斉の高帝に朝貢した。

加羅は洛東江上流に位置し、伽耶諸国のなかで最も勢威を誇っていた国である。この加羅が、どのような経路で南斉に使節を派遣したのかについては、よくわからない。ただ、このころ、洛東江下流域の任那や安羅は、古くから倭と和親を結んでおり、あえて洛東江を通ったとは考えにくい。陸路を通ったうえで、蟾津江の河口から沿岸部を経由して黄海に向かったと考える

べきなのだろう。

いずれにしても、海岸に面していない加羅が単独で南斉に朝貢することはできない。南斉に朝貢することで百済に対抗しようとする伽耶諸国の期待を加羅が背負っていたことは、容易に想像がつく。

南斉への朝貢の結果、加羅の嘉悉王は高帝から「輔国将軍、加羅国王」に冊封された。こうして、伽耶諸国も、中国を中心とする冊封体制に組み込まれていくことになったのである。

百済と新羅の同盟

高句麗による百済への侵入は、当の百済だけでなく、隣接する新羅にも圧迫を与えていた。このため、百済と新羅は次第に接近していくことになる。475年に高句麗が百済の王都である漢城を包囲したとき、結果的には間に合わなかったものの、新羅は1万の援軍を百済に送っていた。

こうした経緯を踏まえ、493年3月に百済の東城王が新羅に使者を遣わして婚姻を申し込むと、新羅の炤知王（在位479年～500年）は、伊伐湌の比智の娘を東城王に嫁がせることにした。こうして両国は、婚姻による同盟を結んだのである。

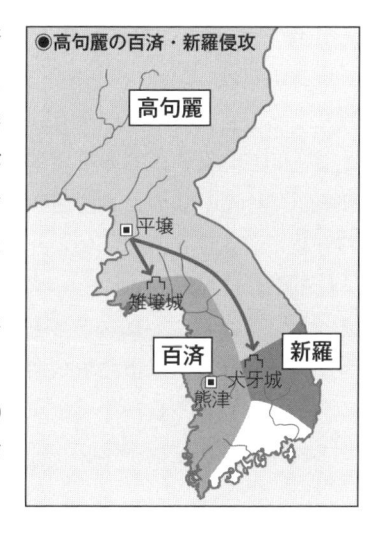

同盟が結ばれたことにより、どちらかの国が高句麗に攻められたときには、攻められなかった国が援軍を送るようになった。たとえば、494年7月、高句麗軍に国境を突破された新羅軍が犬牙城に籠城したとき、百済は犬牙城に援軍を送っているし、翌495年8月、高句麗軍が百済の雉壌城を包囲したときには、新羅が雉壌城に援軍を送っている。こうして、百済と新羅は、協力することで、危機を乗り越えることができたのだった。

このあと、高句麗の侵入を食い止めた百済と新羅は、それぞれ、内政を充実させ、さらに発展していくことができるようになったのである。

台頭する新羅

北魏の権威に頼る高句麗

　高句麗が、新羅と同盟を結んだ百済に苦しめられるなか、79年間にわたって高句麗を統治し、その全盛期を築き上げた長寿王（在位412年～491年）が崩御する。そして、長寿王の孫にあたる文咨明王（在位491年～519年）が即位した。

　文咨明王は、北魏（386年～534年）の権威によって百済との外交を有利にしようとして、504年4月、芮悉弗を北魏に遣わして朝貢している。このとき、芮悉弗は、北魏の宣武帝（在位499年～515年）の前に進み出て、

　「弊国は、藩属となってから数代にわたって朝貢を欠かしたことはございません。しかるに、真珠などを産出する耽羅（現在の済州島）は百済に併合され、黄金などを産出する扶余は勿吉に逐われてしまいました。百済と勿吉のために、もはや真珠や黄金を捧げることができません」

　と訴えると、宣武帝は、

　「杯に酒がないのは、注ぐべき酒のない徳利の恥というではないか。だとすれば、真珠や黄金が手に入らないのは、高句麗の恥であろう。高句麗の責任でもって百済や勿吉と交渉し、耽羅と扶余を回復させるとともに、真珠や黄金の貢納を怠りなくせよ。国に帰ったら、朕の考えを王に伝えるがよい」

　と芮悉弗を諭す。

　宣武帝は、百済や勿吉によって朝貢ができないという高句麗の訴えが事実ではないと見抜いていたのだろう。結局、北魏の権威を借りて百済を押さえようとする文咨明王の策は、失敗に終わった。

　百済や新羅を攻めても勝つことができない文咨明王の権威は失墜し、高句麗は次第に弱体化していくことになる。

●高句麗の周辺国

百済における武寧王の即位

高句麗において王権が弱まる一方、高句麗の侵攻を食い止めた百済では、逆に東城王（在位479年〜501年）の権威が強まっていく。そして、東城王は、強化された王権を背景に、国内の再編にとりかかろうとしたのである。

もちろん、群臣のすべてが改革に賛成していたわけではない。既得権益の喪失をおそれる権臣らの根強い反発もあった。苩加を東城王が泗沘の南の加林城城主に任じたとき、王都の熊津に基盤をもつ苩加は、公然と東城王に反旗を翻す。そして、501年、苩加は東城王を暗殺してしまった。

東城王の崩御によって、その子が即位して武寧王（在位501年〜523年）となった。即位まもない武寧王は、加林城に拠って反乱をおこした苩加を滅ぼすと、王権の安定化をめざし、積極的な対外政策を進めていく。

武寧王が即位した翌502年、中国の南朝では、南斉（479年〜502年）の皇族の一人であった蕭衍が、南斉の和帝（在位501年〜502年）から禅譲という形で帝位を奪い、梁（502年〜557年）を建国し、自らは武帝（在位502年〜549年）として即位していた。武帝は、この年、百済の武寧王を「都督百済諸軍事、征東大将軍、百済王」に冊封している。

伽耶諸国に進出する百済

百済の武寧王は、梁との関係を背景に、伽耶諸国への進出を図っていく。しかし、伽耶諸国のなかでも加羅はすでに中国王朝への朝貢を果たしており、滅ぼすのは都合が悪い。そのため、武寧王は、加羅以外の伽耶諸国を併合しようとしたのである。

ただ、伽耶諸国には倭人も進出してきていたため、倭の了承なく侵攻すれば、倭との同盟は破綻してしまう。武寧王は、伽耶諸国の西部に位置する上多利、下多利、娑陀、牟婁を平和的に併合しようとして、512年12月、その支配権の承認を求める使節を倭に派遣した。これらの地域が具体的にどこにあったのかはわからないが、蟾津江中下流域と考えられている。百済が倭に割譲を求めるということは、これらの地域は、当時、倭の影響下におかれていたらしい。

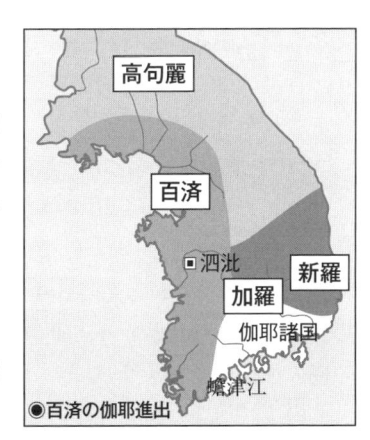

第一章　百済・新羅の建国

このとき、多利に派遣されていた倭の廷臣である穂積臣押山は、
「この地域は百済に接する一方、倭からは遠く離れています。今の時点では、百済の支配を認めたほうが、保全はできるでしょう。もちろん、百済の支配を認めたところでいつまで保全できるかわかりません。しかし、少なくとも、百済の支配権を認めなければ何年ももたないものと存じます」
と述べ、百済の支配を認めたほうが得策だと主張し、大伴金村もこの意見に賛成した。このとき、穂積臣押山と大伴金村が百済から賄賂を貰っているのではないかとうわさする廷臣もいたという。
　それはさておき、倭では朝議によって、この地域における百済の支配権を承認することに決めている。翌513年、百済の武寧王は、将軍の姐彌文貴・州利即爾を倭に遣わして、五経博士である段楊爾を送ったが、これは支配権を承認する際の条件であったのだろう。五経博士とは、儒学の経典である五経、すなわち『易経』・『書経』・『詩経』・『礼記』・『春秋』を教授する学者のことである。儒学は、当時としては最先端の文化であり、五経博士の知識は、領土に匹敵するほどのものと考えられていたらしい。
　文化を用いて領土を広げようとする武寧王の戦略は、まだ続いていた。蟾津江の流域に位置する己汶・多沙の併合を図る武寧王は、このとき、
「加羅は、わが百済の己汶・多沙を占領しております。これを奪還するため、百済を支援していただきたい」
とも倭に伝えさせていたのである。とくに、多沙は天然の良港を抱えており、百済はここを戦略的な拠点にしようとしたらしい。
　こうした百済の動きに対し、加羅からも倭に使者が来て、
「己汶や多沙は、もともと加羅の領域です」
と訴えたが、結局、倭では百済を支援することにした。そして、姐彌文貴・州利即爾が帰国する際に、継体天皇（在位507年〜531年）は倭の水軍500をつけて百済軍を支援させたが、すでに加羅が多沙に城を築いていたため、倭軍は敗れたという。その後も、倭の支援を受けた百済は、伽耶諸国への侵入を繰り返し、ついに、516年、百済は己汶を併合した。
　その後、加羅の異脳王は、この問題を解決するため、倭から使者として派遣された物部伊勢連父根らに対し、
「多沙の港は、加羅も利用している。百済が併合することは許されない」
と訴えたが、百済は加羅の抵抗を無視し、実力で多沙に侵攻していく。百済が多沙を併合したのは、『日本書紀』によれば、529年のことであった。

梁に朝貢する百済

こうして、百済は、倭の支援を得ながら伽耶諸国に進出し、伽耶諸国の西半分をほぼ平定した形となった。一度は高句麗に王都の漢城を落とされた百済が、武寧王の治世下で、再び、強国としての再興を果たすことになったのである。

武寧王は、521年11月、新羅の使節をともない、南朝の梁に朝貢させた。新羅にとって、これが初めての南朝との通交となる。武寧王は、これによって新羅に恩を売るとともに、梁に対しても、新羅を保護下においている状況を見せようとしたにちがいない。このとき、梁に赴いた百済の使者は、伽耶諸国とともに新羅をも自らの「附庸国」として紹介した。附庸国とは、従属している国という意味である。

そして、武寧王の朝貢を受けた梁の武帝は、武寧王を「使持節、都督百済諸軍事、寧東大将軍、百済王」に冊封している。

●百済と梁

伽耶への進出を図る新羅

百済が伽耶諸国への進出を強めるなか、圧迫された形の加羅は、成長著しい新羅へと接近していく。このころ、新羅の法興王（在位514年～540年）が、百済と同盟を結んで高句麗に対峙しながら、百済とともに梁へ朝貢するなど、新羅を着実に発展させていたからである。

加羅の異脳王は、522年3月、使者を新羅に遣わして婚姻による同盟を要請した。これに対し、法興王は、伊尺飡の比助夫の妹を王妃として加羅に送ることにしたのである。ここに、新羅と加羅との同盟が成立した。

●新羅の伽耶進出

しかし、新羅の真意は、加羅を救うことにあったのではない。加羅との同盟を大義に掲げ、伽耶諸国を併合しようとしていたのである。事実、新羅はその直後から任那に侵入しただけでなく、喙己呑などを併合したのだった。

524年9月、法興王が平定された伽耶諸国に巡幸したときは、加羅の異脳王も、法興王のもとを訪れている。

任那に救援軍を送ろうとする倭

　新羅が侵入した任那は、加羅とともに伽耶諸国の中心となっていた国で、古くから倭と和親を結んでいた。おそらく、任那から倭に、救援の要請がなされたのであろう。倭では、ただちに、近江毛野臣を中心とする援軍を編成して、任那へ送ることを決定した。

　こうして、527年6月、近江毛野臣が軍勢を率いて渡海しようとしたとき、思わぬところから横槍が入ってしまう。筑紫君である磐井が、本領の筑紫国（筑前・筑後）で挙兵し、またたくまに火国（肥前・肥後）・豊国（豊前・豊後）にかけて征圧してしまったからである。

　『日本書紀』には、新羅から賄賂を受けた磐井が倭軍の渡海を防ぐのが目的であったと記されているが、にわかに信じることはできない。磐井にとって、いくばくかの賄賂を得たところで、新羅のために命を懸けて戦う義理もないだろう。実際に渡海する兵の動員を命じられたのが、磐井ら九州の豪族であったとすれば、負担に耐えかねた末の蜂起だったとも考えられる。

　いずれにしても、磐井の挙兵によって、近江毛野臣は任那に渡海することすらできなくなった。このため、倭の継体天皇は、大伴金村と物部麁鹿火に追討を命じ、翌528年11月、磐井の乱は平定されたのである。

伽耶諸国再建の協議

　磐井の乱が平定されたあと、倭は、大軍を任那に送る計画を中止したらしい。その代わり、翌529年3月、継体天皇は、近江毛野臣を使者として、和親を結んでいた安羅に遣わすことにした。百済・新羅・安羅とともに、伽耶諸国を再建する方策を協議させようとしたのである。

　そのころ百済において武寧王の跡を継いでいた聖王（在位523年〜554年）も、将軍の君尹貴・麻那甲背らを使節として安羅に送った。ただ、百済は、加羅に侵攻するなどしており、安羅が百済を警戒したとしても不思議ではない。結局、協議がまとまることはなかった。

新羅と対立する加羅

　そのころ、新羅から伊尺飡である比助夫の妹を王妃として迎えていた加羅の異脳王は、加羅に滞在していた王妃の従者をすべて新羅に送還していた。『日本書紀』には、529年、王妃の従者たちが、加羅の衣冠から新羅の衣冠に

変えたことを異脳王が怒ったためであると記されているが、史実とはみなしがたい。このとき、新羅や加羅が身分制に基づく衣冠を制定していたことが確認できないからである。

おそらく、加羅に滞在していた王妃の従者たちが、加羅の地理に関する情報を、新羅に流していたのだろう。地形の険阻が新羅に筒抜けになってしまえば、新羅による侵攻を受けたときに加羅が領土を防御することは難しい。異脳王は、新羅による加羅への侵攻が現実におこりうると危惧したのである。

当然、新羅の法興王がこれを認めるはずもなく、

「先に貴国から求められて結婚を許したのである。ところが今、勝手に王妃の従者を送還してきた。それならば、王妃も帰国させてもらいたい」

と異脳王に告げた。これに対し、異脳王は、

「妃とは、すでに夫婦となり、子どももいる。今さら妃と離れることはできない」

と拒絶したのである。

それほどまでに異脳王が、新羅から迎えた王妃を愛していたのかどうかについてはわからない。もしかしたら、来るべき新羅との戦いに備えて、人質にしておこうという戦略であった可能性もあるだろう。

いずれにしても、異脳王が王妃を新羅に帰さなかったことで、新羅と加羅は対立することになった。そして、加羅が新羅の諸城を攻略し始めたことにより、新羅と加羅は完全に断交することになったのである。

倭に支援を求める加羅

加羅の異脳王が新羅に対して強い態度を示すことができたのは、加羅が倭と友好的な関係を結んでいたからである。

加羅の異脳王は、529年4月7日、自ら倭に赴き、大伴金村に対して、

「新羅は、弊国の領土を侵掠している。どうか弊国を支援して、新羅から守っていただきたい」

と依頼したという。大伴金村は、この旨を継体天皇に奏上した。

これに対し、継体天皇は、異脳王を本国まで送り届けることを命じるとともに、安羅に滞在している近江毛野臣に、

加羅王の訴えをよく聞き、新羅と加羅を互いに和解させよ

との詔を伝えさせたのである。

近江毛野臣の失策

　近江毛野臣は、新羅と加羅との争いを仲裁すべく、新羅の法興王を安羅によぶことにする。しかし、法興王は、すでに倭と対峙する方針を固めていた。近江毛野臣の要請を無視し、代わりに、上大等の金異斯夫に命じ、3000の軍勢で伽耶諸国に向かわせたのである。

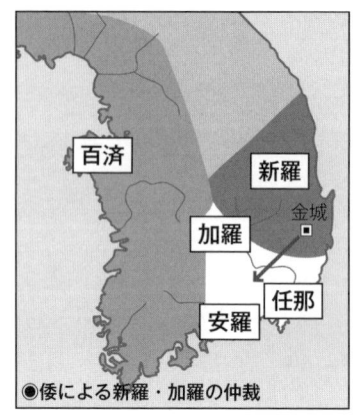

　近江毛野臣には、新羅軍と戦うだけの兵力もつけられていなかったにちがいない。驚いた近江毛野臣は、逼塞してしまったのである。結局、近江毛野臣は何ら有効な手段を講ずることもなく、新羅軍が任那などを侵掠するのを、黙ってみているよりほかなかった。

　近江毛野臣に任せていては埒があかないと判断した加羅の異脳王は、翌530年9月、倭に使者を派遣して、

　「近江毛野臣は、2年間も滞留していながら、なんら有効な手立てを講じておりません」

と訴えた。このため、継体天皇は、近江毛野臣を召還することにしたのである。そして近江毛野臣は、倭に戻る途中に病を得て、対馬で没したという。

　こうして、倭による伽耶諸国の再建は失敗に終わった。このあと、加羅は、百済との結びつきを強めようとし、加羅に対する倭の影響力は次第に減退していく。

●倭による新羅・加羅の仲裁

百済に反攻する高句麗

　百済と新羅が同盟を結んだことにより勢力の縮小を余儀なくされていた高句麗は、百済と新羅が伽耶諸国をめぐって対立したのを好機ととらえ、再び南下を図ろうとしていた。このとき、文咨明王の跡を継いでいた安臓王（在位519年〜531年）は、529年10月、自ら軍勢を率いて百済に侵入すると、百済北辺の穴城を落とす。これに対し、百済の聖王は、佐平の燕謨に3万の軍勢をつけて五谷原で迎え撃たせたが、百済軍は大

●高句麗の百済進出

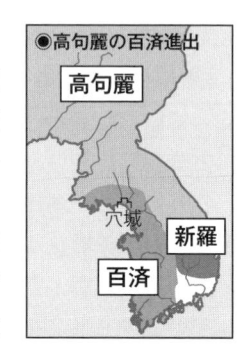

敗を喫してしまう。このとき、百済の戦死者は2000余人におよんだという。

こうして、安蔵王は百済に対する反攻を開始したのだが、その矢先の531年5月に急死してしまった。死因は不明であるが、『日本書紀』には、殺されたと記されている。

新羅に降伏する任那

新羅が任那への侵入を繰り返すなか、新羅に抗しきれないと判断した任那の仇衡王（在位521年～532年）は、532年、ついに一族とともに降伏した。長きにわたって倭と和親を結んできた任那は、ここに滅亡したのである。

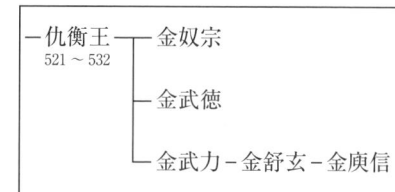

```
─仇衡王──金奴宗
 521～532
       ├─金武徳
       │
       └─金武力─金舒玄─金庾信
```

ただ、新羅は、単に軍事力を用いて降伏させたわけではない。任那の王族に対し、相当の地位を保証していたのである。事実、仇衡王の3人の子、金奴宗・金武徳・金武力はいずれも、新羅でも王族などにしか与えられない伊伐湌という最高官位を与えられている。これは、おそらく、任那が降伏する前にあらかじめ決められていた条件だったのだろう。王権を失っても、新羅の貴族として地位が保証されるのであれば、それほど悪い話ではなかったにちがいない。なお、こののち、金武力の孫の金庾信は、新羅による三国統一に多大な貢献をしている。

もちろん、厚遇されたのは王族だけである。そのため、任那の国内でも、降伏するか、抗戦を貫くかで国論は二分されていたことは想像にかたくない。だが、王族に抗戦の意志がなくなれば、国をあげての抗戦は、当然、できなくなるだろう。

この段階において、新羅は任那・卓淳・喙己呑を併合し、新羅と対立する百済は531年、安羅に駐屯して新羅に備えていた。

百済の泗沘遷都

伽耶諸国への進出を図る新羅と対立する百済の聖王は、538年春、熊津から25kmほど西南に位置する泗沘に遷都した。もともと、百済では、山に囲ま

れた熊津にいつまでも王都をおこうとは考えていなかったのだろう。すでに遷都の計画は、聖王の先々代にあたる東城王の時代にあったが、このとき、王都が完成し、遷都したものである。

泗沘は、錦江下流域の平野を見下ろす丘陵にあたり、水陸の要衝であった。百済は、この開けた泗沘に遷都することで、王都を発展させるとともに、高句麗の南下を押さえ、伽耶諸国併合の拠点にしようとしたのである。

高さ106mの扶蘇山に築かれた扶蘇山城が王城とされたが、王宮は扶蘇山城のなかではなく、城外の南側にあったらしい。戦時には、王宮を離れ、扶蘇山城に立て籠もることになっていた。周辺には山城を築いて泗沘全体を防御し、王都の周囲には約12kmの城壁がめぐらされていたという。

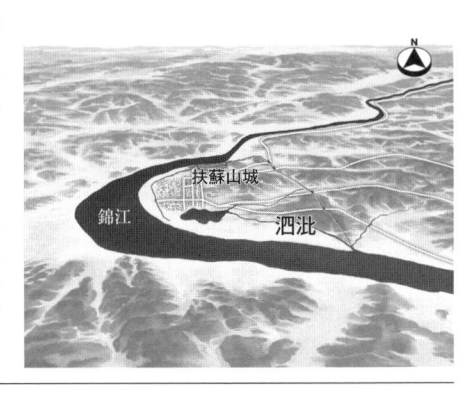

百済と新羅の和睦

安臧王が崩じたあと、高句麗では、安臧王の弟である安原王（在位531年～545年）が即位していた。こうした高句麗の混乱に乗じて、百済の聖王は540年9月、将軍の燕会に命じて、高句麗の牛山城を攻めさせたが、逆に敗北してしまう。

そうしたなかで、百済の聖王は、高句麗と新羅を同時に敵にまわすことの不利を悟った。そこで、聖王は、新羅において法興王が崩御し、真興王（在位540年～576年）が即位したのを好機とみて、新羅との和睦を図ろうとしたのである。

541年3月、聖王が使者を新羅に遣わして和睦を要請すると、新羅の真興王は、これを受けいれた。こうして、伽耶諸国の併合をめぐって長らく対立してきた両国は、ついに和睦したのである。

任那・卓淳・喙己呑の再興を謳う百済

百済が新羅と和睦したことで、伽耶諸国をめぐる両国の争いは停戦となっ

ていた。もちろん、それは表向きのことで、百済の聖王が伽耶諸国への進出を断念したというわけではない。はやくも聖王は、伽耶諸国を新羅から守るためと称して、蟾津江下流の東岸に百済軍を配置しはじめたのである。

そのうえで、聖王は、541年4月、加羅・安羅・多羅など伽耶諸国の王・宰相のほか、倭の吉備臣らを招聘して新羅への対応を協議する。聖王が、

「倭では、任那・卓淳・喙己呑の3か国を再興させるつもりだという。どのようにすれば、3か国を再興できるとお考えか」

と聞くと、伽耶諸国の王たちは、

「3か国の再興を新羅に要請したことがありますが、返事はありません。今さら頼んでみたところで、無駄でしょう。こうなっては、もはや貴国に頼るほかはありません。伽耶諸国は新羅と境を接していますので、なんとかしなければ、卓淳などのように我々も滅ぼされてしまいます」

と聖王に訴えた。これに対し聖王が、

「卓淳などと同じように滅ぼされることを恐れるというが、滅んだのは新羅の勢威が強かったからではあるまい。喙己呑は、新羅と加羅との境にあって任那が救援軍を送ることができずに滅ぼされたのだし、その任那も、領土が狭いため、逃れるところがなくて滅ぼされたのだ。卓淳では、王が新羅につこうとしていたのだから、君臣が一致団結できずに滅ぼされたのも当然だろう。新羅だって、伽耶諸国を一度に相手して勝てるわけはないのだ。わが百済とともに伽耶諸国が団結して新羅と戦えば、3か国も再興できるであろう」

と答えると、伽耶諸国の王や宰相は、安心して帰国していったという。

新羅と結ぼうとする安羅

百済の聖王が任那・卓淳・喙己呑の再興を約束したのは、もちろん、善意によるものではない。聖王は、加羅・安羅・多羅など残る伽耶諸国が新羅に内通することを恐れていたのである。伽耶諸国を百済につなぎ止めておくためにも、聖王は、任那・卓淳・喙己呑の再興と、加羅・安羅・多羅などに対する支援を約束しなければならなかった。

新羅は降伏した任那の国王を厚遇しており、伽耶諸国において、新羅に降ったほうがよいと考える王族がいても不思議ではない。少なくとも王族は、それまでとほぼ同等の地位が保証されていたからである。実際、安羅では、新羅に内通する動きがみえはじめていた。

安羅王が新羅に通じようとしていることを聞いた聖王は、使者を安羅に派遣して、真偽のほどを探らせる。すると、安羅に在住している倭の阿賢移那斯・佐魯麻都・河内直らが、安羅を新羅に内通させようとしていたことが判明した。

聖王が群臣を集めて対策を協議すると、群臣らは、

「阿賢移那斯・佐魯麻都・河内直らが安羅にいると支障があるので、倭に帰国させるようにしましょう」

といい、聖王も、

「そなたらの提案は、自分の考えと全く同じであるぞ」

と述べた。

聖王は、544年3月、倭に使節を遣わし、欽明天皇（在位539年〜571年）に対し、次のような国書を送っている。

近頃、安羅では、貴国の阿賢移那斯と佐魯麻都が謀略を企み、河内直や吉備臣らを従えております。このままでは、安羅は混乱し、任那・卓淳・喙己呑3か国の再興もできなくなってしまうでしょう。特に、佐魯麻都などは新羅の官位まで得ているありさまです。内応によって3か国が滅んだことを忘れてはなりません。一刻もはやく、阿賢移那斯・佐魯麻都・河内直に帰還を命じてください

聖王からの上書に対し、欽明天皇がどのような対応をとったのかはわからない。だが、百済が安羅を征圧することは、安羅と和親を結ぶ倭としても認められるものではなかったのだろう。そう考えると、あえて、阿賢移那斯・佐魯麻都・河内直を召還することはなかったのではあるまいか。

再び百済の伽耶諸国復興計画

安羅の動向が気になって仕方がない百済の聖王は、544年11月、再び、伽耶諸国の王・宰相や倭の吉備臣らを招聘した。ただ、肝心の安羅や、伽耶諸国の中心であった加羅から、王自らが百済に集まることはなかったらしい。すでにこのとき、安羅や加羅では、伽耶諸国を併合しようとする聖王の真意を察し、百済と距離をおこうとしていたのだろう。

聖王が任那・卓淳・喙己呑3か国再興の戦略を問うと、王らが、

「殿下の考えを拝聴しましょう」

というので、聖王は、

「百済には三つの策がある。第一の策は、新羅と安羅両国の境にある洛東

江に沿って6城を築き、倭軍に守ってもらうことである。そこを拠点に新羅人の耕作を妨害すれば、新羅はおのずと土地を放棄するだろう。倭軍の武器や兵粮は、わが国が負担しよう。第二の策は、これまで通り、わが国が蟾津江下流の東岸に兵をおくというものである。これは、高句麗と新羅から伽耶諸国を守るためであり、倭に不利益を与えるものではない。第三の策は、阿賢移那斯・佐魯麻都・河内直を倭に帰国させることである。この3人がいては、伽耶諸国の再興はできない」

と述べている。

安羅と加羅の宰相らは、それぞれの王に諮ると称して帰国したが、結局、聖王が示した三つの策は、いずれも実行されることはなかった。この直後から百済は高句麗の南下に悩まされ、伽耶諸国にかかわる余裕がなくなっていくからである。この結果、伽耶諸国に対する新羅の圧迫は、さらに強まることとなった。

高句麗における王権の失墜

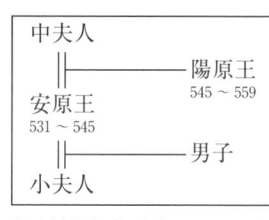

```
中夫人
      ‖――――陽原王
           545～559
安原王
531～545
      ‖――――男子
小夫人
```

そのころ高句麗では、安原王が病気になっており、545年3月、ついに崩御してしまう。安原王には、正夫人との間に子はなかったものの、中夫人（第二夫人）と小夫人（第三夫人）との間には子があった。生前、安原王は中夫人との間に生まれた長男を太子としていたが、小夫人の一族は、これを不満に思っていたらしい。安原王が危篤に陥ったときから、小夫人の一族は、小夫人の生んだ子を王位につけようとして、蜂起したのである。こうして、高句麗では、王位をめぐる中夫人の一族と小夫人の一族の対立が、内乱にまで発展してしまった。

1年近くに及んだ内乱は、結局、中夫人の一族によって平定され、敗れた小夫人の一族は、2000余人が殺されたという。このような血みどろの内乱を経たあと、太子が即位して陽原王（在位545年～559年）となった。

だが、陽原王が即位したことで、高句麗の国内がすぐに安定に向かったわけではない。557年には、丸都山城の朱理が反乱をおこして殺されている。このように、王権に反する動きが多くみられるようになるなか、高句麗では、国王ではなく、大対盧を中心とする体制が政治を主導していく。

大対盧とは、対盧の官位をもつ貴族らをまとめて、合議をさせることがで

きる官位である。大対盧は、国王から任ぜられるものではなく、対盧のなかから選ばれることになっていたため、必然的に、最も勢威のある対盧が大対盧におさまることになった。こうして、高句麗では大対盧が政治の実権を掌握する傾向が強まり、それとともに、国王の権威はさらに失墜していくことになったのである。

高句麗を防ぐ百済と新羅

　高句麗の陽原王は、即位して間もない王の権威を高めるためにも、百済との戦いを有利に進めていかなければならなかった。とはいえ、内乱を克服したばかりの高句麗にそれだけの余裕はない。このため、548年正月、陽原王は、支配下においていた東濊に命じて、6000の軍勢で百済の独山城を攻撃させたのである。

　一方、百済の聖王は、同盟する新羅に使者を遣わして救援を請う。これに対し、新羅の真興王は、将軍の朱珍に3000の軍勢をつけて救援に向かわせる。朱珍は、昼夜兼行して独山城に至ると、包囲する高句麗軍を撃破した。

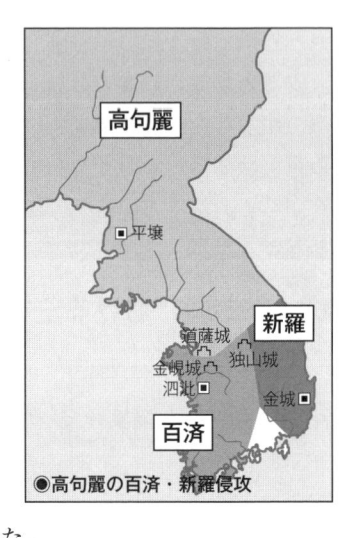

●高句麗の百済・新羅侵攻

　新羅の支援を得て高句麗に勝利を収めた百済は、勢いに乗じて、高句麗に対する反攻を試みるようになる。そして、550年正月、百済の聖王は将軍の達巳に1万の軍勢をつけると、高句麗の道薩城を落とさせた。これに対し、高句麗は3月になって百済の金峴城を落としたが、この金峴城を新羅の伊尺湌である金異斯夫に奪い返されてしまう。高句麗軍は再び金峴城を攻めたが、攻略を諦めて撤退したところを、金異斯夫率いる新羅軍に追撃され、ほとんど壊滅に追い込まれたという。

高句麗に侵攻する百済と新羅

　高句麗が新羅に圧迫されるようになるなか、百済の聖王は、高句麗に奪われていた漢江流域の旧領を回復しようとして、新羅に支援を要請する。新羅の真興王は、551年3月、伊伐湌の仇珍大や波珍湌の金居柒夫ら8人の将軍に命じ、百済軍とともに高句麗へ侵攻させた。

『日本書紀』によると、このときの百済軍には、「任那」の軍勢も動員されていたという。おそらく、百済の影響下にあった加羅などの伽耶諸国も、高句麗侵攻にかり出されたのだろう。百済は、高句麗に総攻撃をかけたのである。

こうして、百済軍は漢城を中心とする6郡の地を回復し、新羅軍は勝ちに乗じて竹嶺以北、高峴以南の10郡を確保した。百済が制圧した6郡や新羅が制圧した10郡が、具体的にどこであるのかについてはわからない。ただ、このときの情勢からみて、百済は漢江の下流域を、新羅は漢江の上流域を押さえたようである。

漢江の流域を百済と新羅に奪われたことで、高句麗の発展にも陰りがみえはじめるようになり、弱体化していく契機ともなった。

倭とともに新羅を討とうとする百済

高句麗に奪われていたかつての王都漢城を取り戻した百済の聖王であったが、内心は複雑であったにちがいない。漢城を含む漢江下流域を高句麗から奪い返すことはできたが、その一方で、漢江の上流域を新羅に押さえられてしまったからである。百済としてみれば、略奪者が高句麗から新羅に変わったにすぎない。こうして、聖王は、漢江上流を奪還するため、倭と結んで新羅を討つことを決めた。

552年5月、百済の聖王は、加羅・安羅の使者とともに徳率の木刕今敦らを倭に遣わして、欽明天皇に、

「高句麗と新羅が結んで、百済のほか加羅や安羅を攻め滅ぼそうとしております。どうか支援をお願いします」

と援軍の派遣を要請した。聖王は10月にも使者を倭に遣わして、今度は、仏像や経典を倭に贈った。いわゆる「仏教の公伝」である。聖王は、仏教という当時としては最新の文化を通して、倭と友好的な関係を結ぼうとしたのだった。

翌553年正月、聖王が扞率の礼塞敦らを倭に遣わして援軍を要請すると、欽明天皇は、内臣らを百済に派遣するとともに、馬2頭・船2艘・弓50張・矢

50具を贈った。もちろん、これだけで、新羅と戦うというのは現実的ではない。この時点で、倭にはそれほどの切迫感がなかったようである。

しかし、新羅の動きは、想像以上に早かった。同年7月、新羅は百済が回復したばかりの漢江下流域を制圧し、新州という郡まで設置してしまったのである。こうして、漢江の流域を領土に取り込んだ新羅は、高句麗と百済の間に分け入った形となり、高句麗と百済の共闘を阻むこととなった。また、黄海に直接出る手段を得たことで、中国との外交・交易にも積極的に乗り出していく。

倭に援軍を請う百済

新羅の侵入を受けた聖王は、553年8月、固徳の波休帯山らを倭に遣わして、

「新羅は高句麗と通じ、貴国の援軍が到着するまえに安羅を滅ぼそうとしているようです。そのような状況なので、速やかに援軍を派遣してください。百済に駐留する倭軍の兵粮は百済が負担しますし、伽耶諸国に駐留する倭軍の兵粮は、伽耶諸国が負担するでしょう。もし、伽耶諸国にその余裕がなければ、百済が肩代わりします」

と伝え、派兵を要請した。さらに、翌554年正月にも、聖王は、施徳の木刕文次らを倭の筑紫に遣わして、

「昨年帰国した弊国の使者は、倭の援軍が年明けには渡海してくると申しておりましたが、どうなっておりますでしょうか。また軍勢はいかほどか、教えてください」

と催促してきたのである。これを聞いた内臣は、欽明天皇に奏聞し、

「兵1000人、馬100頭、船40艘をもってただちに出陣する」

と百済に回答した。内氏というのは、蘇我氏と親しい阿倍氏の傍流にあたる。このとき欽明天皇に百済支援を勧めたのは、「仏教公伝」以来、百済と友好的な関係を保っていた蘇我稲目であったと思われる。こうして、倭からは、内臣率いる救援軍が百済に向かうことになった。

百済の聖王は、倭による援軍の派遣を聞いて、たいへんに喜んだことだろう。聖王は、554年2月、倭への人質である東城子莫古のほか、五経博士の王柳貴、僧の曇慧を送り、それまでの人質や五経博士・僧と交代させた。さらに、易博士・暦博士・医博士各一人らも倭に送りこみたいとも伝えている。

ただ、聖王は、援軍の数が1000人ということに、不安をおぼえたにちがいない。さらに、扞率の汶斯干奴を使者として倭に遣わすと、

「新羅は卑劣な国であり、高句麗と結んで百済や伽耶諸国を侵略しました。先日、支援をお願いしたところ、貴国から援軍を派遣していただき、すでに、新羅への攻撃を開始したところです。新羅だけが相手であれば、送っていただいた援軍で戦うことができますが、高句麗が新羅に支援をしたら、とても勝ち目がありません。ですから、筑紫の島あたりからも援軍をお送りください」

と、増援を要請したのだった。

このあと、倭から実際に増援されたのかどうかはわからない。ただ、百済の聖王が以後、援軍の督促をしていないところからみると、かなりの大軍が送られたようである。

敗死した百済の聖王

倭の支援を取り付けることに成功した聖王は、554年7月、新羅への総攻撃を開始する。聖王は、太子の扶余昌に百済軍の総指揮を執ることを命じる一方、太子を補佐するため、出陣することにした。

百済軍が加羅軍とともに新羅へ侵攻すると、まず管山城に向かう。包囲された新羅の管山城では、伊伐湌の于徳と伊尺湌の耽知らが百済軍を迎え撃ったが、百済の大軍を防ぐことができず、落城は時間の問題と思われた。

●管山城の戦い

しかし、そのころ、新羅の真興王は、新州を守備していた金武力に命じ、管山城の救援に向かわせていた。そして金武力率いる救援軍は、扶余昌が指揮する百済軍に攻撃をかけたのである。このため、聖王は扶余昌の救援に向かうことにしたのだが、これは新羅の戦術であったらしい。聖王率いる百済軍は、途中、新羅の援軍を率いていた都刀の奇襲を受けることになった。

こうして、百済軍と新羅軍との間で戦闘がおこるなか、聖王は、都刀の麾下で軍馬の飼育をしている苦都に捕らえられてしまう。苦都が聖王に再拝して、

「王の首を斬らせていただきたい」

というと、聖王は、

「王の首を斬ることができるのは高貴な者だけであるぞ」

と叱責した。しかし、これに対して、

「わが新羅では誰しも、たとえ王であろうと法を犯した者の首を斬ることができます」

と苦都が答えると、聖王も観念した。聖王は、椅子に腰掛けて、佩刀を手渡すと、自らの刀で苦都に首を斬られたのである。

一方、王子の扶余昌は、倭軍の奮戦により、窮地から脱することができた。しかし、百済軍は総崩れとなり、佐平4人をはじめ将兵2万9600人が殺され、馬1頭すら生きて百済に戻らなかったという。百済の完敗であった。

聖王の討ち死にが百済に与えた影響ははかりしれない。翌555年、扶余昌は、弟の扶余季を倭に遣わして聖王の崩御を伝えるとともに、聖王の仇を討つための援軍を要請している。しかし、倭では蘇我稲目が即座の出兵に慎重な態度をとったため、扶余昌は新羅への反攻を諦めざるをえなかった。

『日本書紀』によると、失望した扶余昌は、僧となる道を選ぼうとしたのだという。しかし、百済を再興するためには、扶余昌の存在が欠かせないという廷臣の声に押されたものか、557年になって扶余昌は即位し、威徳王（在位557年～598年）となった。

加羅の滅亡

百済に大勝した新羅の真興王は、勢いに乗じて、本格的に加羅へと侵攻していく。百済の聖王が新羅の管山城を攻めてきたとき、加羅が百済に援軍を送っていたからである。加羅は、洛東江の上流に位置する小国であったが、高い文明を誇っており、真興王としても、そう簡単に平定できるとは考えていなかった。

真興王は、555年、比斯伐に軍事拠点である州を設置した。比斯伐は、加羅とは洛東江をはさんだ対岸にある。真興王は、比斯伐を拠点に、加羅へ侵

攻する準備を整えていった。この間に、周辺の伽耶諸国を勧降しながら、加羅を孤立化させたものと考えられる。

そして、562年9月、真興王は、金異斯夫を主将に、金斯多含を副将にして、加羅を総攻撃することを命じた。金斯多含が、自ら兵を率いて加羅の王都を急襲したとき、加羅の道説智王（在位？〜562年）は、防御の態勢をとる余裕もなかったらしい。またたくまに、加羅は新羅に征圧されてしまったのである。

論功行賞にあたり、真興王は金斯多含を戦功第一として、田地と俘虜200人を与えようとした。しかし、金斯多含はこれを辞退して、結局、俘虜を釈放したうえ、田地は配下の兵に分けてしまったという。

加羅が滅んだことで、朝鮮半島南部に割拠していた伽耶諸国は、新羅に併合されてしまった。このあと、朝鮮半島には、高句麗・百済・新羅の3か国だけが残り、互いに抗争を繰り広げていく。ここから、名実ともに三国時代が始まることになる。

中国王朝の冊封を受ける新羅

百済に勝利をおさめ、加羅を併合した新羅の真興王は、中国に朝貢することで対外的にも承認を得ようとする。中国ではちょうど南北朝時代（439年〜589年）にあたっており、北朝の北斉（550年〜577年）、南朝の陳（557年〜589年）への朝貢が認められれば、真興王は、新羅王として国際的に認知されることになるからだ。

こうして、564年、真興王が北朝の北斉に使節を遣わして朝貢すると、北斉の武成帝（在位561年〜565年）は真興王を「使持節、東夷校尉、楽浪郡公、新羅王」に冊封した。新羅の王はそれまでにも、中国王朝に朝貢したことはあったが、高句麗や百済に藩属しているものとみなされ、国王としては扱われていない。このとき初めて、独立した王として認められたのである。

真興王は、おそらく南朝の陳にも、使節を送っていたのであろう。翌565年9月、陳の文帝（在位559年〜566年）は、廷臣の劉思と僧の明観を新羅に遣わし、真興王に仏教の経典1700余巻を下賜した。

新羅の建国神話 ［朴(ぼく)氏］

●卵から生まれた王

　新羅の地は、かつて六つの村に分かれていた。楊山村(ようざん)・高墟村(こうきょ)・大樹村(たいじゅ)・珍支村(ちんし)・加里村(かり)・高耶村(こうや)の6村である。B.C.69年、6村の村長が集まって、
「我々には、上に立って村民を治めるべき君主がいない。だから、村民たちは勝手な行動をしてしまうのだ。なんとか徳のある人物を見つけ出し、君主として奉じようではないか」
と相談した。ある日、高墟村長の蘇伐都利(そばっとり)が井戸の側で1頭の白馬が跪いているのを見つけた。そこで、急いで白馬のもとに駆けつけたが、急に白馬は天に昇って消え、ただその場所に大きな卵が残されていた。蘇伐都利(そばっとり)が卵を割ってみると、中から、一人の男の子が出てきたのである。
　卵の形が瓠(ひさご)（夕顔や瓢簞(ひょうたん)などウリ科の植物）のようであったため、蘇伐都利は、その男の子の姓を瓠という意味の「朴(ぼく)」とし、赫居世(かくきょせい)と名づけて育てることにした。やがて6村の人々は、この朴赫居世(ぼくかくきょせい)が13歳になったとき、赫居世王(かくきょせいおう)（在位B.C.57年～4年）として即位させたという。

●龍から生まれた王妃

　赫居世王(かくきょせいおう)を君主に奉じた新羅において、群臣は、
「今我々は君主を見つけることができたが、王后がいなければ、血統が絶えてしまう」
といっていた。
　そうしたなか、B.C.53年、新羅の閼英(あつえい)という名の井戸に龍が現れ、右の脇腹から一人の女の子を生んだ。女の子は、唇だけが鳥の嘴(くちばし)のようであったが、それを見ていた老婆が、沐浴させると、嘴は抜け落ちた。老婆は、その女の子を家に連れて帰ると、井戸の名にちなんで閼英(あつえい)と名付け、育てることにした。
　やがて、成長した閼英(あつえい)は、美しいだけでなく、徳が高いとして国中の評判となる。そのうわさを聞きつけた赫居世王(かくきょせいおう)は、閼英を王妃として迎えることにした。赫居世王(かくきょせいおう)と閼英王后(あつえいおうごう)は、新羅に善政をしいたため、臣民は二人を「二聖」とよんで崇め奉ったのだった。
　このあと、新羅では、朴(ぼく)氏の王が続くことになった。

新羅の建国神話 ［昔氏］

●朴氏から昔氏へ

　新羅を建国したという赫居世王（在位B.C.57年〜4年）のあと、その子の南解王（在位4年〜24年）、孫の儒理王（在位24年〜57年）というように、朴氏の王が続いていた。だが、57年に儒理王が崩御するとき、
　「先代の南解王は、子や婿を問わず、年長者で賢い人に王位を継がせるように遺命を残していた。だから、次の王には、賢臣である昔脱解を即位させるようにせよ」
　と遺言する。昔脱解は、南解王の女婿で、儒理王にとっては義理の弟にあたる。儒理王には、二人の男子がいたにもかかわらず、賢者として知られていた昔脱解に譲位しようとしたのである。

●昔脱解の出自

　昔脱解は、倭から東北1000里のところにあった多婆那の出身であったという。多婆那とは、日本の丹波とも但馬ともいわれるが、はっきりとしたことはわからない。
　多婆那の王は、王妃が妊娠して7年目に大きな卵を生んだため、
　「人が卵を生むのは不吉であるから棄てなければならない」
　といったが、王妃は密かに錦で卵を包むと、宝物といっしょに箱の中に入れ、海に流したという。この箱が新羅に漂着すると、中に一人の男の子がいるのを見つけた老婆が、男の子を連れて帰り、養母として育てることにした。そして、箱に鵲1羽がついてきていたことから「鵲」の字の偏にちなんで姓を「昔」とし、箱を解いて出てきたから「脱解」と名づけたという。
　老婆は、成長した昔脱解に対し、
　「お前は凡人とは違うようだから、学問で身を立てなさい」
　と諭す。こうして、昔脱解は学問に精進したため、やがて、新羅国内でも賢者として知られるようになった。そうしたなか、評判を聞きつけた南解王が、宰相として昔脱解を登用するとともに、王女を嫁がせたのである。
　昔脱解は、南解王の子である儒理王が崩御したあと、即位して脱解王（在位57年〜80年）となった。このあと、新羅では、朴氏とともに昔氏が王族となり、新羅の王位に就くことになったとされている。

第一章　百済・新羅の建国

89

新羅の建国神話［金氏］

●金氏の始祖、金閼智

脱解王（在位57年～80年）が新羅を治めていたころ、宰相の瓠公が王都の金城郊外を歩いていたとき、林の中で光を見た。気になった瓠公が調べに行ったところ、木の枝に引っかかった金色の小箱から光があふれ、木の根元では白い鶏が鳴いていたのだった。驚いた瓠公がすぐさま脱解王に報告すると、脱解王は自ら林に赴く。脱解王が金色の小箱を開けると、中から男の子が出てきたため、王宮に連れて帰り、王子として育てることにした。

男の子は、金色の小箱から出てきたことから「金」の姓を与えられ、聡明であったことから「閼智」と名づけられた。金閼智は脱解王によって太子とされたが、結局、脱解王の実子を憚り、即位することはなかったという。

●昔氏から金氏へ

このあと新羅では、脱解王の子孫である昔氏が王位を継いでいったが、261年、沾解王（在位247年～261年）が実子のないまま崩御してしまう。このとき、群臣によって推挙されたのが、金閼智の7世の孫にあたる金味鄒であった。こうして、金味鄒が即位して味鄒王（在位261年～284年）になったと伝わる。ちなみに、味鄒王の王妃は、沾解王の姪であった。

この味鄒王の甥が、実質的に新羅を建国したと考えられている奈勿王（在位356年～402年）である。以後、新羅では、金氏が王位を独占することになった。

●神話の系譜

神話によると、新羅では、朴氏、昔氏、金氏の3氏が王族として王を輩出したことになっている。しかし、同族のなかですら王権をめぐる争いが頻繁にあった時代に、3氏が平和的に王位を継承し続けたというのは、にわかに信じがたい。そもそも、新羅では奈勿王より以前の歴史がはっきりとしていないのであるから、これを史実とみるべきではないだろう。

ただ、朴氏、昔氏、金氏が、新羅の有力な豪族として、固有の神話を有していたのは確かかもしれない。そうした神話が後世になって、一つの王統としてまとめられたのではないかと思われる。

第二章

三国の動乱

隋の第1次高句麗遠征

隋に朝貢する百済と高句麗

　朝鮮において伽耶諸国が滅亡して、高句麗・百済・新羅の三国が鼎立したころ、中国の北朝では北周（556年〜581年）が衰退し、混乱に陥っていた。そうしたなか、581年には北周の宰相であった楊堅が、北周の静帝（在位579年〜581年）から禅譲という形で実権を奪って隋（581年〜618年）を建国し、文帝（在位581年〜604年）として即位したのである。

●隋・陳代の東アジア

　朝鮮三国も、隋の動向を常にうかがっていたのか、百済の威徳王（557年〜598年）が、早くも581年10月、隋に使節を遣わして朝貢すると、隋の文帝は、威徳王を「上開府儀同三司、帯方郡公」に冊封した。高句麗の平原王（在位559年〜590年）が使節を隋に送ったのは、百済に遅れること2か月のちのことで、平原王は文帝から「大将軍、遼東郡公」に冊封されている。こうして、高句麗と百済は、隋と冊封関係を結ぶことになった。

高句麗の遷都

　高句麗の平原王は、586年、高句麗の王都を7kmほど西南の平壌に移す。このころの高句麗は、対内的に安定していなかっただけでなく、対外的にも、新羅の急激な発展によって苦境にたたされていた。そのため、人心を一新する意味でも、遷都を敢行したのだろう。

　ただ、遷都の計画は、先代の陽原王（在位545年〜559年）の代に提案されており、これを受けた平原王によって、566年から始められていた。つまり、新しい王都は、20年の歳月をかけて完成したことになる。

　平壌は、大同江と普通江の合流点に位置し、そのやや盛り上がった三角地

帯に王都は築かれた。王宮や都市は、それまでの高句麗における伝統的な王都とは異なり、中国の様式を取り入れて、王都全体を城壁で囲んでいる。王都は、城壁によって、北から離宮としての北城、王宮のある内城、一般居住区である外城の三つの部分に区分され、城壁の長さを合わせると23kmに達したという。

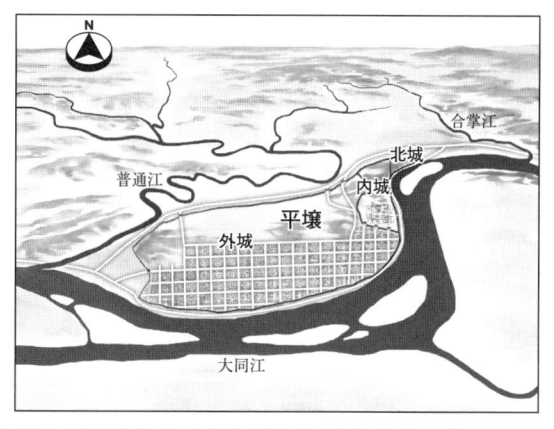

また、城壁の内部は、道路を碁盤の目状に整備する条坊制が採用されていた。高句麗は、この平壌を本格的な王都として整備することで、さらなる発展を遂げようとしたのである。

隋による中国統一の波紋

隋が北朝の北周を滅ぼしたあと、高句麗と百済は、すかさず隋に朝貢していたが、だからといって、両国は、隋に頼ろうとしていたわけではない。隋に朝貢したあとも、百済は南朝の陳（557年〜589年）に朝貢していた。高句麗も、584年まで毎年のように隋へ朝貢していたが、翌年には陳に朝貢し、隋への朝貢はやめている。高句麗も百済も、自国の戦略に従って、朝貢するか否かを判断していたにちがいない。

ところが、589年に隋が南朝の陳を滅ぼして中国を再統一したことにより、朝鮮三国は戦略を根本的に考え直さなければならなくなってしまう。それまで三国は、たとえば北朝による圧力を受ければ南朝を頼り、南朝の圧力を受ければ北朝を頼るなど、中国における南北朝の対立を利用してきた。しかし、隋が中国における唯一の王朝となったいま、そうした両面外交はできなくなったのである。

隋の統一を慶賀する百済

　隋が589年に南朝の陳を滅ぼして中国を再統一すると、それまで陳に朝貢していた百済の威徳王は、早速、使節を隋に遣わそうとする。ちょうど隋の軍船1艘が百済に従う耽羅（現在の済州島）に漂着したということもあり、威徳王は、その軍船を隋に送還することを名目に使節を隋に遣わして、平定を慶賀した。

　隋の文帝は、百済が使節を遣わしながら軍船を送還してきたことを、たいへんに喜んだらしい。

　　そなたは、朕が陳を平定したことを聞いて、遠くからわざわざ使節を遣わしてくれた。そなたが誠実であることは、朕もよくわかっている。遠く離れていても、そなたとは直接話しているようなものだから、たびたび使節を往来させる必要はあるまい。これからは毎年朝貢する必要はないし、朕からも使節を遣わさないので、さように心得よ

などと書かれた国書を威徳王に送った。

隋を恐れる高句麗

　百済が、中国を統一した隋と友好的な関係を続ける一方、高句麗の平原王は隋の中国統一によって危機感を抱く。それというのも、隋と高句麗とが、陸続きで接していたためである。中国国内が混乱している南北朝時代（439年～589年）には、北朝も南朝からの侵入を恐れ、あえて高句麗に侵入することはなかった。しかし、すでに中国の統一を果たした隋に、背後を心配するような敵はいない。隋による高句麗侵攻を憂う平原王は、隋が中国を統一した翌590年、早くも軍備の増強と兵糧の貯蓄を命じている。

　このような高句麗の動きを察した隋の文帝は、高句麗の内情を探るため、使者を高句麗に遣わした。しかし、この使者の本当の目的を見抜いた平原王は、隋の使者を辺鄙な場所にとどめ、国内を偵察されないようにしたのである。

　帰国した隋の使節から事情を聞いた文帝は、

　　そなたの国は、土地が狭くて臣民も少ない。とはいえ、王がいなくなってしまったら、朕が統治するほかはないだろう。もちろん、そなたが朕に従うのであれば、そのようなことにはなるまい。だが、隋と高句麗の国境にある遼河など、隋と陳の国境であった長江ほど広くはないのだ。

> 朕がその気になれば、一人の将軍に命じて、そなたの国を討たせること
> も難しいことではない。にもかかわらず、わざわざこうして忠告するの
> は、そなたの改心を期待してのことである

などと記した国書を平原王に送った。文帝は、ただ、高句麗に侵攻して、隋に併合すると脅したわけではない。冊封による宗属関係は名目的に存在していたのではなく、藩属国が宗主国に背くことがあれば、実際、宗主国によって征討されるという前提で成り立っていたからである。それが中国の王朝を中心とする外交体制の過酷な一面であったといえよう。

隋による侵攻を恐れた平原王は、文帝に謝罪の国書を奉呈しようとしていたのだが、心労で倒れてしまったらしい。その年の10月、急に崩御してしまったのである。このため、高句麗では、平原王の長男が即位して、嬰陽王（在位590年〜618年）となった。

嬰陽王は、急ぎ隋に使節を遣わして文帝に謝罪する。文帝は高句麗の謝罪を受けいれ、嬰陽王を「上開府儀同三司、遼東郡公、高句麗王」とした。こうして、嬰陽王は、文帝との関係を表面上は好転させることに成功するが、もちろん、それで嬰陽王が安心することはなかった。嬰陽王は密かに、領土の防備を強化していったのである。

隋に朝貢する新羅

高句麗が隋との確執を深めるなか、新羅の真平王（在位579年〜632年）は、594年、初めて隋に使節を派遣して朝貢した。すでに、高句麗と百済は、隋が建国したばかり

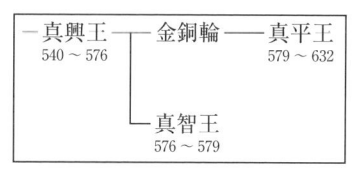

```
―真興王―┬―金銅輪――真平王
540〜576 │         579〜632
         │
         └―真智王
           576〜579
```

の581年に朝貢していたから、両国と比べてもかなり遅い。

新羅では、百済を破り加羅を併合した真興王（在位540年〜576年）が崩じたあと、真興王の次男が王位を継いで真智王（在位576年〜579年）として即位していたが、13世紀に成立した朝鮮の史料である『三国遺事』によると、この真智王は、579年、廷臣によって廃位されたという。こうしたなかで即位したのが、真智王の甥にあたる真平王であった。真平王が建国直後の隋に朝貢する余裕がなかったことは、想像に難くない。それで、結果的に、隋が中国を再統一したあとの朝貢になったものと考えられる。

新羅の朝貢に対し、隋の文帝は、真平王を「上開府、楽浪郡公、新羅王」に冊封した。

隋の第1次高句麗遠征

隋の文帝に謝罪したあと、密かに軍備を整えていた高句麗の嬰陽王は、598年、突如として靺鞨軍1万余を率いて遼西郡を侵掠した。ここは、隋と高句麗との国境となっていた遼河の西方にあたり、隋の領土である。嬰陽王は、すでに隋との全面戦争を覚悟していた。

遼西郡を侵掠したのは、隋軍を高句麗に誘う呼び水であった可能性が高い。遼西郡に入った高句麗軍は、営州摠管の韋冲に撃退されたが、これは作戦のうちであったと考えられる。『孫子』には「それ地形は兵の助けなり」とある。嬰陽王は、敵地で隋軍と戦うことを避け、地形の利をいかせる高句麗で、隋軍を迎え撃とうとしたのだった。

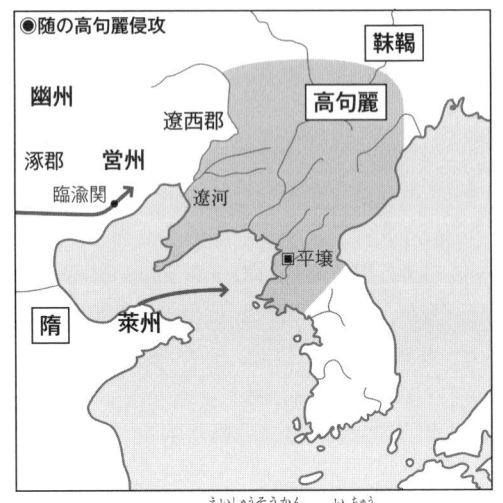

一方、隋の文帝は、6月、嬰陽王の官爵を剥奪するとともに、漢王である五男の楊諒率いる陸軍と、周羅睺率いる水軍の、合わせて30万と号する大軍を高句麗に向かわせた。

しかし、楊諒率いる陸軍は、臨渝関を越えたところで長雨に遭い、兵糧の輸送が途絶えたことによって疫病が流行してしまう。また、周羅睺率いる水軍は萊州から海路、高句麗の王都である平壌に向かったが、暴風に遭って軍船の多くを失った。結局、9月になって文帝は全軍に撤退を命ずるが、隋軍はその8〜9割の兵が戦没してしまったという。

この直後、嬰陽王は、隋の文帝に使節を遣わして謝罪した。文帝に奉呈した国書のなかで、嬰陽王は自らを「遼東の糞土臣」とまでへりくだっていたが、謝罪が目的であったとは到底思えない。かつて、文帝が使節を高句麗に遣わしたときと同じように、嬰陽王も、謝罪の使節を装って、隋の国内を偵察させたのではなかろうか。

このとき、隋の廷臣の多くは、高句麗の謝罪を受けいれず、高句麗に再征することを主張していたという。しかし、儒者の劉炫だけは、

「嬰陽王の真意がどこにあるのかはわかりません。ですが、すでに謝罪の使節を送ってきた以上、武力で制圧するべきではないと存じます」
と文帝に申し上げた。こうして、文帝は、高句麗の謝罪を受けいれ、再征しないことに決めたのである。

高句麗攻めの協力を願い出る百済

隋が高句麗に侵攻したことを知った百済の威徳王は、隋が撤退した598年9月、王弁那らを使節として隋に遣わして朝貢した。このとき、威徳王が、使者を通じて、

> 陛下が高句麗に再征する際には、わが百済が道案内を致す所存です

と伝えると、文帝は、

> 先ほど、高句麗が臣下の礼に反したため、朕は将軍に命じて高句麗を征討させた。しかし、高句麗が謝罪してきたので、朕はもう赦している。
> 今さら、高句麗に再征することはしない

というような国書を威徳王にしたためた。そして、百済の使者を厚くもてなして帰国させたのである。

一方、百済が高句麗攻めに対する協力を求めながら隋に断られたことを知った高句麗の嬰陽王は、百済に対して露骨な軍事行動をおこすようになる。こうして、高句麗は、百済を圧迫するようになっていく。

高句麗との摩擦が強まるなか、百済では598年12月、威徳王が崩御した。このあと、威徳王の弟が恵王（在位598年～599年）として即位したが、翌599年に崩御してしまう。その後に即位した恵王の子である法王（在位599年～600年）は、対内的には、殺生禁止令を公布したり、寺院を建立したりするなど、仏教に基づく国家体制の整備を進めたが、対外的には有効な手立てを講じることはできず、翌600年に崩御してしまった。

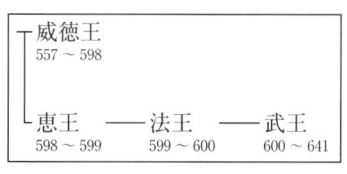

```
┌ 威徳王
│ 557～598
│
└ 恵王 ──── 法王 ──── 武王
  598～599   599～600   600～641
```

おそらく、恵王も法王も、高齢で即位したのであろう。いずれも、在位2年目に崩御したことで、百済の王権は弱まっていく。百済が再び、高句麗に対峙していくことができるようになったのは、法王の子である武王（在位600年～641年）が即位してからのことである。この武王の時代になって、百済は、高句麗の侵攻を食い止めるだけでなく、新羅にも進出を図るまでに成長していった。

隋を頼る百済と新羅

煬帝の即位

　高句麗の嬰陽王（在位590年～618年）は、598年に隋（581年～618年）の征討を受けたあと、形式的とはいえ隋の文帝（在位581年～604年）に謝罪して赦免されていた。そのため、文帝による再征はないと高句麗ではみていたのである。ところが、604年に文帝が崩御し、その子煬帝（在位604年～617年）が即位してから、風向きが変わっていく。

　煬帝は、父の文帝が失敗した高句麗遠征を成功させることで、隋の権威を高めようとしていたらしい。そうした煬帝の意向を、百済の武王（在位600年～641年）も、把握していた。武王は煬帝に対し、607年3月に扞率の燕文進を遣わして朝貢すると、間をおかずに佐平の王孝鄰をも遣わして朝貢し、高句麗征討を要請したのである。

　ただ、煬帝は、時期尚早であると判断していたらしい。百済の武王に対しては、高句麗の動静をうかがうことを指示するにとどまった。

高句麗征討を決めた煬帝

　隋の煬帝は、607年8月、東突厥（582年～745年）の意利珍豆啓民可汗（在位587年～609年）のもとに行幸したとき、そこで高句麗の使節と遭遇した。東突厥は、遊牧民族の大国であった突厥が東西に分裂したときに建国されたもので、このときはすでに隋へ朝貢していた。だから、隋の藩属国同士として、高句麗と東突厥が交流をもっていたとしてもなんらおかしなことではない。高句麗の嬰陽王も、高句麗が東突厥と友好的な関係を保っていることを煬帝に示すことで、軽率な行動をとらせないようにしたものだろう。だからこそ、わざわざ煬帝

●東突厥と高句麗

が行幸してきている時期を選んで、使節を送ったと考えられる。

　だが、東突厥において高句麗の使節と接した隋の群臣たちの反応はちがった。たとえば、裴矩は煬帝に対し、

「高句麗は、もと箕子の封じられた所で、漢（B.C.206年〜220年）や晋（265年〜420年）の時代には中国の郡県でありました。それなのに、最近では、臣下としての礼を欠いている始末です。だからこそ、先代の文帝も、高句麗の征討を決意されたのですが、残念なことに、将軍らが不肖であったため、失敗してしまいました。かといって、高句麗をこのままにしておくことはできません。高句麗の使者らは、意利珍豆啓民可汗が陛下に帰服しているのをみて、わが国に恐れをなしたことでしょう。今のうちに圧力をかけ、高句麗の嬰陽王に参内するように命じるのがよいかと存じます」

と訴えた。裴矩の献言を聞きいれた煬帝は、高句麗の使者に対し、

「朕は、意利珍豆啓民可汗の誠意に応えるため、自ら東突厥に赴いたのである。そなたが高句麗に帰ったら、朕のもとに参るよう、嬰陽王に告げよ。来年は、幽州の涿郡に巡幸する予定でいる。もし、嬰陽王が参内すれば、東突厥と同じように高句麗を遇しよう。しかし、嬰陽王が参内しなければ、朕はそなたの国を討たねばならない」

と伝えたのである。

　もちろん、煬帝も、嬰陽王が素直に参内の命令に応じるとは考えていなかったにちがいない。早くも、高句麗への出兵に備え、兵士や兵糧の徴発、軍船・武器などの製造や修理を行うように命じている。

　しかし、大規模な出兵への準備は、隋の臣民に多大な苦役を与えることになった。莱州の造船所では、休みなく水中での作業を命じられた結果、腰部から下に蛆がわいて死んだ者が少なくなかったという。また、前線基地となった遼西郡に兵糧を運ぶことを命じられた者は、疲労と病気のため、半数以上が死んだとも伝わる。

　こうしたなか、隋の国内では、苦役に耐えきれず、逃亡を図る臣民が続出していた。

隋に訴える新羅

　そのころ高句麗による侵入に苦しめられていた新羅の真平王（在位579年〜632年）は、隋が高句麗遠征の準備を進めていると聞き、608年、煬帝に対し、新羅への援軍を要請することにした。このとき、真平王は、国書に述べ

る文面の作成を、高僧の円光に命じている。おそらく、円光が、新羅で最も漢文に精通していたからだろう。真平王の要請を聞いた円光は、

「自分が生きるために他者を滅ぼすというのは、僧侶のなすべき行為ではありません。しかし、殿下の国にいてその恩恵を受けながら、命令に背くことはできないでしょう。謹んで拝命いたします」

と答え、国書の作成にとりかかっている。

真平王は、611年、隋に使節を遣わして、円光が作成した国書を煬帝に奉呈した。これに対し、煬帝は、高句麗に遠征する旨を正式に伝えたという。

百済の戦略

新羅と同じく高句麗に圧迫されていた百済は、すでに607年、煬帝から高句麗の動静を探るように命じられていた。煬帝にとって、百済を味方にすることは、戦略的にも有利であったにちがいない。

611年2月、百済の武王が国智牟を隋に遣わして高句麗への出征の時期を知らせて欲しいと要請すると、煬帝はたいへんに喜んだという。そして、わざわざ配下の席律を百済に遣わし、隋軍と百済軍が合流する時期について、作戦を練らせたのである。

ただ、百済の武王は、煬帝に協力を申し出たものの、本気で高句麗を攻めるつもりはなかったらしい。先の文帝のときと同じように、もし隋が高句麗に敗れるようなことになれば、高句麗による百済への圧力がさらに強まることは容易に想像された。かといって、高句麗が隋に完敗してしまっても、百済は隋に圧迫されることになり、常に侵攻の危険にさらされてしまう。武王としては、高句麗の勢威を押さえるくらいにとどめたいというのが、本音ではなかったろうか。

武王は、席律との軍議に応じて兵を国境付近に集結させたものの、実は高句麗の嬰陽王に内通していたらしい。結局、百済が高句麗に出兵することはなかった。

新羅を攻める百済

百済の武王は、高句麗が隋との戦いに備えて臨戦態勢をとっている隙に、新羅への進出を図ろうとした。そうしたなか、611年10月、武王は新羅の西端に位置する椵岑城を包囲したのである。

これに対し、新羅の真平王は、椵岑城に援軍を向かわせたが、新羅の援軍

は、ことごとく百済軍に敗れてしまう。こうして、孤立無援となった椵岑城（かしんじょう）は、100余日間にわたって百済軍に包囲されることになった。

このとき、椵岑城を守備していた讃徳（さんとく）は、城兵に対し、

「援軍は、百済軍が精強なのをみて戦わず、我々が危機に陥っても救わなかった。これではとても義があるとはいえない。我々は義に殉じて、この城を最後まで守りぬくのだ！」

と士気を鼓舞して、防御に努めたのである。こうして、城兵らは、屍体を食べ、小便を飲みながらも奮戦したという。しかし、援軍が期待できない以上、いずれは飢え死にするしかない。

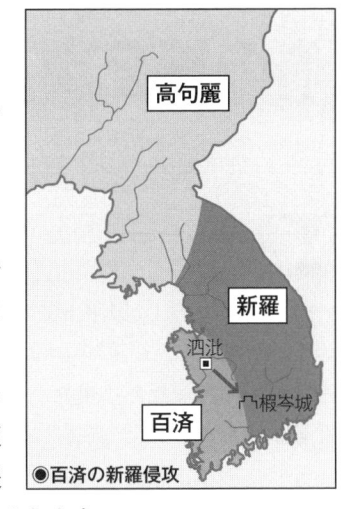

翌612年の正月、抗戦の不利を悟った讃徳（さんとく）は、天を仰ぎ、

「あぁ、せっかく国王殿下が一城を委ねてくださったのに、もはや百済に抵抗することもできません。悪鬼となって百済人をみな嚙み殺し、この城を奪い返せるようにしてください」

と願いながら、自害したという。ほどなく椵岑城は落城し、残った城兵は降伏した。そして、椵岑城の周辺が、百済に併合されたのである。

椵岑城は、もともと伽耶諸国があった地域に位置している。伽耶諸国は、かつて百済の聖王（在位523年〜554年）が進出を図った地域であったが、554年に聖王が討たれて以来、新羅によって併合されていた。ここにきて武王は、新羅に奪われていた伽耶諸国の領域を奪還しようとしたのである。

これに対し、椵岑城が落城して7年後にあたる618年、新羅の真平王（しんぺいおう）は、讃徳の子である大奈麻（だいなま）の奚論（けいろん）に命じ、椵岑城の奪還を命じた。奚論は、新州都督の辺品（へんぴん）とともに出兵して、ついに椵岑城の奪還に成功したのである。しかし、すぐに百済軍が椵岑城に押し寄せてきたため、包囲されてしまう。このとき、奚論は、

「以前、余（よ）の父はこの城を枕にして自害した。今日は、余が討ち死にする日である」

といい、ついに剣を手に持って敵陣に突入し、討ち死にしたという。

こうして新羅は、高句麗が隋に圧迫されたことにより、高句麗の重圧から逃れた百済の武王（ぶおう）による侵攻を受け続けることになった。

隋の第2次高句麗遠征

隋軍の出兵

　612年正月、隋（581年～618年）の煬帝（在位604年～617年）は、全軍を幽州の涿郡に集結させた。軍勢の総数は不明ながら、誇張して200万と号しており、相当な大軍であったことは間違いない。この大軍を前にして、煬帝は、高句麗出兵の詔書を下している。これが正式な宣戦布告であり、そこには、概ね次のように述べられていた。

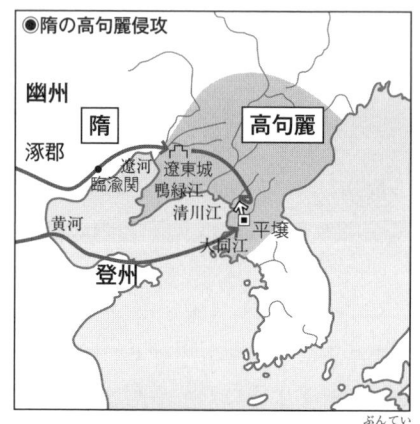

●隋の高句麗侵攻

　高句麗は、かつて中国が郡県をおいていた地域を奪った。先代の文帝（在位581年～604年）が高句麗を赦したのは、降伏してきたからである。しかし、今、高句麗は、恩を仇で返すがごとく、隋の藩属国の朝貢まで妨げるようになってきた。こうした行為を、認めるわけにはいかない。
　高句麗の国内では、権臣が政治の実権を握り、凶作のため臣民も苦しんでいる。朕は自ら高句麗に出兵し、亡き文帝の遺志を遂げようと思う

　こうして、煬帝は自ら陸軍を率いて、高句麗の王都である平壌を目指す。この陸軍が1軍ずつ出発したところ、40日目にやっと終わり、行軍の長さは960里（約430km）にわたったという。
　陸軍とともに臨渝関に至った煬帝が、配下の庾質に対し、
「高句麗の臣民は、わが国の一郡にあたる程度しかいない。いま朕がこの大軍をもって敵を攻めたら、そなたは勝つと思うか」
と聞く。これに対し、庾質は、
「戦いに勝つことはできるでしょう。しかし、この戦いに皇帝陛下が自ら出陣するべきとは思いません」
と答えたが、煬帝は聞く耳をもたなかった。

遼河を渡る隋の陸軍

　煬帝率いる隋の陸軍は、612年2月、遼河に到着した。ここは、隋と高句麗の国境になっていたところである。隋軍が出陣したという情報を得ていた高句麗の嬰陽王（在位590年〜618年）は、当然のように、遼河の防御を厳重に固めさせていた。いかに大軍とはいえ、河に阻まれては、隋軍も対岸の高句麗軍を攻撃することはできない。

　そこで煬帝は、宇文愷に命じて、遼河の西岸で浮僑を3橋建造させた。浮橋とは、水の上に舟を並べ、その上に板橋をかけたものである。煬帝は、完成した浮橋を東岸につけようとしたところ、岸に達するには少しばかり足りなかった。

　それでも、隋軍はこの橋を用いて渡河を試みたが、東岸で待ち構えている高句麗軍に矢で狙い撃ちされてしまう。隋軍は、川のなかに入って応戦したが、川岸を登ることができず、多くが討ち死にしてしまった。

　このため煬帝は、一旦、兵を退却させ、浮橋を西岸に戻したうえ、2日間かけて浮橋を延長させた。そうして、浮橋を再び渡したところ、ようやく東岸に達することができたのである。

　浮橋が架かったことにより、隋軍は大挙して渡河に成功した。このため、対岸で防御を固めていた高句麗軍も衆寡敵せず、敗退してしまったのである。この戦いにおける高句麗軍の戦死者は、1万を超えたという。

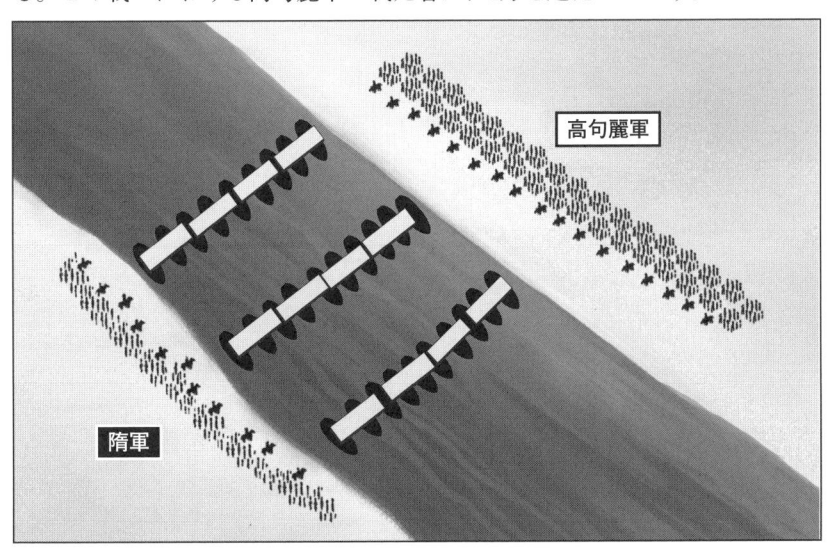

第二章　三国の動乱

固く守る高句麗の遼東城

　遼河の渡河に成功した隋軍は、勢いに乗じて進撃を続け、4月、高句麗の遼東城を包囲した。この遼東城が、遼河東岸における高句麗の要衝だったからである。

　5月になって、遼東城の高句麗軍は、城を堅固に守備しながらも、たびたび城から打って出て隋軍と戦う。救援がない場合、敵を攻めなければ落城してしまうからだ。

　その後も、隋軍が遼東城を包囲し続けたため、城兵がついに降伏を願い出た。このとき、隋軍が降伏を受けいれずに総攻撃していれば、遼東城は落城していたかもしれない。しかし、煬帝はあらかじめ、城兵が降伏を求めてきたときにはみだりに殺してはならないこと、軍事行動のすべてについて煬帝の許可を得ることを命じていた。このため、城兵からの降伏願いを受けた隋軍の将軍らは、遼東城から西に数里離れた六居城に帯陣していた煬帝に、逐一、許可を求めたのである。

　おそらく、遼東城の城兵は、時間稼ぎのために降伏を願い出ていたにちがいない。煬帝から降伏を認める使者が届いたときには、降伏することを拒

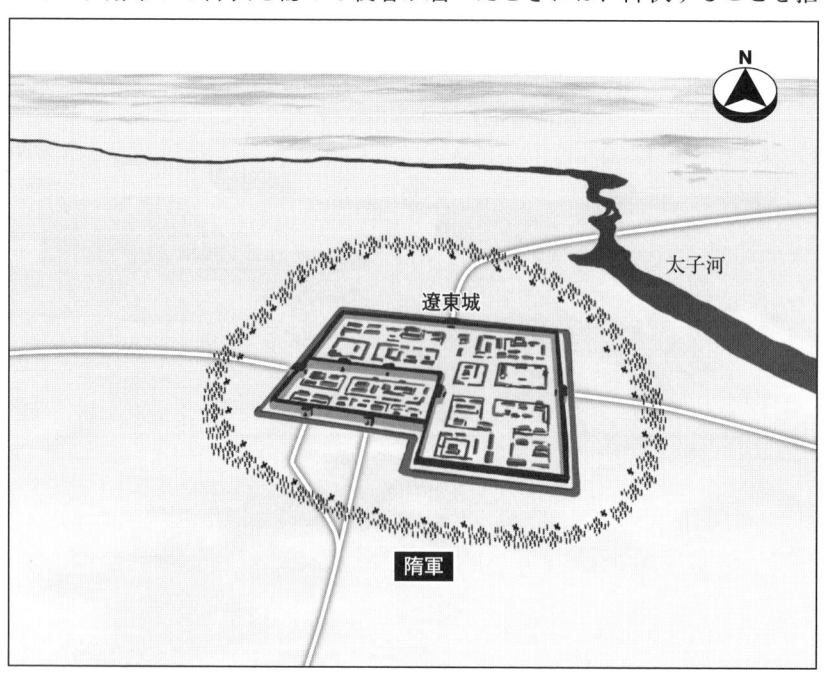

み、再び防戦を始めていた。こうして、隋軍は攻略の好機を逃すことになってしまう。

遼東城が落ちないことに業を煮やした煬帝は、6月11日、自ら遼東城に赴いて、包囲する将軍らを叱責する。

「そなたらが朕の親征を喜ばなかったのは、こうした不甲斐ない状況を朕にみせたくなかったからであろう。朕が今ここに来たのは、そなたらの働きぶりをしかと見届けようと考えたからである。だいたい、そなたらは、死力を尽くして戦おうとしていないではないか。よもや朕がそなたらの首を斬れないなどと思っているのではあるまいな」

煬帝の言葉を聞いていた将軍らの顔はみるみる青ざめていった。将軍らが死力を尽くして戦っていないと煬帝が判断すれば、煬帝の手によって将軍らが殺されてしまうというのである。

こうして、将軍らは死力を尽くして戦うことにしたが、それでも高句麗軍の守備は固く、隋軍が遼東城を落とすことはできなかった。

敗北する隋の水軍

陸軍を率いる煬帝が遼東城で足止めを食っていたころ、水軍は来護児を主将として、登州から平壌に向かおうとしていた。水軍の総数は不明だが、「舟艫千里」(『隋書』)につらなったというから、相当な数だったのだろう。

黄海を渡った隋の水軍は、大同江を遡航していく。そして、平壌から60里（約27km）のところで高句麗の水軍を撃破した来護児は、勢いに乗じて、ただちに平壌へ進軍しようとした。

しかし、このとき、副将の周法尚は、

「遼東から平壌に向かっている陸軍の到来を待ってから、一緒に進軍するべきではないですか」

と来護児を諫めている。周法尚は、高句麗軍がわざと負けたうえで、隋の水軍を誘い込む戦術をとっていると疑ったのである。しかし、勝利に奢る来護児は、周法尚の諫言を聞かず、精兵数万を選んで一路、平壌に向かう。

高句麗の王都である平壌は、このころ、城壁によって内城と外城に区分されていた。平壌に到達した隋軍が、外城の城門を攻撃し、高句麗軍を撃破すると、隋軍は、敗走する高句麗軍を追って外城のなかに入っていく。このとき、隋軍のなかに、高句麗軍を追わず、略奪を始めた兵士が現れたことで隊列が乱れてしまう。

105

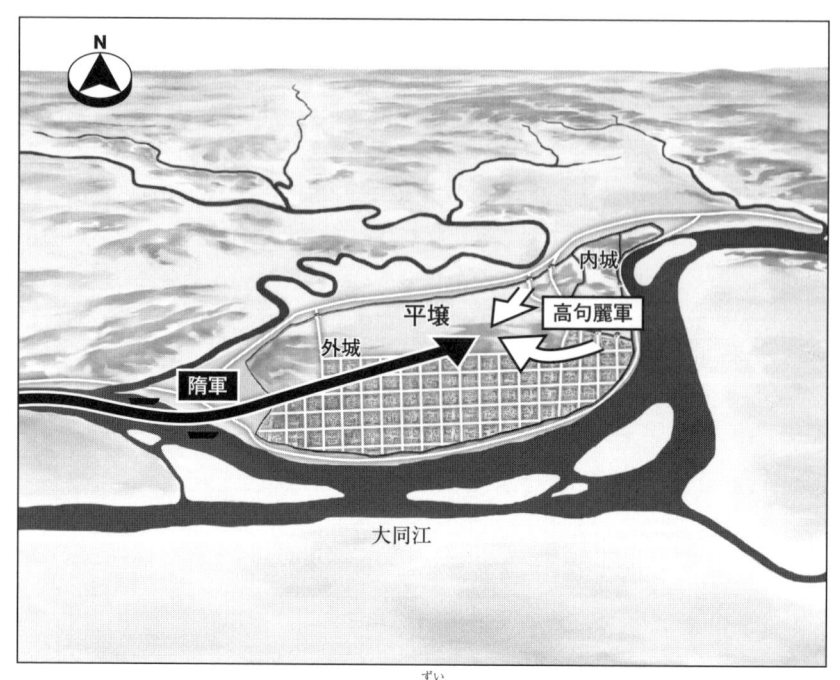

外城に潜んでいた高句麗の伏兵が、隋軍を急襲したのは、まさにこのときであった。外城を守る高句麗軍が負けたとみえたのは、すべて高句麗の戦術だったのである。外城内に閉じこめられて、逃げ場を失った隋軍は、高句麗軍に殲滅させられ、逃れることができたのは、主将の来護児のほか、わずか数千人だけであったという。

　勢いに乗じて、高句麗軍は敗走する隋軍を追撃したが、その先で隋軍の副将である周法尚が陣を整えて待ち構えていたため、高句麗軍も平壌に撤退した。

偽って降伏する高句麗

　遼東城の攻防戦が膠着状態に陥るなか、隋の煬帝は、別働隊に属す30万5000の軍勢を9軍に分けて平壌城へ向かわせる。そして、将軍の于仲文・宇文述らに率いられた隋の別働隊が、鴨緑江の西岸に集結したとき、対岸には高句麗軍が整然と布陣していた。

　こうして、鴨緑江を挟んで戦闘が始まろうかというとき、高句麗の陣営から、将軍の乙支文徳が降伏を求めて隋の陣営を訪れたのである。おそらく、隋の陣営のなかで、降伏に際しての条件などが協議されたものであろう。ひ

とまず、乙支文徳は、高句麗の陣営に戻ることにした。

乙支文徳が隋の陣営を去った直後、于仲文は乙支文徳を人質とせずに帰したことを後悔し、鴨緑江を渡って帰ろうとしている乙支文徳に向かって、

「もう少し話したいことがあるから、こちらに戻って来てほしい」

と呼びかける。しかし、乙支文徳が戻ることはなかった。なぜなら、乙支文徳は、最初から降伏する気などなかったからである。偽って降伏の要請をすることによって、隋軍の内情を偵察しようとしたにすぎない。乙支文徳は、隋軍の兵糧が欠乏していることがわかったので、すでに目的を果たしたと考えていた。

于仲文は、乙支文徳が呼びかけを無視したことで、降伏の真意に疑問を抱き、対岸の高句麗軍に攻撃をかけようとする。宇文述は、

「兵糧が尽きかけているなかでの攻撃は謹んだほうがよい」

と反対したが、于仲文は、

「10万の大勢で高句麗の小勢を破ることができなければ、皇帝陛下にあわす顔がないではないか」

と怒りをあらわにした。結局、この隋軍の別働隊の指揮を命じられていたのが于仲文であったことから、宇文述をはじめとするほかの将軍も、従わざるを得ない。こうして、宇文述らは鴨緑江を渡って、対岸の高句麗軍に攻撃をかけたのである。

宇文述率いる隋軍は、高句麗軍に連戦連勝しながら進軍を続け、清川江を渡って平壌から30里（約14km）隔てた所に陣営をおいた。このとき、乙支文徳は使者を隋の陣営に遣わして、于仲文に漢詩を作って送った。その詩は、次のようなものである。

　神策は天文を究め、妙算は地理を窮む
　戦勝の功は既に高く、足るを知ればここに止めんを願う

要するに、于仲文に敬意を表し、すでに戦果を得たのだからと撤退を求めたのである。この漢詩に対して于仲文が返書をすると、乙支文徳は、再び使者を遣わし、

「もし軍勢を引きあげていただけるのでしたら、わが嬰陽王を奉じて皇帝陛下のもとに参りましょう」

と伝えさせたのである。もちろん、宇文述は、乙支文徳の言葉を素直に受け止めたわけではない。それでも、兵士が疲弊して兵糧が欠乏するなか、攻撃の続行は不可能と判断して、撤退することにしたのである。

だが、乙支文徳は、この瞬間を待っていた。戦いで最も危険なのは、撤退するときである。撤退するときには、勢いに乗じて追撃してくる敵の攻撃を防がなければならない。乙支文徳率いる高句麗軍は、退却する隋軍を清川江まで追った。そして、隋軍の半数ほどが清川江を渡り終えたころを見計らって、高句麗軍は隋軍に総攻撃をかけたのである。『呉子』には「敵もし水を渡らば、半ば渡らしめてこれに薄れ」とある。敵の半分ほどが渡河したときに追撃するというのが、兵法の鉄則だった。これによって、隋軍は総崩れとなり、一昼夜のうちに鴨緑江まで敗走していった。隋軍の別働隊30万5000人のうち、遼東城の本隊に合流することができたのは、わずかに2700人だったという。
　清川江がこの当時、薩水とよばれていたことから、高句麗が隋に勝利したこの戦いを特に「薩水大捷」という。水軍を率いる来護児も、清川江での大敗を聞いて隋に撤退した。
　こうして、隋による高句麗出兵は失敗に終わった。怒った煬帝は、宇文述らを鉄鎖の刑具につなぎ、7月25日、兵を引き連れて隋に帰国したのである。結局、この遠征で隋は、高句麗が遼河の西側に設置した国境の監視所を攻略し、新しく遼東郡と通定鎮を設置しただけで、ほかに得るものはなにもなかった。

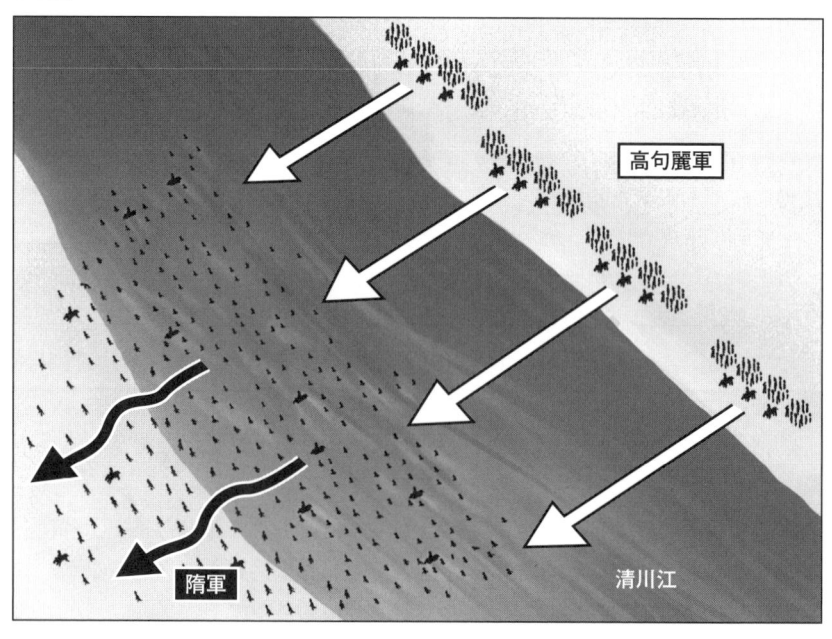

隋の第3次・第4次高句麗遠征

再征を決める煬帝

　高句麗の遠征に失敗した隋（581年～618年）の煬帝（在位604年～617年）は、613年正月、早くも高句麗への再征を計画する。煬帝は、
「朕は、海を干上がらせ、山を移すことさえ可能だと思っているのだ。まして、高句麗を討つことぐらい、不可能なわけがないだろう」
といって、群臣らに高句麗再征について議論させた。このとき、郭栄は、
「高句麗が礼を失したのは確かですが、小国が犯した過ちにすぎません。千鈞の弩は、鼷鼠のために機を発たず、といいます。どうして皇帝陛下がわざわざ高句麗と戦う必要があるのでしょうか」
と諫言する。「千鈞の弩は、鼷鼠のために機を発たず」という言葉は、もともと中国における三国時代（220年～280年）に、敵対する許攸を討とうとした魏（220年～265年）の曹操を杜襲が諫めたときの言葉である。大きな弓を、小さな鼠を捕らえるために用いることはない。つまり、小さな敵と戦うのに、武力を用いる必要はないということである。その後、杜襲の諫言を聞きいれた曹操は、許攸を厚遇し、自ら従うように接したと伝わっている。
　煬帝が、曹操の選んだ行動について知っていたのかどうかはわからない。郭栄は、武力で制圧することの愚を悟らせようとしたのであるが、結局、煬帝がその諫言を聞くことはなかった。
　煬帝は、613年3月、自ら大軍を率いて遼東に向かい、4月には遼河を渡った。煬帝の作戦は、自らが遼東城とその付近の城を攻撃している間、宇文述と楊義臣が陸軍の別動隊を率いて平壌に向かい、同時に、来護児が水軍を率いて平壌に向かうというものであった。基本的に、前回の作戦と同じである。

遼東城の戦い

　煬帝自身は、本隊を率いて、遼東城を包囲する。前回の遠征では、煬帝が許可を与えてから将軍に攻撃をさせていたため、好機を逃して遼東城の攻略に手間取ったという経緯があった。そのため、今回、煬帝は将軍に対し、臨機応変に対応することを許したのである。

　隋軍は、昼夜をとわず、高い梯子の上に板小屋をおいた飛楼、大きな板箱に車輪をつけた衝車、城壁を登るための梯子をつけた雲梯などのありとあらゆる兵器を用いて、遼東城を攻め立てた。しかし、前回、隋軍の攻撃を凌いだことで、高句麗軍の士気は高まっていた。20余日たっても隋軍は遼東城を陥落させることができなかったのである。

　そうしたなか、煬帝は、大きい布の袋100万余個を作らせると、袋の中に土を詰め込み、それを積み上げて魚をとる梁のような道をこしらえる。これは、魚梁大道といい、城壁の高さと同じほどで、兵士が登って戦えるようにしたものである。このほか、下に8輪のついた城壁よりも高い八輪楼車を作り、城中を見下ろしながら攻撃できるようにもした。煬帝は、早晩、遼東城を落とすことができると考えたにちがいない。

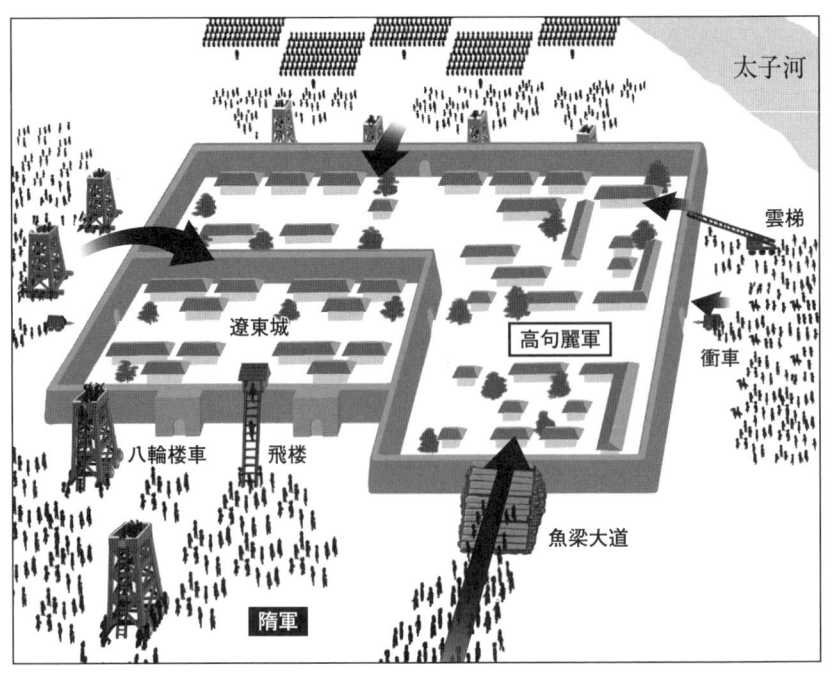

隋国内の反乱

　ところが、遼東城を攻囲している煬帝のもとに、本国を守っているはずの楊玄感が反乱をおこしたという知らせが届く。煬帝に信任されていた楊玄感は、高句麗への再征にあたり兵糧の輸送を担当していた。しかし、その兵糧を奪い、
　「煬帝は臣民の苦しみを考えずに高句麗への出兵を強行してしまった。そのため、遼東郡では戦死者が続出している。今こそ、兵を挙げて臣民を苦しみから救いだそう！」
　と訴え、挙兵したのだった。反乱軍を率いて進軍するときも、楊玄感は、
　「貴族の身でありながら余が皇帝に反旗を翻したのは、自分のためではない。天下の危急を救うためである」
　と触れてまわった。そのため、反乱軍は行軍する先でも、歓喜の声で迎えられたという。もちろん、それが楊玄感の真意であったとは限らない。それでも、楊玄感の言葉が、高句麗出兵によって疲弊する民衆に受けいれられたのは確かだった。
　隋国内の反乱が広がっていくなか、遼東郡にいる遠征軍にも動揺がはしる。そして、こともあろうに、遠征軍に従っていた将軍の斛斯政が高句麗に亡命してしまったのである。斛斯政はあらかじめ高句麗に通じていたともいうが、確かなことはわからない。遠征軍が苦戦し、国内で反乱がおこるなかで、隋を見限ったというのが実情ではなかっただろうか。
　将軍の一人が高句麗に亡命する程度であれば、煬帝もそれほどの危機感は抱かなかったかもしれない。しかし、高句麗に亡命したこの斛斯政は、兵部侍郎の要職にあった。兵部侍郎とは、軍事を統括する兵部の次官である。隋軍の軍事機密が高句麗に知られてしまうことを恐れた煬帝は、急遽、全軍を本国に撤退させることにした。
　隋軍が撤退する様子をみていた遼東城の高句麗軍は、最初、隋軍が偽って退却しているものと考え、追撃することはなかった。隋軍が遼東城の包囲を解いて2日経ったあと、遼東城の高句麗軍はやっと、隋軍の撤退を信じるようになる。そこで、数千の騎兵で隋軍の追跡を始めたが、なにぶんにも隋軍は大軍であり、うかつに攻撃をかけることもできない。そのため、高句麗軍は、隋軍から80〜90里（約36〜40km）の距離をおいて追跡した。
　高句麗軍が遼河に着いたとき、煬帝はすでに遼河を渡って隋の遼西郡に入

ったあとだった。だが、高句麗軍は、遼河を渡河しようとする隋軍の後軍に総攻撃をかけ、数千人を討ち取ったという。

煬帝は、帰国するやいなや、すぐさま反乱軍の征討を命じた。そして、3か月ほどで反乱は鎮圧され、楊玄感も自害に追い込まれたのである。しかし、これで隋の国内が安定したわけではない。むしろ、各地で反乱が相次ぎ、さらに隋の国内は混乱するようになっていった。

隋の第4次高句麗遠征

隋国内に不穏な空気が漂うなかにあっても、煬帝は高句麗遠征を諦めてはいなかった。再征に失敗して帰国した翌年の614年2月、早くも再々征の準備を命じたのである。

煬帝は7月、懐遠鎮に着陣したものの、国内の混乱によって、陸軍の兵士はほとんど集まらなかった。このため、煬帝は水軍を率いる来護児に命じて、遼東半島に上陸させたのである。もちろん、水軍だけが大軍を擁していたとは考えられない。それでも、隋の水軍は、高句麗の卑沙城を落として、平壌に向かう。

●隋の高句麗侵攻

幽州
涿郡
懐遠鎮
遼河
高句麗
卑沙城
平壌
隋

このとき、高句麗の嬰陽王（在位590年〜618年）は煬帝に使者を遣わして降伏を要請した。2度にわたる煬帝の侵攻を阻んだとはいえ、高句麗の国内も疲弊していたのであろう。嬰陽王が、高句麗に亡命してきていた斛斯政を隋に送り返すと、煬帝は嬰陽王の参内を条件に、降伏を認めたのである。

こうして、煬帝は、斛斯政を刑具に縛りつけて都の長安（現在の西安）に帰陣した。斛斯政は、「大逆不道」の罪人として殺されたあと、なおも遺骸が烹られ、骨までも焼いてまき散らされたという。

その後、煬帝は、高句麗との和睦の条件に従って、嬰陽王の参内を促した。しかし、嬰陽王には、最初からそのつもりがなかったらしい。再度、煬帝は高句麗に使者を送り、参内を命じたものの、嬰陽王は無視し続けたのである。そこで、煬帝は再度の高句麗出兵を計画したが、さすがに国内が混乱する状況のなか、もはや賛同する群臣はいなかった。

第三章
百済・高句麗の滅亡

隋を滅ぼした唐

隋の滅亡

　隋（581年～618年）の煬帝（在位604年～617年）が高句麗遠征に失敗していたころ、隋では反乱が相次ぎ、国内は争乱に陥っていた。616年7月、煬帝は孫の楊侑に都の長安（現在の西安）を、もうひとりの孫の楊侗に洛陽を守らせると、自らは巡幸と称して江都（現在の揚州）に向かう。ここで、争乱の鎮静化を待とうとしたのである。

　しかし、事態はさらに深刻化していく。そして、617年5月、ついに縁戚にあたる李淵までもが煬帝に反旗を翻してしまった。そして、李淵が、楊侑を恭帝（在位617年～618年）として隋の第3代皇帝に擁立したことにより、煬帝は、廃位されてしまったのである。

　翌618年3月、煬帝は江都において、高句麗遠征にも従軍していた宇文述の子宇文化及に殺され、隋は事実上、滅亡した。

唐の建国

　隋の国内で反乱が相次ぐなか、617年11月、隋の将軍であった李淵が、隋の都の長安を落とす。李淵は、618年5月、隋における最後の皇帝恭帝から禅譲という形で帝位を奪って唐（618年～907年）を建国すると、自ら皇帝として即位し、高祖（在位618年～626年）となった。

　唐の高祖は、隋の初代皇帝となった文帝（在位581年～604年）の皇后の縁戚にあたり、文帝と、その子煬帝の2代にわたって重用されてきたものである。しかし、高句麗遠征に失敗した煬帝の権威が失墜するなかで、隋に反旗を翻したのだった。唐は、隋が高句麗遠征に失敗したことにより建国されたといっても過言ではない。

●唐代の東アジア

唐に朝貢する三国

　唐が建国された直後の618年9月、高句麗では隋による高句麗侵攻を凌いだ嬰陽王(在位590年〜618年)が崩御して、異母弟の栄留王(在位618年〜642年)が即位した。翌619年2月、即位したばかりの栄留王は、中国王朝との外交を修復するため、いちはやく唐に使節を遣わして朝貢している。

　これに対し、新羅の真平王(在位579年〜632年)が唐に使節を遣わして朝貢したのは、高句麗から2年ほど遅れた621年7月のことだった。このとき、唐の高祖は、自ら新羅の使節をもてなすと、配下の庾文素を使節として新羅に遣わし、国書のほか、絵画や屏風などを真平王に下賜している。

　さらに新羅が唐に朝貢して3か月後の621年10月、百済の武王(在位600年〜641年)も使節を唐に遣わし、在来種の馬などを進貢した。こうして、朝鮮三国は、そろって建国まもない唐と友好的な関係を結ぶことになったのである。

高句麗に俘虜の返還を求める唐

　高句麗の栄留王が622年に使節を遣わして唐に朝貢したとき、隋の将兵がいまだ高句麗に俘虜として抑留されていることを聞いていた唐の高祖は、栄留王に概ね次のような内容の国書を送った。

> そなたが唐に朝貢してきたことを、朕は褒め称える。今、天下は泰平となり、そなたの国とも修好することができるようになった。朕にとって、こんなに喜ばしいことはない。ただ、隋による高句麗出兵のため、お互い、自国に戻ることができない兵士を抱えているのは残念である。これでは、夫と離れた妻、妻と離れた夫の恨みをはらすことができない。朕は、唐にいる高句麗人を捜索し、帰国させようと思う。であるから、そなたもまた、高句麗にいる隋人を捜索し、唐に帰国させてもらいたい

　隋による高句麗遠征の結果、高句麗は隋人を俘虜として抑留し、隋も高句麗人を俘虜として抑留していた。そうした状態が、隋から唐に王朝が替わったあとも続いていたのである。唐の高祖からのこうした要請を受けた高句麗の栄留王は、高句麗国内に抑留されていた1万余の隋人を、唐に送還した。

　ただ、612年の隋による第2次高句麗遠征だけでも、200万と号する兵が従軍しており、俘虜となっていた隋人が1万人しかいなかったとは考えにくい。高句麗には、もっと多くの隋人が俘虜になっていたものと思われる。

第三章　百済・高句麗の滅亡

高句麗冊封の是非

　高句麗に抑留されていた隋人が唐に送還されたことで、ひとまず、隋による高句麗遠征の戦後処理は進んだ。しかし、唐の高祖は、これで安心したわけではない。なにしろ、隋は、高句麗への遠征に失敗して滅亡したのである。隋を滅ぼした高祖は、このことを肝に銘じていたことだろう。
　高句麗への対応を一歩でも間違えれば、唐が滅亡することになるとまで考えていた高祖は、
「高句麗は、藩属国として隋に朝貢しておきながら、結局、煬帝に逆らった。そのような国は、とても藩属国とはいえない。高句麗に、このまま唐への朝貢を続けさせてもよいのだろうか」
と廷臣に諮る。
　唐と高句麗が、宗主国と藩属国の関係にある以上、高句麗が唐に背けば必ず高句麗を討たなければならなかった。そうしなければ唐は、対外的にも、また、対内的にも、示しがつかない。だからこそ、隋は、高句麗への出兵を繰り返さなければならなかったのである。そういう意味からすると、高祖が高句麗との冊封関係を解消したいと考えたのも、一理あるといえよう。高句麗を藩属国として認めていなければ、唐に背いたからといって、そのたびに出兵を強行しなくてすむ。そうすれば、隋のように無理に高句麗に遠征して国力を弱めてしまう危険もなくなるはずだった。
　しかし、裴矩や温彦博らは、高祖に反論して、
「高句麗が占拠する遼東には、かつて周（B.C.1046年～B.C.256年）が箕子を封じ、漢（B.C.206年～B.C.220年）が玄菟郡をおきました。魏（220年～265年）や晋（265年～420年）の時代以前から、中国の領土であったところです。ですから、必ず、中国の支配下におかなければなりません。それに、高句麗との冊封関係を解消してしまえば、百済や新羅に対しても示しがつかなくなってしまうでしょう」
と諫言する。
　箕子というのは、周が殷（？～B.C.1046年）を滅ぼしたあと、周が封じた殷の王族であるが、実在したかどうかはわからない。ただ、漢や晋が朝鮮の地に郡県をおいて、支配していたのは確かである。その後、高句麗が313年に晋の楽浪郡を滅ぼし、314年に晋の帯方郡を滅ぼすが、その高句麗は、前燕（337年～370年）、後燕（384年～407年）、北魏（386年～534年）、北斉

（550年〜577年）といった歴代中国王朝に朝貢していた。つまり、中国の歴代王朝は、朝鮮の地を、郡県をおく直接統治から、藩属国である高句麗に間接統治させるという方式に変えたものの、一貫して支配下においていたという認識だったのである。

確かに、唐が高句麗との冊封関係を解消することにより、百済や新羅までもが離反してしまえば、朝鮮三国に対する唐の影響力は失われてしまう。高祖も、高句麗を藩属国のままとして、百済と新羅とともに朝鮮を治めさせるべきだとする裴矩や温彦博らの見解を、否定することはできなかった。

朝鮮三国の冊封

結局、唐の高祖は、624年、高句麗だけでなく、百済と新羅にも冊封使を遣わして、改めて朝鮮三国を冊封することにした。この結果、高句麗の栄留王は「上柱国、遼東郡王、高句麗王」に、百済の武王は「帯方郡王、百済王」に、新羅の真平王は「柱国、楽浪郡王、新羅王」に冊封されたのである。遼東郡・帯方郡・楽浪郡は、いずれも中国王朝がおいた郡の名であった。つまり、唐は、遼東郡・帯方郡・楽浪郡の故地を、それぞれ高句麗・百済・新羅が支配することを認めたということになる。

●朝鮮三国と中国の郡県
遼東郡
楽浪郡
帯方郡

ただ、唐は、高句麗・百済・新羅の朝鮮三国を同等に扱ったわけではない。唐の官位制において、「上柱国」は正二品にあたり、「柱国」は従二品にあたる。このことからも、唐が、高句麗の地位を百済・新羅より高く位置づけていたことがわかるだろう。

いずれにしても、唐からの冊封を受けいれることで、朝鮮三国は、そろって唐の冊封体制に組み込まれ、このあと、三国はそれぞれ、毎年かかさず朝貢していくことになった。とはいえ、朝鮮三国は、唐を模範とする国作りを進めるために冊封体制にはいったわけではない。三国同士の抗争が激化するなか、それぞれ唐による支援を期待したからであった。

高句麗は唐による侵攻を防ごうとし、百済は唐の権威を背景に新羅へと進出しようとする。こうして、百済の圧迫を受けた新羅は、唐の軍事力を頼って領土を守るしか方法がなくなっていった。

三国の抗争

1 新羅に侵攻する百済

　百済の武王（在位600年～641年）が、624年10月、突如として新羅への侵攻を命じると、百済軍は軍勢を分けて速含城をはじめとする6城を包囲した。これに対し、新羅の真平王（在位579年～632年）は、ただちに救援を送る。

　しかし、新羅の救援軍が着陣したところ、すでに百済軍は整然と陣を構えていて、攻撃する隙もない。新羅の救援軍が軍議を開くと、

　「すでにわが新羅からは可能な限りの兵力が動員されており、国の存亡はこの一戦にかかっているといってよい。『呉子』も、可を見て進み、難きを知りて退く、といっているではないか。必勝の策もなしに百済軍を攻撃して、万が一にも敗れてしまったら、取り返しのつかないことになる」

　と訴える将軍がいたため、必勝の策を立案しようとした。しかし、救援軍が敗北を恐れて攻撃を控える間に、6城のうち速含・岐岑・穴柵の3城が、落城あるいは開城してしまう。このため、手遅れだと判断した新羅の救援軍は撤退してしまった。

　残った烽岑・桜岑・旗懸の3城を守っていた級伐湌の訥催は、これをみて、

　「救援軍が去った今、落城は避けられまい。だが、余は、最後まで忠節を尽くすつもりである。諸君らはどうするつもりか」

　と涙を流しながら将兵に問う。これに対し、城兵らも、泣きながら、

　「命を惜しまず、ただ命令に従います」

　と答えた。訥催と城兵らは、すでに玉砕を覚悟したのである。

　新羅の救援軍が撤退していくのを見届けた百済軍は、ついに、残った3城の総攻撃にうつる。城兵のほとんどが討ち死にするなか、訥催は防戦に努めたが、結局は百済兵によって斧で殺されてしまう。こうして、新羅の6城は、百済に併合されてしまったのである。

●百済の新羅侵攻

高句麗
平壌
新羅
泗沘
金城
百済
速含城

唐を頼る新羅

　新羅への圧力を強める百済の武王は、627年7月、将軍の沙乞に命じ、新羅西辺の2城を陥落させる。そして、553年以来、新羅に奪われていた漢江流域の旧領を取り戻すべく、熊津に大軍を駐屯させたのである。武王は、熊津を拠点に、漢江流域を制圧するつもりだった。

　これをみた新羅の真平王は、新羅軍だけで防御するのは不可能であると判断し、唐（618年～907年）に百済の侵犯を報告した。唐の権威を借りて、百済に攻撃を思いとどまらせようとしたのである。

　このころ唐では、高祖（在位618年～626年）が譲位したことにより、子の李世民が即位して太宗（在位626年～649年）となっていた。太宗は、新羅の訴えを聞きいれた。翌8月、百済の武王が甥の鬼室福信を唐に遣わして朝貢したとき、武王に新羅との戦いをやめるように諭す国書を送っている。その内容は、概ね次のようなものである。

　　そなたは百済の地をよく治め、忠誠を尽くして朝貢を欠かしたこともない。そのことを朕は、たいへん喜ばしく思っている。ただ、朕は、天下をあまねく泰平にしなければならない。新羅は朕の藩臣であるが、そなたは、その新羅を侵略しているというではないか。もとより、兵をもって他国を討つというのは、朕が望むところではない。朕はすでに、鬼室福信に対し、新羅と和睦するように伝えてある。そなたは、旧怨を忘れ、隣国である新羅と、友好的になるようにはからえ

　これに対し、武王は使節を唐に遣わし、国書を奉呈して太宗に陳謝した。しかし、武王は、新羅からの旧領奪還を諦めたわけではない。表面的には太宗の命に従いながら、着実に新羅へ侵攻する機会をうかがっていたのである。

娘臂城の戦い

　百済の圧力を受けた新羅の真平王は、隋（581年～618年）の侵入を受けて疲弊していた高句麗へと進出していく。真平王は、629年8月、伊尺飡の任永里、波珍飡の金龍春、迊飡の金舒玄らを遣わし、高句麗の娘臂城を攻撃させた。これに対し、高句麗軍が防御を固めるとともに、城から打って出てきたため、新羅軍は追いつめられてしまう。

　このとき、金舒玄の子である金庾信は、父の前に進み出て冑を脱ぎ、

「それがしは、これまで忠孝であるべく生きて参りました。ですから、ここで逃げるわけにはまいりません」

といって、馬に跨がるやいなや自ら兵を率いて城外に布陣する高句麗軍に突入すると、高句麗の将軍を討ち取って帰陣した。これをみた新羅軍の士気は高まり、娘臂城に総攻撃をかける。これにより、高句麗軍では、5000余人が討ち死にし、1000余人が俘虜にされたという。残った城兵は降伏し、娘臂城は新羅の支配下におかれるようになった。

このあと、新羅による侵攻に対処するため、高句麗の栄留王（在位618年〜642年）は、百済と結ぶことを考え始めている。

唐に備える高句麗

631年、唐の太宗は、配下の長孫師を高句麗の栄留王のもとに遣わし、高句麗国内に建てられた京観の破却を命じた。京観とは、敵兵の遺骸を埋葬したあと、その上に土を盛って戦勝の記念とした碑のことである。高句麗は、隋の侵攻を防いだあと、その戦勝を誇示するために、京観を築いていた。しかし、太宗としては、隋に背いた高句麗が、戦勝を記念して京観を築くことを認めるわけにはいかなかったのである。高句麗との冊封関係を解消しようとまで考えていた高祖とは異なり、太宗は、高句麗への圧力を強めようとしていたのだった。

京観の破却を命じられた栄留王は、いずれ太宗が高句麗へ侵攻してくるつもりではないかと疑う。そのため、唐への朝貢をやめるとともに、唐による高句麗侵攻に備え、唐と高句麗との国境にあたる遼河に沿って、千里長城を築き始めたのである。

千里長城は、北端の扶余城から南端の卑沙城にかけて、遼東城を中心に既存の城を結んだ城壁で、長さは

●高句麗の千里長城

1000余里、直線でおよそ400kmにおよぶ。そのうえ、白巌城と安市城を背後の山城として、唐と高句麗との国境を守ることになった。

ただ、実際問題として、このときに太宗が、高句麗への侵攻を計画していた形跡はない。このころの唐は、東突厥（582年〜745年）・吐谷渾（？〜663年）・高昌（442〜640年）・吐蕃（633年〜877年）など、北方・西方の諸国と対立しており、高句麗からの侵攻を受けたならいざしらず、表面的には安定している東方へ出兵する考えはなかったろう。

こうして、唐が北方・西方の経略に専念している間、高句麗はおよそ16年の歳月をかけて千里長城の築城を続けることになる。この千里長城が完成したのは、646年のことだった。

高句麗の国情を探る唐

唐が北方・西方の経略に専念している隙に千里長城の築城を進めていた高句麗の栄留王であったが、唐が東突厥や吐谷渾を撃破し、吐蕃を懐柔させたほか、640年に高昌を滅ぼすなかで、危機感を抱くようになり、唐への朝貢を再開する。

640年2月、高句麗の栄留王が、太子の高桓権を唐に遣わして朝貢すると、唐の太宗は翌641年、廷臣の陳大徳を高句麗に遣わして答礼することにした。しかし、この陳大徳の真の目的は、答礼にあったのではないらしい。

高句麗に入った陳大徳は、王都である平壌に向かう途次、

「余は自然の風景が好きである。ぜひ景色のいいところに案内してもらいたい」

などといって、高句麗の国内をくまなく散策したという。陳大徳は、こうして、高句麗の国内の様子を観察したのである。

栄留王の引見を受けて帰国した陳大徳は、

「高句麗は、高昌の滅亡を聞き、唐に恐れをなしたのでしょう。唐からの使節をたいへん厚くもてなしました」

と太宗に報告した。太宗は、

「朕が数万の陸軍で遼東郡を攻めれば、高句麗は総力あげて遼東郡を救うであろう。このとき、水軍を萊州から海路で平壌に向かわせておけば、水陸の両軍を合わせて平壌を落とすことは難しくない。ただ、今は萊州の地が疲弊しているから、すぐの出兵は控えるとしよう」

と語った。

義慈王の即位

百済では、641年3月、高句麗・新羅と朝鮮における覇権を争った武王が崩御した。百済の使節が、唐に赴いて武王の訃報を伝えると、唐の太宗は、自ら哀悼式を行うとともに、次のような内容の国書を百済に送った。

> 遠方にいるからといって、死者を悼む気持ちまでもが隔たることはない。武王は、山海をものともせず、唐への朝貢を欠かすことがなかった。今、武王が亡くなったとの報に接し、哀悼の意を表したい。よって、亡き武王に「光禄大夫」を追贈する

武王が崩御したことにより、百済では武王の嫡男が即位して義慈王（在位641年〜660年）となった。このとき、義慈王とその兄弟の間に、王位をめぐる争いがあったらしい。642年正月、義慈王は、王母の死をきっかけに、弟の一族はじめ40余人を百済から追放したという。

百済に大敗する新羅

百済の義慈王は、王位を争った弟の一族を追放するとともに、新羅へ侵攻することで王の権威を高めようとした。そして、実際に642年7月、義慈王は自ら大軍を率いて新羅の西部に侵入し、40余城を攻め取っている。この40城は、旧伽耶諸国にあったから、このとき、百済は悲願であった旧伽耶諸国を併合したことになる。

そのころ、新羅ではすでに真平王が崩じており、真平王の娘が即位して善徳女王（在位632年〜647年）となっていた。善徳女王は、新羅が単独で百済を押さえることは不可能だと判断し、唐の太宗に使者を遣わして救援を請う。しかし、新羅が唐からの援軍を待つ間にも、百済は攻撃の手を緩めなかった。

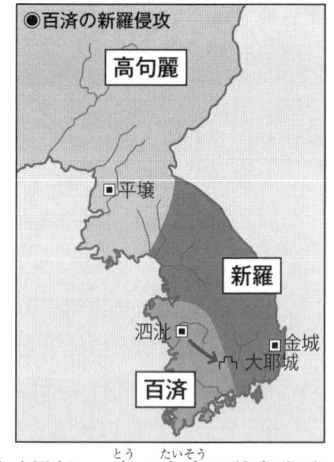

● 百済の新羅侵攻

この直後、百済の義慈王は、将軍の允忠に1万の軍勢をつけて、新羅の大耶城を包囲させている。このとき、大耶城の中では、舎知の黔日が、百済に逃れていた新羅人の毛尺と通じて城の倉庫に火をつけたため、兵糧の備蓄がなくなり、早くも落城の危機に陥ってしまう。

新羅軍では、大耶城都督である金品釈が、百済軍に降伏することを決めた。そこで、阿飡の西川に命じて、
「城兵を殺さないと約束してもらえるなら、城をあげて降伏したい」
と允忠に告げさせた。すると、允忠が、
「諒解した。降伏した城兵の命を助けることを誓おう」
と返したため、西川は金品釈に城からの退去を促したのである。
しかし、このとき舎知の竹竹が、
「百済は信用がなりません。允忠は、偽って城兵の命を助けると言っているのです。城から出て敵に捕まるより、戦って死ぬべきではないでしょうか」
と制止したが、金品釈はあくまでも降伏にこだわった。そこで、城門を開けて、城兵を退去させたのだが、竹竹の予見があたってしまう。
密かに伏兵をおいていた百済軍は、一命を助けるという約束を反故にして、大耶城から退去する新羅軍を討ち取ってしまったのだった。こうして、進退窮まった金品釈が、妻子を殺したうえで自害し、大耶城は落城したのである。
百済に追いつめられた新羅の善徳女王は、このあと、それまで対立してきた高句麗に支援を要請することまで考え始める。

第三章　百済・高句麗の滅亡

高句麗における政変

　このころ、高句麗では国政を委任されていた太大兄の淵蓋蘇文が、唐に対する外交方針をめぐり、栄留王と対立していた。栄留王は、唐に従うことで国を維持しようとしたのだが、淵蓋蘇文は、唐からの自立を図ろうとしていたらしい。栄留王は、近臣らとともに淵蓋蘇文を暗殺しようとしたが、その計画は淵蓋蘇文の耳に入っていた。

　642年10月、淵蓋蘇文は閲兵式を行うと称して群臣を集める。この閲兵式は、誰もが出席しなければならないような公的な行事であったのだろう。閲兵式に集まった栄留王の近臣100余人を、淵蓋蘇文は酒宴の席で暗殺すると、さらに王宮に突入して栄留王を殺害してしまったのである。淵蓋蘇文は、栄留王の遺骸を、切り刻んで捨てさせた。

　この直後、淵蓋蘇文は、栄留王の甥を宝蔵王（在位642年〜668年）として即位させ、自らは大対盧となった。大対盧とは、政治と軍事の全権を握る高句麗第一の官位である。これにより、淵蓋蘇文は、宝蔵王を傀儡として、高句麗を実質的に統治することになった。淵蓋蘇文は常に5本の刀剣を佩き、人臣は誰も、淵蓋蘇文を仰ぎ見ることはできなかったという。

高句麗に援軍を請う新羅

　百済による侵入を阻むため、新羅の善徳女王は、642年冬、宝蔵王が即位したばかりの高句麗に対し、援軍を要請することにした。おそらく、宝蔵王の即位を慶賀するという名目で使節を派遣したものであろう。

　高句麗への使者に選ばれたのは、王族でもある伊尺湌の金春秋であった。ちなみに、金春秋の娘は、大耶城城督金品釈に嫁いでおり、大耶城が百済に攻略されたとき、自害に追いこまれていたものである。金春秋は、娘の死の知らせを聞いてからというもの、気力が失せて、

「あぁ、娘が先に逝くなんてなんと悲しいことだ」

と歎く毎日であったという。しかし、

「大丈夫たる者、どうして百済を滅ぼさずにいられようか」

と自らを奮い立たせると、善徳女王に対し、

「百済への仇を討つため、援軍を要請する使者としてそれがしを高句麗に遣わしてください」

と志願したのだった。

新羅からの援軍要請を拒否する高句麗

新羅から金春秋らが使節として高句麗に赴くと、高句麗の宝蔵王は、新羅の使節を厚くもてなした。金春秋が、宝蔵王に対し、

「百済は、新羅の領土を侵略しております。そこで、わが君は、殿下の支援を得てその恥を雪ぐべく、それがしを貴国に遣わした次第です」

と奏上すると、宝蔵王は、

「麻木峴と竹嶺まではもともとわが高句麗の領土である。これを高句麗に返還してくれるなら、援軍を出してもよい」

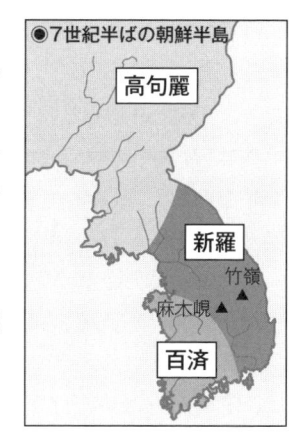

と答えた。

●7世紀半ばの朝鮮半島
高句麗
新羅
竹嶺 ▲
麻木峴 ▲
百済

新羅は、およそ100年ほど前の551年、ときの真興王（在位540年〜576年）が百済の聖王（在位523年〜554年）と同盟して、高句麗の麻木峴・竹嶺以北を奪っていた。宝蔵王としては、新羅が百済と結んで高句麗の領土を奪っておきながら、百済との同盟が破綻したからといって高句麗に援軍を頼むのは虫が良すぎると考えて当然だろう。金春秋が、

「殿下は、それがしが援軍の要請に参ったにもかかわらず、領土の返還だけをお求めになるおつもりですか。だいたい、新羅の領土を、それがしが勝手に返還することなどできないのです。たとえ、それがしが死んでも、返還を認めることはできません」

と答えると、宝蔵王は、金春秋を抑留してしまった。

宝蔵王が金春秋を抑留したのは、ただ、怒りにまかせたからではあるまい。このころの高句麗は、唐による侵攻をなによりも危惧していたから、百済や新羅との戦いは、できるだけ避けたかったはずである。新羅に援軍を送らなければ、当然、新羅と対立することになる。かといって、新羅に援軍を送れば百済と対立することにもなりかねない。そうしたなかで、戦略を練ろうとしていたのだろう。場合によっては、金春秋を人質にするつもりだったのかもしれない。

さて、そのころ、新羅の善徳女王は、高句麗に遣わした使節が、60日を過ぎても帰国しないため、将軍の金庾信に命じて、使節の救出に向かわせようとしていた。ちなみに、この金庾信は、新羅に降伏した任那最後の王である

仇衡王（在位521年〜532年）の曾孫にあたり、妹が金春秋に嫁いでいた。
　金庾信が精兵3000人を選抜して練兵したとき、
「危険に際しては命を差し出し、困難に際しては自分の身を顧みない者こそ真の勇者だという。だいたい、一人が死を覚悟すれば100人と戦うことができ、100人が死を覚悟すれば1000人と戦うことができ、1000人が死を覚悟すれば1万人と戦うことができるのだ。そうすれば、天下を左右することもできないことではない。今こそ、勇気をもって高句麗に捕らわれているわが国の使節を救い出すのだ‼」
と鼓舞すると、兵卒らも、
「万死に一生しか得られなくても、将軍の命に従います‼」
と答えたという。善徳女王は、金庾信らを出陣させる期日を決め、新羅軍は、その日を待つだけとなっていた。
　こうした新羅の内情を、間者である僧の徳昌から得ていた高句麗の宝臧王は、これ以上、金春秋一行を抑留しておくのは得策ではないと判断する。そのため、宝臧王は、新羅からの援軍要請に応えることなく、使節だけを帰国させたのであった。
　高句麗が新羅の援軍要請を断ったことにより、朝鮮三国では高句麗と百済との連合が決定的となる。そして、新羅は、高句麗と百済からの侵略に対処しなければならなくなったのである。

唐の第1次高句麗遠征

太宗の計画

高句麗の宗主にあたる唐（618年〜907年）にとって、唐と友好的な関係を結ぼうとしていた栄留王（在位618年〜642年）が淵蓋蘇文によって殺されたことを、見過ごすことはできなかった。唐の太宗（在位626年〜649年）は、643年閏6月、

「高句麗の淵蓋蘇文は、自らの王を殺したあと、宝蔵王（在位642年〜668年）を立てて国政を専断している。これはまことに耐えられないことだ。唐の軍勢で淵蓋蘇文を討つことは可能だが、かといって、唐の臣民を苦しめたくもない。そこで、契丹と靺鞨に命じて、高句麗に侵入させればどうかと思うのだが、いかがであろうか」

と廷臣に諮る。高句麗の北方に割拠している契丹と靺鞨に高句麗と戦わせれば、確かに唐が傷つくことはない。

これに対し、太宗の皇后の実兄にあたる長孫無忌は、

「淵蓋蘇文は、唐による侵攻を恐れて、すでに防備を厳重に固めております。陛下が今しばらく行動をおこさないでおられれば、淵蓋蘇文はいずれ、油断することでしょう。そのときに征討の軍をおこしても遅くはありません」

と献策すると、太宗は、その意見に従うことにした。

そして、早速、宝蔵王を冊封するための使節を高句麗に派遣したのである。太宗が宝蔵王に送った国書には、概ね次のように書かれていた。

遠方の国王を慰撫し、その王位を継承させるのが朕の使命でもある。そなたは、礼にかない、徳も備わっているというではないか。当然、爵位を与えるに十分であるから、先例に従って「上柱国、遼東郡王、高句麗王」に冊封する

●唐代の東アジア

契丹　靺鞨　東突厥　高句麗　新羅　百済　唐

唐に高句麗と百済を訴える新羅

　百済の侵入に苦しむ新羅の善徳女王（在位632年〜647年）は、高句麗に援軍を要請するが、結局は高句麗に拒絶されてしまった。そこで、善徳女王は、643年9月、使節を唐に使わして、援軍を要請することにする。唐の太宗に謁した新羅の使者は、

　「百済は、わが新羅の40余城を攻め取り、また高句麗とも通じて、朝貢の道を塞いでおります。さらに、高句麗と百済には、近いうちに新羅へ侵攻する計画があるという情報も得ました。そうなれば、新羅は国を保つことができません。そこで、わが君は、陛下の支援をいただきたく、それがしを遣わされた次第です」

　と訴える。これに対し、太宗は、

　「そなたの国が高句麗と百済に侵略されていることは、朕も悲しい。それで、たびたび朝鮮三国には使者を遣わして和睦させようとしたのだが、高句麗と百済はすぐに約束を違えて、そなたの国を攻めてしまった。そなたの国では、どのようにこの国難を乗り切るつもりでいるのか」

　と聞く。新羅の使者が、

　「わが国は、すでに万策が尽き果てました。ただ、陛下にお願いして、国難をお救いしていただくしか方策はございません」

　というと、太宗は、

　「唐が考えている策は三つある。第一の策は、唐が新羅に救援軍を送るというものだ。朕が、自ら契丹や靺鞨の軍勢を率いて遼東から高句麗や百済に侵攻すれば、そなたの国も、1年間は安泰でいられよう。しかし、唐軍が撤退したあと、高句麗や百済によって、さらなる侵略を受けてしまう可能性も否定できない。第二の策は、唐軍の軍服や旗を数千ほど新羅に与えるものである。高句麗や百済の兵が侵攻して来たとき、唐の軍旗を立て、唐の軍服を着た兵を並べておけば、敵は唐から援軍が来たものと騙され、逃げだすにちがいない。第三の策は、唐の王族を新羅の王にすることである。新羅では女王を奉っているが、それでは隣国から侮られてしまう。唐の皇族を新羅の王とすれば、よもや侮られることはあるまい。もちろん、新羅が平和になった暁には、新羅が自らの王を奉じればよい。そなたはどれに従うのがよいと思うか」

　と三つの案を出して使者に問うも、使者はただ、

「はい」

というだけで答えられなかった。このため、太宗は、新羅の使者が援軍を要請するのに適していないと歎いたという。

新羅としては、第一の策を選ぶべきなのだろうが、しかし、一時的にしか支援をしないという時点で、太宗が本気で新羅を支援しようとしていたのかは疑問である。第二の策にしても、唐の軍旗と軍服を用いて敵を騙すことができるのは、1度だけであろう。そうみていくと、太宗の真意としては、第三の策を新羅に採用させたかったにちがいない。唐の皇族を新羅の王とすれば、たしかに、高句麗や百済は侵攻をひかえるだろう。しかし、それでは新羅の独立は保たれなくなってしまう。いずれ新羅で王を奉じることができるとはいっても、唐の皇族を廃位させるのは現実的とはいえない。新羅にとって、独立を保ちながら唐からの支援を引き出すのは、なかなか困難な状況だった。

それはともかくとして、新羅が唐に援軍を要請したという事実は、すぐに効果があらわれた。すでに百済の義慈王（在位641年〜660年）は、新羅に奪われた旧都漢城周辺を奪還するため、出兵の準備を進めていたが、善徳女王が唐の太宗に援軍の要請をしたと聞いて、中止したのだった。

唐に反発する高句麗

新羅の訴えを受けた唐の太宗は、644年正月、元日に都の長安（現在の西安）で行われる朝賀の儀に参加するため、朝鮮三国が揃って朝貢してきたのを機に、高句麗と百済に詰問の国書を送ることにする。太宗は、配下の相里玄奨を使者として高句麗に遣わし、次のような内容の国書を高句麗の宝臓王に送った。

> 新羅は、唐への朝貢をこれまでに欠かしたことはなかった。そのような国を勝手に攻めることは許されない。もし、そなたが再び新羅を攻めるならば、来年には朕が兵を挙げてそなたの国を攻めることになろう

この国書は、事実上、太宗による停戦命令というべきものであったが、相里玄奨が高句麗の国内に入ったとき、すでに淵蓋蘇文率いる高句麗軍は、新羅に侵攻して2城を落としていたところだった。そのため、国書を受け取った宝臓王によって、淵蓋蘇文は撤退を命じられたのである。

王都の平壌に戻った淵蓋蘇文は、相里玄奨に対し、

「わが高句麗と新羅との争いは、なにも今に始まったことではありません。かつて、隋（581年〜618年）の煬帝（在位604年〜617年）が高句麗に侵攻してき

たとき、新羅はその隙に高句麗の領土を奪ってもいるのです。新羅に奪われた旧地を取り戻さない限り、新羅との戦いをやめるわけにはいきません」
と訴える。これに対し、相里玄奘は、
「すでに過ぎたことを蒸し返してどうなるのでしょう。そのようなことをいえば、高句麗の領土も、もとを正せば、中国の郡県だったところではありませんか。このことについて中国はなにもいわないのに、高句麗だけが強引に旧地を奪い返そうとするのでは、筋が通りません」
と反論したが、淵蓋蘇文は聞く耳をもたなかった。
結局、太宗の停戦命令を、高句麗は、無視する態度をとったのである。帰国した相里玄奘から報告を受けた太宗は、
「淵蓋蘇文は自らの王や大臣らを殺害しただけでなく、今はまた、朕の命令にも従わない。これはもう、征討するしかないだろう」
といい、もう一度だけ、配下の蔣儼を高句麗に遣わして、命を伝えさせたが、淵蓋蘇文は、蔣儼を監禁してしまう。このときすでに、高句麗では、唐との一戦を覚悟していたのである。

唐に使者を送る高句麗

高句麗の淵蓋蘇文が、2度にわたって命令を無視したことで、644年7月、唐の太宗は、ついに高句麗への出兵を決めた。そして、太宗が兵糧の輸送など出兵の準備をさせていると、9月になって、高句麗の淵蓋蘇文が、使節を唐に遣わしてきたのである。
高句麗の使節が太宗に謁見して銀を献上したとき、配下の褚遂良が、
「淵蓋蘇文が自らの王を殺害したため、我々は、高句麗を討とうとしているのです。淵蓋蘇文からの献上品は、賄賂のようなものであり、お受け取りになられるべきではありません」
と訴えると、太宗は、銀を受け取らなかった。そして、使節に対し、
「そなたらは、亡き栄留王から官爵まで受けていたのに、淵蓋蘇文が栄留王を殺害しても復讐していない。むしろ、淵蓋蘇文のために働いているのは、なんとも罪作りなことではないか」
といい、使節を司法の手に委ねたという。
この期におよんで、なぜ淵蓋蘇文が使節を唐に遣わしたのかについてはよくわからない。すでに国内では、唐との戦いを想定して、防御を固めていたからである。にもかかわらず使節を送ったのは、唐の内情を探るためではな

かったろうか。しかし、それは失敗に終わり、この使節は、唐の出兵が終わるまで、抑留されていたと思われる。

太宗の意気込み

太宗は、高句麗への出兵を決めたときから、自ら兵を率いる親征を行うつもりであったらしい。しかし、廷臣がみな、親征については反対すると、太宗は、

「皇帝自らが高句麗に出兵するべきでないことは、朕もよくわかっている。だが、淵蓋蘇文は王を殺害したうえ、大臣をもみな殺しているのだ。高句麗の臣民は、首を長くして唐による救援を待っているであろう。朕の親征に反対する者は、高句麗がおかれた状況を理解していないのではないか」

という。太宗にこう説明されると、あえて反対する廷臣はいなくなった。

644年11月、洛陽に着いた太宗は、宜州刺史を務めたこともある鄭天璹を行在所へよぶ。鄭天璹がかつて、隋の高句麗出兵に従軍した経験があったからである。太宗から意見を求められた鄭天璹が、

「遼東は遠いので、何よりも兵粮の運搬が困難です。それに、高句麗軍は、城を守るのに優れており、簡単に降伏させることはできません」

と述べると、太宗は、

「今は、隋のときとは事情が異なる。そなたは、朕の考えた作戦に従っておればよい」

といい、それ以上、鄭天璹の意見を求めることはなかった。

そして、太宗は自ら次のような詔書を書いて、高句麗出兵を公言した。

　　高句麗の淵蓋蘇文は、王を殺害して臣民を虐げている。どうして見過ごすことができようか。朕は、これから高句麗の罪を問うつもりである。かつて隋代に高句麗出兵があったときには、隋の煬帝が臣民に暴虐を働く一方、高句麗の嬰陽王（在位590年〜618年）が臣民を慈しんでいたから、隋は高句麗に勝てなかったのだ。今、朕は必勝の策を五つもっている。第一の策は、軍勢の数で高句麗軍を圧倒すること。第二の策は、悪逆非道な高句麗を討つという大義を示すこと。第三の策は、高句麗の混乱に乗ずること。第四の策は、鋭気を養って高句麗軍の疲労を待つこと。第五の策は、高句麗の臣民の怨恨を利用すること。これほど策があれば、必ずや勝つであろう

太宗としては、すでに勝ったも同然であったのかもしれない。そして、

太宗は、李勣率いる6万の陸軍と、張亮率いる4万の水軍を幽州から出陣させると、それとともに、新羅・百済・契丹などに対しても、出兵を命じたのである。

幽州を発った唐の太宗は、645年3月、定州に着くと、廷臣らに、
「遼東はもともと中国の地であるのに、隋が4度にわたって出兵したが、取り戻すことはできなかった。朕がいま高句麗にまで遠征するのは、ひとえに高句麗との戦いで命を落とした隋人の子弟にかわって仇を討ち、国王を殺された高句麗の臣民にかわって恥を雪ごうとするためである。周辺諸国がこぞって朕に藩属するなか、高句麗だけが従っていないではないか。朕がまだ老いないうちに、そなたらの力を借りて高句麗を討とうと思う」
と語り、改めて決意を伝えている。そして、定州を出発するとき、自ら弓矢を佩き、手で雨具を鞍の後ろに結んだという。これは、遠征を成功させようとする太宗の意気込みを表すものでもあった。

緒戦に勝利する唐軍

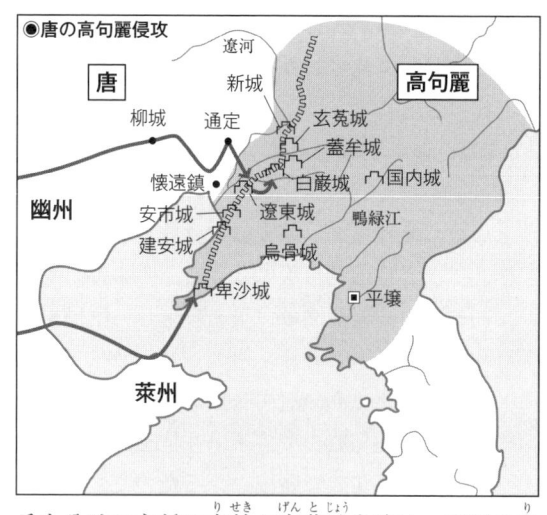

そのころ、李勣率いる6万の陸軍は、柳城を出発し、645年4月、懐遠鎮から遼河を渡ると見せかけながら、通定から唐と高句麗との国境になっていた遼河を渡る。兵法では、渡河する場所を特定されないよう、敵を翻弄しなければならないと説かれている。李勣は、それを実践したのだった。

●唐の高句麗侵攻

遼河を渡河した唐軍は、兵を分けて主将の李勣が玄菟城を攻め、副将の李道宗が新城を攻めた。しかし、玄菟城も新城も、堅守しているため、なかなか攻略することができない。そこで、李勣と李道宗は合流して、蓋牟城を陥落させる。そして、高句麗軍1万名を俘虜とし、兵糧10万石を奪取して、この地を蓋州として支配下においた。

そのころ、張亮率いる4万の水軍は、軍船500艘で莱州から海を渡り、高句

麗の卑沙城を攻撃していた。卑沙城は、四方を断崖に囲まれた要害であったが、5月に陥落する。高句麗軍は、8000人が討ち死にしたという。

遼東城の戦い

　蓋牟城を陥落させた李勣率いる陸軍は、進軍して遼東城に到着し、遼東城を包囲する。この遼東城は、かつて隋の煬帝も落とすことができなかった堅城で、このとき、遼河流域の低地に位置する遼東城の周囲は、湿地帯と化していた。さらに、高句麗からは、新城と国内城から4万の援軍が着陣したため、唐軍は極めて不利な状況におかれてしまったのである。

　唐軍の将軍のなかには、

「高句麗軍の数が非常に多いうえ、湿地で戦うのも難しい。ひとまず、高所に陣を構え、陛下の到着を待つべきではないか」

との意見が多かった。しかし、李道宗が、

「高句麗軍は、多勢であることに奢り、我々を軽くみていることだろう。それに、着陣したばかりということは、疲れて休んでいるにちがいない。今急襲すれば、きっと勝てるはずだ。だいたい、敵を一掃してから陛下のご到着を待つべきものなのに、陛下のご到着を待ってから戦うのは本末転倒というものだろう」

と叱咤したため、唐軍は、高句麗の救援軍に攻撃をかけることにした。

　唐軍と高句麗軍との間に、激戦が繰り広げられるなか、唐軍では張君父率いる一隊が敗走したため、総崩れとなってしまう。しかし、李道宗は、陣容を立て直すと、高所から高句麗の陣を偵察し、その乱れているところを数千の精兵で攻撃した。これに李勣が加勢をしたため、高句麗軍は大敗し、死者は1000余人にのぼったという。

　そのころ、遼東城内では、高句麗の援軍が唐軍に敗れたことで、城兵が危機感を抱き始めていた。このため、遼東城の城督は、占いを利用して、城兵の戦意を高めようとしたらしい。この遼東城には、高句麗を建国したとされる東明王（在位B.C.37年〜B.C.19年）の祠堂があり、その中には甲冑や武器があった。あくまでも伝説ではあるが、前燕（337年〜370年）のときに、天が降したとされてきたものである。このとき、東明王の祠堂において託宣を受けたという巫が、

「東明王が喜んでおられるから城は必ず無事であろう」

と伝えたため、城兵も安心して城を守るようになったという。

　唐軍は、高句麗の援軍を撃破したあとから、本格的に遼東城を攻め始め

る。そして、李勣らが昼夜休まずに遼東城を攻撃すること12日目にして、太宗が遼東に着陣した。太宗は、馬首山を本陣と定めたあと、遼東城下に至り、攻撃に加わった。そして、太宗が自らの馬で遼東城の堀を埋めるための土を運ぶと、将兵もこぞって土を運んだという。

　その後、唐軍は、攻城兵器を城壁によせ、登城を図ろうとする。唐軍が抛車を並べておいて大石を飛ばすと、300歩（約460m）を越え、当たった箇所は軒並み破壊されたという。これに対し、高句麗軍が、木を組んだ楼で防戦すると、唐軍は、衝車で城壁を砕く。結局、唐軍が10日間以上攻め続けても遼東城を落とすことはできなかった。

　そうしたなか、太宗は、急に南風が吹いたことを利用し、遼東城を火攻めにしようとする。そして、竿の先端から遼東城の西南の楼に火をつけさせたのである。これにより、火は城中に延焼し、城内の建物はほとんどが焼失してしまった。

　その後、唐軍は城壁を登って城内に突入していく。高句麗軍は防戦に努めたものの、さすがに防ぐことはできず、遼東城は陥落した。この戦いで、高句麗軍は、1万余が討ち死にし、5万余が俘虜になったという。太宗は、この地を遼州として支配下においた。

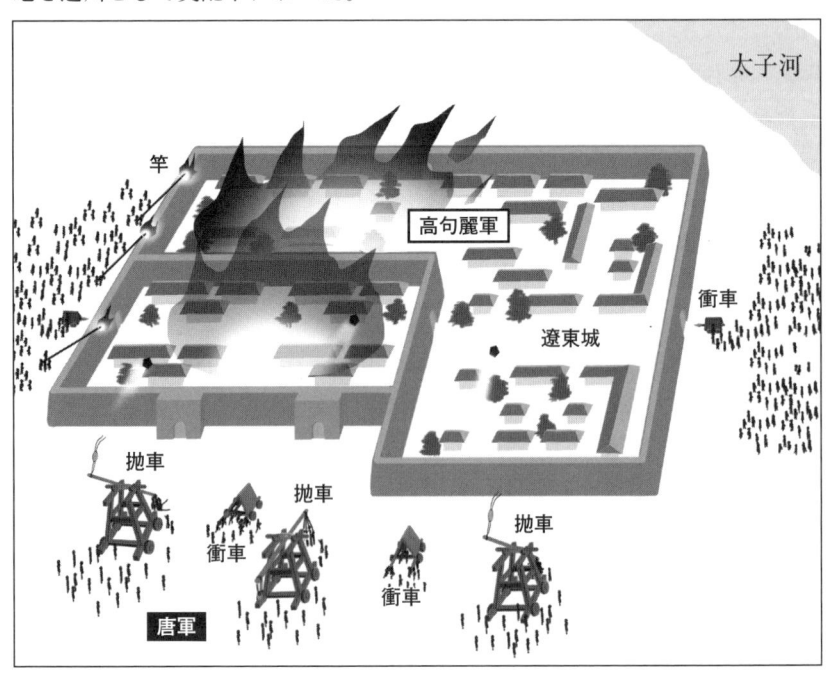

白巌城の戦い

　太宗率いる唐軍は、遼東城を落としたあと、さらに進んで白巌城を大軍で包囲する。このとき、白巌城を守る孫代音は、太宗に降伏を求めたが、しばらくして、その申し出を撤回する。ちょうど、烏骨城から1万余の援軍が白巌城に向かいつつあることを知り、抵抗を続けようと考えたからである。

　これに激怒した太宗は、

　「城を落としたら、城兵の妻子や財産は、すべて将兵に分け与えようぞ」

と自軍を鼓舞した。こうして、唐軍による攻撃が激しさを増すなか、烏骨城からの援軍が、唐の契苾何力率いる精兵800騎に撃退されてしまう。これをみて、さらなる抵抗の不利を悟った白巌城主の孫代音は、再び、使者を派遣して降伏を要請した。孫代音は、使者を通じて太宗に、

　「城内には抗戦するつもりの者もおります」

と伝えると、太宗は、唐の軍旗を使者に与え、

　「降伏したいのであれば、この旗を城の上に立てよ」

と命じた。そして、孫代音が唐の旗を立てたため、城兵らはみな、唐軍に白巌城が占拠されたと考え、降伏したという。太宗は、城兵の降伏を受けい

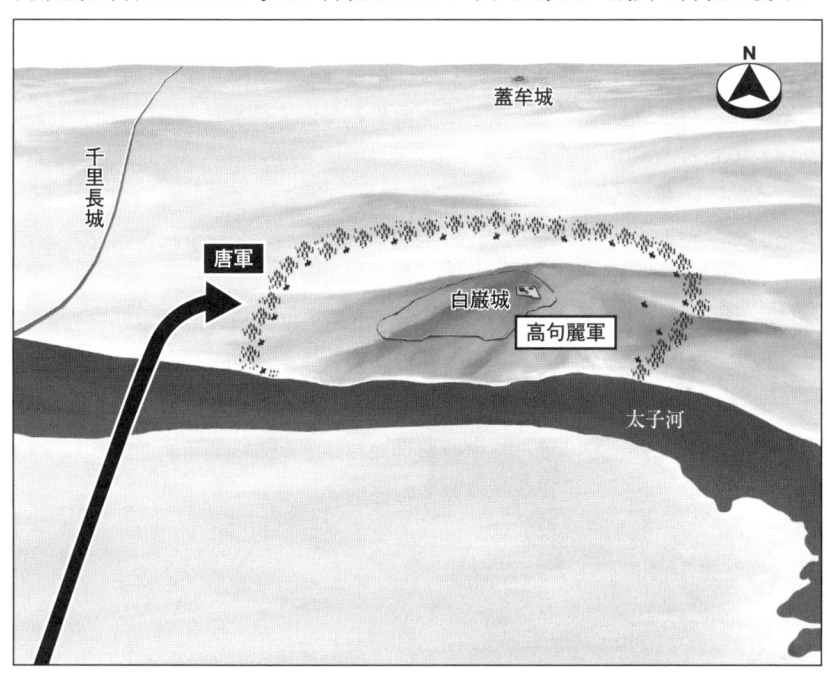

れ、武装解除をさせた。

このとき、唐軍では、李勣が数十人の将兵らを率いて太宗に謁し、

「将兵らが命を懸けて戦うのは、陛下からの恩賞を期待してのことです。はじめ、陛下は城兵の妻子や財産を、すべて将兵に分け与えると仰いましたが、どうして今さら、降伏を受けいれるのですか」

と談判した。これに対し、太宗は馬から降り、

「そなたらの言い分はよくわかる。しかし、むやみに殺害したり略奪したりするのは、朕としても耐えられない。戦功をあげた将兵には、朕が責任もって恩賞を与えるから、どうか理解してほしい」

と陳謝すると、李勣もすぐに引き下がった。

太宗は、降伏した城兵とその妻子らを庇護すると、白巌城に巌州を設置し、孫代音を刺史に任じた。

安市城か建安城か

白巌城を落とした太宗は、次に、安市城と建安城のどちらに進軍すべきか、李勣に諮る。このとき、太宗は、

「安市城は要害堅固であるうえ、城督も知略に長け、高句麗の内乱で淵蓋蘇文に攻撃されたときにも落城しなかったというではないか。それに引き替え、建安城は軍勢と兵糧が少ないというから、その不意を衝いて攻めれば必ず勝つであろう。朕は、先に建安城を攻めるのがよいと思う。建安城が落ちれば、安市城も降伏するだろう。まさしく、『孫子』に、人の城を抜くも、而も攻むるに非ざるなり、とある通りだ」

という。確かに、『孫子』では、攻めることなく敵の城を陥落させるのが戦上手だと述べられている。しかし、李勣は、

「お言葉ではございますが、建安城と安市城では、地理的状況が異なります。唐軍の兵糧は、安市城の北方に位置する遼東城にありますが、安市城を越えて建安城を攻めたとき、もし高句麗軍が唐軍の糧道を断ってしまったらどうされますか。必ず、先に安市城を攻めるべきかと存じます。安市城を落とすことができれば、建安城は戦わずに降伏することでしょう」

と反論した。そして、太宗は、

「そなたを将軍に任じたのだから、朕は、そなたの意見に従おう。これから先も、朕が作戦を誤らないようにしてほしい」

と頼んだのである。

高句麗の救援軍を撃破した唐軍

　太宗率いる唐軍が安市城に向かうころ、高句麗では高延寿と高恵真が、高句麗と靺鞨の軍勢15万を率いてきて安市城を救おうとしていた。
　太宗は将軍らに、
「高句麗の救援軍に方策があるとすれば、それは三つしかない。安市城と連携して砦を築き、靺鞨に命じて我々の軍馬を捕獲すれば、わが軍は手も足も出ない。これが上策である。夜陰に乗じて安市城の城兵を逃がそうとするのは中策だし、我々と戦うのは下策だ。そなたらは、まあ、みているがよい。高句麗の救援軍は、必ずや下策を用いるにちがいない」
と語っていた。
　そのころ、高句麗の救援軍において、対盧の高正義は、
「唐の太宗は、国内を平定したばかりか、国外にも盛んに出兵しているのだ。その太宗が、高句麗に大軍を率いてきたからには、むやみに戦うべきではない。我々としては、戦わずに対陣を長引かせ、唐軍の糧道を断つのがよかろう。兵粮が尽きれば、唐軍は戦おうにも戦えず、帰国しようにも道がないから、その時点で我々が勝つのだ」
と献策していたのだが、高延寿は聞きいれなかった。こうして、高句麗の救援軍は、安市城の手前40里（約22km）の地点に、布陣したのである。
　このとき、太宗が恐れたのは、高句麗軍が唐軍との対戦を回避することだった。高句麗軍が唐軍と戦わずに対陣を長引かせれば、敵地に深く侵入した唐軍の兵粮が尽きてしまう。そこで、太宗は、唐軍に高句麗軍を攻撃させ、偽って敗走させることにしたのである。
　高句麗軍と戦った唐軍が偽って敗走すると、高延寿は、
「唐軍もたいしたことないではないか」
といって、唐軍を追撃させる。こうして、高句麗軍は、安市城の手前、東南8里（約4.5km）の地点にある山に布陣したのである。
　この時点で、太宗が再び将軍らを交えて軍議を開くと、長孫無忌は、
「兵法では、敵と戦おうとするときには、まず士卒たちの戦意を知れといいます。それがしが、たまたま、陣中をみていたところ、士卒たちは高句麗軍が攻めて来ると聞いて恐れることはなく、むしろ、武器や武具の手入れをしながら、喜んでおりました。これは、必勝の形といえます。だいたい、唐軍がこれまで勝利を収めることができたのも、陛下の指示に諸将が従ったか

らにすぎません。ここは、陛下の聖断を仰ぎたく存じます」

と提案する。これに対し、太宗は笑いながら、

「諸君がそのようにおだてるのなら、朕が作戦を考えるとしよう」

というと、長孫無忌ら数百騎を従えて、敵陣の様子を観察した。

すると、そこには高句麗軍が40里にもわたって布陣していたのである。これにはさすがの太宗も、愕然としたことだろう。このとき、李道宗は、

「高句麗は国を挙げて援軍を送ってきたのですから、王都である平壌の守備は手薄になっているでしょう。それがしに精兵5000だけをお与えくだされば、平壌を急襲します。そうすれば、高句麗の援軍も驚いて、降伏するにちがいありません」

と太宗に献策した。しかし太宗は、この李道宗の献策は受けいれず、あくまで眼前の高句麗軍と戦おうとする。ただ、太宗としても、まともに戦って勝つことができるとは考えていなかったにちがいない。そこで計略を用いることにしたのである。

駐蹕山の戦い

そこで太宗は、高句麗の陣営に使者を遣わし、高延寿らに伝えさせた。

「朕は、淵蓋蘇文が高句麗の栄留王を殺害した罪を問うために来たのであり、戦うことが目的ではない。そなたの国が兵糧をわが唐軍に供給しなかったので、やむを得ず、いくつかの城を取らなければならなかっただけである。そなたの国が臣下の礼を修めさえすれば、取った城は返すと約束しよう」

これを聞いた高延寿は、すでに太宗が淵蓋蘇文と交渉を始めているものと判断して、高句麗軍の臨戦態勢を解かせてしまったのである。

もちろん、これは、太宗の計略だった。その夜、太宗は、李勣に3000の兵をつけて西方の山に陣を布かせるとともに、長孫無忌と牛進達に1万1000の兵をつけて奇兵とし、山の北側から狭谷へ出て敵の背面を衝くように命じたのである。そして、太宗自身は、4000の兵を率いて、山上に布陣して総指揮を執ることにした。

さて、翌朝になって、高句麗軍では、西方の山に李勣率いる3000の兵が布陣しているのをみて、攻撃をかけ始めた。ところが、李勣の軍は、いわば囮であり、長孫無忌と牛進達が率いる奇兵は、すかさず、高句麗軍の背後を攻撃した。太宗が、旗幟を掲げさせたのは、まさにこのときである。それは、総攻撃の合図だった。

突然の総攻撃に驚いた高句麗軍は、兵を分散させて防ごうとしたが、唐軍の勢いを押しとどめることができない。このとき、唐軍の薛仁貴が、
「高句麗軍の陣営が陥落したぞ！」
と叫んだので、混乱した高句麗軍は、とうとう、総崩れになってしまった。このときの戦いで、高句麗軍は3万余が討ち死にしたという。
　高句麗軍の高延寿と高恵真らは、敗残兵を率いてなおも山に陣を構えて抗戦を試みた。しかし、太宗は、大軍で包囲させるとともに、橋などもすべて破壊して、高句麗軍の帰路まで断つ。こうして、抗戦の不利を悟った高延寿と高恵真は、ついに3万6800人の将兵とともに降伏を願い出たのである。
　太宗は、高句麗軍の将帥3500人を俘虜として唐に連行することを決めただけで、そのほかの士卒はみな釈放した。高句麗の将軍であった高延寿と高恵真は、そのまま、唐軍の将軍として従軍することになっている。しかし、太宗は、靺鞨軍の兵3300人だけは、坑に落として殺してしまった。靺鞨軍が太宗の本陣に攻撃をかけたためだという。この戦いで唐軍が獲得した甲冑は1万領、軍馬は5万頭であった。
　その後、太宗は、本陣をおいていた山の名を駐蹕山に改めた。駐蹕山とは、皇帝が留まった山という意味である。

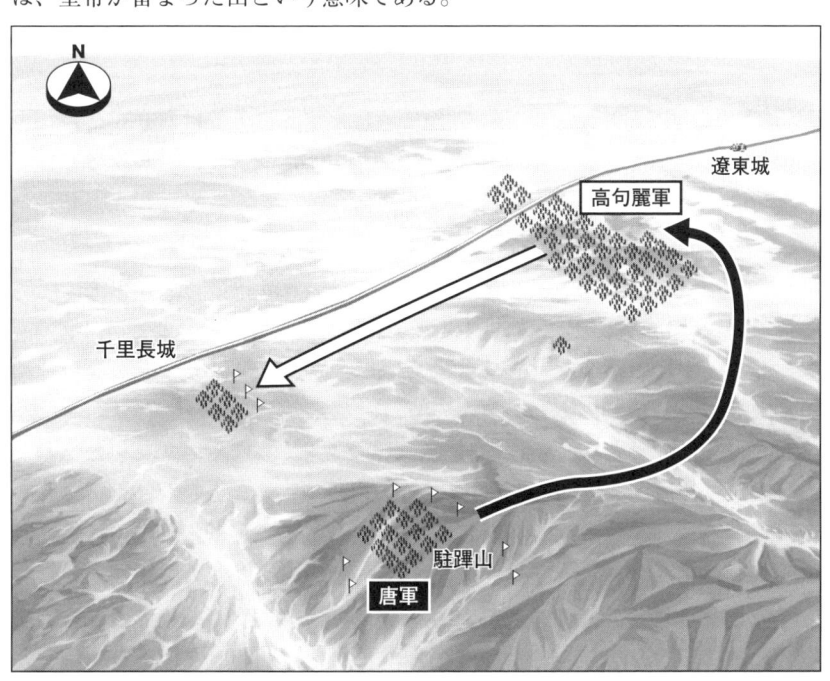

安市城への総攻撃

　駐蹕山の戦いで、安市城を救援しようとする高句麗軍を撃破した唐軍は、そのまま安市城に向かう。そして、安市城の東方の山に本陣をおくと、安市城の総攻撃にかかろうとしたのである。

　しかし、安市城の城兵は城を堅守しており、容易に攻めることができなかった。そうしたなか、すでに唐に降っていた高句麗人の高延寿と高恵真が、太宗に、

　「安市城の城内には、城兵とその家族をはじめ10万余人が籠城しているはずです。この城を落とすのは、そうたやすいものではありません。しかし、烏骨城であれば、その日のうちに落とすことができるでしょう。そのほかの城は、唐軍をみただけで、戦わずに降伏するはずです。そのあと、兵糧を確保して進軍すれば、平壌を落とすことも不可能ではありません」

　と献策すると、諸将も、

　「張亮率いる唐の水軍も卑沙城に帯陣していますから、呼べば2日で合流できるでしょう。高句麗軍が唐軍を恐れている今、陸軍と水軍を合わせて烏骨城を落とし、鴨緑江を渡って平壌に向かうのがよろしいかと思います」

　と、高延寿と高恵真の献策に賛成した。太宗も、この献策を聞きいれようとしたところ、長孫無忌が、

　「陛下が親征されている以上、危険な賭けをするべきではありません。建安城と新城にも、10万人が籠城しております。もし唐軍が烏骨城を落として平壌に向かえば、必ずや高句麗軍は唐軍を追撃してくるでしょう。ですから、まず安市城を落とし、建安城を攻略したあと、平壌に向かうのが万全の策かと思います」

　と反論した。たしかに、高句麗北辺の城を温存させたまま平壌に侵攻しても、高句麗軍に退路を断たれてしまえば、唐軍は危機に陥ってしまう。結局、太宗は、まず安市城を攻略することにした。

　そのころ、安市城の高句麗軍は、唐軍に夜襲をかけようとしていた。しかし、太宗は、城内から鶏と豚の鳴き声がするのを聞いて不審に思い、李勣に、

　「今ごろ鶏や豚の鳴き声がするのは、きっと、兵卒たちの腹を満たそうとしているのであろう。きっと、わが軍に夜襲をかけるつもりだろうから、防備を厳重にしておくように」

と命じておく。その日の夜、高句麗軍が、数百の兵で城壁から縄をつたって降りてきたが、警戒していた唐軍にみつかってしまった。夜襲に失敗した高句麗軍は、唐軍によって攻められて、数十人が討ち取られ、残りは敗走したという。

こうして高句麗軍による夜襲を防いだ唐軍は、いよいよ、本格的な攻城兵器を用いた攻撃に移る。太宗は、まず、衝車や大きい石を飛ばす抛車で城壁を破壊することにした。しかし、高句麗軍がすぐに木柵を立てて、破壊された城壁を修復するため、唐軍は城内に入ることができない。

その一方で、太宗は、李道宗に命じて、安市城の東南の隅に土山を築かせていた。その工事は、昼夜休まずおよそ60日間にわたって続けられ、延べ55万人が動員されたという。完成した土山は、城壁よりも数丈高く、頂上からは城内を一望することができた。唐軍は、この土山を拠点にして安市城を攻撃しようとしたのだが、運悪く土山が崩れ、安市城の城壁を壊してしまう。すると、壊れた城壁から打って出てきた高句麗軍数百人に、土山を占拠されてしまったのである。唐軍は、すぐさま反撃に転じたが、3日経っても、塹壕を掘って守る高句麗軍から土山を奪い返すことはできなかった。

こうしたなか、土山の守備を命じられていた李道宗は、斬首を覚悟して

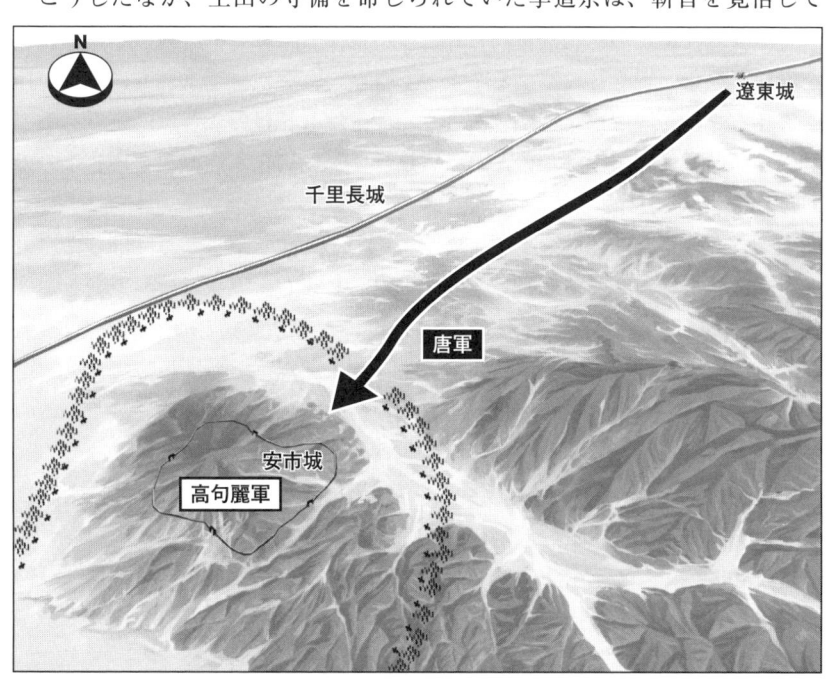

第三章　百済・高句麗の滅亡

太宗に謁すると、太宗は、

「そなたの罪は、万死に値する。しかし、漢（B.C.206年～220年）の武帝（在位B.C.141年～B.C.87年）が王恢を殺したのは、秦（B.C.778年～B.C.206年）の穆公（在位B.C.659年～B.C.621年）が孟明を用いたのに劣るものだと朕は思う。そなたには、蓋牟城と遼東城を落とした功があるから、今回は赦すことにしよう」

といい、李道宗の一命を助けたのである。

これは、軍事行動に失敗した将軍の責任をどうするか、という重要な問題をはらんでいた。君主が酌量せずに将軍を処刑することを明言してしまえば、失敗を恐れる将軍が思い切った行動をとることはない。漢の武帝は、匈奴（B.C.209年～93年）の征討に失敗した王恢に責任をとらせて斬首したが、こうしたことで、将軍の心は武帝から離れ、やがて漢は衰退の一途をたどっていく。一方、秦の穆公は、晋（B.C.1046年～B.C.376年）に敗北した孟明を赦したことで、将軍の崇敬を集め、秦の国力を高めていったのである。こうした故事をふまえ、太宗は李道宗に責任をとらせなかったのだ。

高句麗から撤退する唐軍

唐軍は、安市城を2～3か月間にわたって包囲し、毎日6～7回の小競り合いを繰り返しながらも、攻略することができないでいた。遼東地方に寒気が押し寄せるなか、兵糧が尽きかけた唐軍が、帯陣し続けることは困難であることは容易に想像された。そのため、太宗は、ついに全軍の撤退を命じたのである。

太宗は、李勣と李道宗に4万の軍勢をつけて後軍を命じると、自らは遼東城を経由して遼河を渡河しようとしていた。しかし、遼東城は、遼沢とよばれる遼河下流の湿地帯に位置しており、車馬が容易に通ることはできない。そのため、太宗の命を受けた長孫無忌は、1万余の兵を動員して刈り取った草を埋め、水の深いところでは戦車を橋の代わりにして道をつくった。このとき、太宗も自ら、工事を手伝ったという。

工事が完了し、太宗は遼河を渡って唐国内に帰還した。こうして、太宗による高句麗遠征は終わったのである。一連の戦役で、高句麗軍は4万余人、唐軍は2000人近くが戦死したという。これだけの犠牲を出しながら、唐は、高句麗から奪ったところに遼州・蓋州・巌州の3州を設置したにすぎなかった。実質的には、太宗による遠征は失敗であった。

遠征失敗の原因

　唐の太宗は、高句麗への遠征が失敗に終わったことで、
「朕に諫言してくれていた魏徴がもしまだ生きていたなら、この遠征に反対したであろうな」
と悔い、魏徴の墓に駆けつけ、その墓碑を建て直させたのだった。
　太宗は、都の長安に戻ったあと、兵法家として名高い李靖に、
「朕が大軍を動員しながらも、高句麗に苦しめられたのはなぜだろう」
と聞くと、李靖が、
「それについては、どうぞ李道宗からお聞きください」
と答えるので、太宗は、李道宗に同じことを聞く。すると、李道宗は、駐蹕山の戦いの直前、敵の虚、すなわち手薄な状態に乗じて平壌に侵攻する献策をしたことを述べたのだった。もし、そのときに太宗が、李道宗の献策をいれて、平壌に進軍していれば、安市城の攻略に手間を取られることもなく、高句麗を降伏に追い込んでいたかもしれないというわけだ。これを聞いた太宗は、こう歎いたという。
「あのときは、そこまで考えが及ばなかったな」

新羅国内の反乱

　太宗による高句麗親征は失敗したものの、朝鮮三国に唐の勢威を見せつけるには十分であった。そうしたなか、新羅では647年正月、唐に通じた上大等の毗曇が兵を挙げたのである。上大等とは、大等とよばれる上級貴族をまとめる立場にあり、いわば新羅における最高の官職であった。その上大等の毗曇が蜂起したことで、新羅は混乱に陥ってしまう。
　唐の太宗は、高句麗に出兵する直前、支援を要請する新羅に対し、善徳女王の退位を支援の条件として求めていた。女王では新羅を治めることができないというのが名目的な理由であったが、唐の皇族を新羅王として送り込み、支配しようというのが実質的な目的であったのは間違いない。
　そうした太宗の思惑を知ってか知らでか、毗曇は、
「女王に政治を任せるわけにはいかない」
といって、善徳女王の退位を求めたのである。毗曇が明活山城に本陣をおくと、善徳女王は王宮のある月城を守り、両陣営は、10日あまりにわたって戦闘を繰り広げた。善徳女王も、自ら指揮を執っていたが、そのさなか、正

143

月8日に急死してしまったという。善徳女王の死因については明らかでないが、反乱軍によって討たれてしまったのかもしれない。善徳女王の崩御により、急遽、先々代の真平王（在位579年〜632年）の姪にあたる真徳女王（在位647年〜654年）が即位した。

両軍が対陣するなか、夜中に隕石が月城に落ちたらしい。毗曇は、

「星が落ちた下には、必ず流血があるというではないか。これは、間違いなく、女王が敗れる兆候だ‼」

と、兵卒らを鼓舞した。これを聞いた兵卒の喊声が、明活山城から月城にも聞こえてきたのだろう、真徳女王は、不安でおろおろとするばかりだった。しかし、真徳女王に従う金庾信は、

「吉凶の兆候は決まっているものではありません。人の行いによって、結果が、吉にも凶にもなるものです。星が落ちたことなど、心配にはおよばないでしょう」

と申し上げ、火をつけた案山子を凧に載せて飛ばすと、

「落ちてきた星が、大空に舞い戻ったぞ！」

といって、真徳女王をはじめ月城の城兵を安心させたのである。

そのうえ、案山子が落ちていたところで白馬を犠牲にし、

「毗曇らは、臣下であるにもかかわらず君主に逆らっております。これは、明らかに逆臣であり、天地の間に相容れるものではありません。願わくは、善を善となし、悪を悪となしてください」

と天に祈った。こうして、金庾信が将兵の士気を高めたことで、正月17日、ついに真徳女王は毗曇を討ち取ることができたのである。真徳女王は、反乱軍を追撃したのみならず、その一族を粛清したと伝わる。

この直後、真徳女王は、唐の太宗に、新羅の内情を報告した。2月になって、太宗は新羅に使節を遣わすと、亡き善徳女王に「光禄大夫」を追贈し、ついで新たに真徳女王を「柱国、楽浪郡王、新羅王」に冊封した。

高句麗再征を計画する唐の太宗

　唐の侵攻を受けた高句麗の宝蔵王は、早くも646年5月に、唐に使節を遣わして謝罪するとともに、二人の美女を献じていた。しかし、太宗は、
「国を離れさせては心も痛むであろう。それはかわいそうであるから、朕は受け取らない」
と伝え、使節ともども帰国させたのである。
　太宗が美女の献上を断ったのは、心が痛んだからではあるまい。すでに太宗は、高句麗への再征を決めており、高句麗の朝貢を拒絶することに決めていたためと思われる。
　647年になると、太宗は、高句麗への再征を公言してはばからなくなった。そうしたなかで、名臣といわれた房玄齢は、病床から太宗に次のような書を送っている。

　『老子』には、足るを知れば辱められず、止むを知れば殆うからず、とあります。陛下には、足りないものなどなにひとつないのに、これ以上、何をお望みですか。罪のない兵卒を戦地に赴かせるのは、たいへんに酷なことです。もちろん、高句麗が臣下の礼を違えたり、むやみに百済へ侵攻したりすれば、滅ぼしてもよいでしょう。しかし、隋の恥を雪ぎ、新羅の仇を討つとはいっても、得るものが少なく、失うものが多い状況で、出兵する意味はありません。陛下が高句麗に悔い改める機会をお与えになれば、高句麗だけでなく、周辺諸国も陛下を慕うようになるかと思います

　房玄齢の提言を受けた太宗は、早速、廷臣を集めて討議をさせた。そして、朝議の結果、高句麗の北方に絶えず侵掠を繰り返していけば、その土地から高句麗人が離れ、鴨緑江以北を戦わずして併合できるのではないかということになったのである。
　太宗は、この朝議の結果を重視して、李勣を主将とする3000の陸軍を遼東から陸路で侵攻させ、牛進達を主将とする1万の水軍を萊州から海路で侵攻させた。もちろん、このときの唐軍の目的は、高句麗の諸城を落とすことが目的ではない。唐軍は、城の周囲を侵掠するなどしたあと、すぐに撤退する戦術をとっていた。
　こうした唐による攻撃に業を煮やした高句麗の宝蔵王が12月、太大兄である次男の高任武を唐に遣わして謝罪すると、太宗は赦すことにした。

百済に苦戦する新羅

　高句麗が唐の侵略を受けるなか、高句麗と結ぶ百済の義慈王（在位641年～660年）は、新羅への侵攻を本格化させていく。義慈王は、647年10月、将軍の義直に3000の兵をつけて、新羅の茂山城まで進軍させると、そこで兵を分け、甘勿城など3城を包囲させたのである。
　これに対し、新羅の真徳女王は、金庾信に1万の兵をつけて救援させたが、百済軍が精鋭であったため、新羅の救援軍は手も足も出ない。そうしたなか、金庾信は、勇将として名高い丕寧子を本陣に呼び寄せて、

●百済の新羅侵攻

　「このままでは新羅軍は危うい。そなたでなければ誰がこの窮地を救うことができようか」
　というと、丕寧子は、
　「たくさんの将兵がいるなかで、それがしにお話をくださり、ありがとうございます。ぜひ、それがしにお任せください」
　と答えた。このときすでに、丕寧子は、死を覚悟していたのであろう。本陣を出たあと、従者の合節に向かい、
　「わが息子の挙真は、幼いが強い志をもっているから、必ずや一緒に戦って死のうとするだろう。しかし、父と子がともに死んでしまえば、残された家族は生きていけない。だから、そなたは挙真と一緒にそれがしの遺骨を持って帰り、妻の心を慰めてやってほしい」
　といい残した。そして、兵を率いて百済の陣に突入したが、鉄壁の守備を固める百済軍を崩すことはできない。丕寧子は、数人を討ち取ったものの、結局は戦死してしまったのである。
　この様子をみていた丕寧子の子である挙真も、やはり百済の陣に突入しようとする。しかし、従者の合節は、
　「父上はそれがしに、挙真様と家に帰り、母上の面倒をみるようにおっしゃられました。ここで戦死してしまったら、とても孝行とはいえません」
　といいながら、馬の轡を取って放さなかった。挙真は、
　「父が死ぬのを見て、生き延びようとするのが孝行ではあるまい」

といい、敵陣に突入したあげく、討ち死にしてしまう。これをみた合節もまた、百済軍と戦ったが、ついに戦死した。

勢いを利用するのが兵法の鉄則である。丕寧子・挙真父子は、その流れをつくったといえるだろう。父子の話が新羅軍のなかに広まったことで、兵士たちの戦意は高まり、百済軍を撃破すると、3000余を討ち取ったという。百済軍は、新羅軍によってほとんど壊滅させられてしまったのだった。

倭に向かう金春秋

高句麗と結んだ百済の侵略に苦しめられた新羅の真徳女王は、647年、伊尺湌の金春秋を倭に派遣して、支援を要請する。倭と和親を結んでいた任那や安羅などの伽耶諸国を新羅が併合して以来、新羅と倭との外交は冷え切っていたが、高句麗と百済に挟まれた新羅にとって、頼るべき隣国は、倭しかなかったのである。

このとき、倭で金春秋を迎えたのは、高向玄理であった。高向玄理は、遣隋使として隋にも赴いたことがあり、外交にも通じていたからである。高向玄理は、語学にも通じていたから、もしかしたら、通訳をはさまずに金春秋と会話することもできたかもしれない。『日本書紀』には「春秋は姿顔美しくして善みて談笑す」と記されており、倭においても、かなり好意的に評価されていたことがわかる。

だが、結局、倭が新羅を支援することにはならなかった。翌648年2月1日、倭から高句麗・百済・新羅3か国に学問僧が派遣されているが、おそらくこのとき、金春秋も帰国したのではないだろうか。

唐に入朝する新羅の金春秋

金春秋が倭から新羅に帰国した直後の648年、新羅の真徳女王は、金春秋とその子である金文王を唐に入朝させた。あるとき唐の太宗が、

「そなたは何か申したいことでもあるのか」

と金春秋に聞くと、金春秋は、

「わが新羅は、唐にお仕えしてからすでに30年になろうとしております。しかし、近年、百済がわが新羅に侵入してきて、唐に朝貢するための道を閉ざしてしまいました。もし、陛下が新羅を救ってくださらなければ、新羅は朝貢できなくなってしまいます」

と訴えた。太宗は、金春秋の訴えを聞きいれ、支援を約束したという。

さらに、金春秋は、唐から新羅に帰国するにあたり、
「それがしには7人の子がおります。ぜひ、陛下のそばで宿衛の任に当たらせてください」
と太宗に依頼する。宿衛とは、唐に1～2年留まって、皇帝の近くに仕える職務のことをいう。実質的には人質であったが、皇帝に近侍することで、唐と新羅の外交を仲介するようになるなど、次第に新羅には欠かせない存在になっていったものである。このとき、金春秋は、子の金文王を宿衛に就かせるため唐に残し、自らは新羅に戻っていった。

しかし、黄海上で、新羅の船は、高句麗の軍船に拿捕されてしまう。そして、高句麗兵は、丈の高い冠をかぶり正装した人物を金春秋だと判断して殺してしまった。しかし、実際に殺されたのは一行の温君解で、金春秋は小舟に乗って逃れることができたという。おそらく、温君解は、金春秋の身代わりとなったにちがいない。真徳女王は、亡き温君解に大阿湌の官位を追贈し、その子孫にも恩賞を与えた。

唐の服制を採用する新羅

金春秋が唐から新羅に戻った直後の649年正月から、新羅では、中国の衣冠を着用することにした。金春秋が使節として唐に赴いた際、唐の太宗から唐の服制を採用する許可を得ていたからである。

唐では、すでに630年の時点で、太宗が服制を定めていた。このとき決められた服制によると、官人のうち、三品以上は紫色、五品以上は緋色、六品と七品は緑色、八品と九品は青色の衣服を着用することになっている。

こうした服制は、身分による秩序を目に見える形で示すものとして、中国では特に重要視されていたものである。新羅は、唐の服制を採用することで、唐に対しては唐を模範にしていることを印象づけながら、高句麗や百済に対しては、唐と緊密な関係にあることを誇示したことになる。新羅としては、まさに一石二鳥の優れた戦略であったといえるだろう。

追いつめられる新羅

太宗の崩御

　新羅に支援を約束していた唐（618年～907年）の太宗（在位626年～649年）は、648年9月、薛万徹を主将、裴行方を副将とする3万余の水軍を、先鋒として莱州から海を渡って高句麗を攻撃させることにした。前回、遼東から陸路で攻め入って失敗した太宗は、直接、水軍によって高句麗の王都である平壌に攻め込もうとしたのである。
　海を渡って鴨緑江に入った唐の水軍は、泊灼城の南側40里（約22km）のところに留まって陣を布く。これに対し、泊灼城を守る高句麗の所夫孫は、1万余の軍勢を率いて防戦に努めた。また、高句麗の宝蔵王（在位642年～668年）も将軍の高文に命じ、烏骨・安市などの諸城から3万余の軍勢を率いて援軍に向かわせたが、この援軍が唐軍に敗れてしまう。こうして、高句麗の防備態勢は、崩れてしまった。
　唐軍の先鋒が高句麗軍に勝利を収めたことで、太宗は、全軍をあげての総攻撃を計画する。そして、莱州刺史の李道裕に命じ、兵糧や武器などを備蓄させ始めたのである。しかし、太宗は、翌649年7月、急に崩御してしまう。そして、太宗の九男である李治が即位して高宗（在位649年～683年）となると、太宗の遺詔として高句麗への出兵を中止させた。
　もちろん、高句麗遠征を中止させる太宗の遺詔が実際に存在したものかどうかはわからない。実際には、高宗を補佐する立場の長孫無忌の意向で、遠征の中止が決められたように思われる。事実、長孫無忌が失脚する659年4月まで、唐において高句麗遠征が議論された形跡はない。

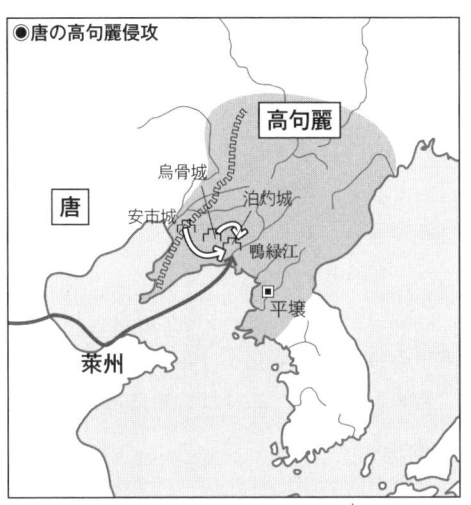

新羅に大敗する百済

　唐の太宗が崩御して高句麗への出兵を中止したことを聞いた百済の義慈王（在位641年～660年）は、唐による新羅への救援もないものと判断し、新羅への侵攻を図る。そして、649年8月、佐平の殷相に命じて漢江南岸の新羅領に侵入させ、新羅の7城を攻略させたのである。

　これに対し、新羅の真徳女王（在位647年～654年）は、金庾信を主将として救援に向かわせる。百済軍との小競り合いが繰り広げられるなか、金庾信は、全軍を道薩城の近くに布陣させ、兵卒や軍馬を休養させることにした。このとき、金庾信は全軍に、

　「陣を固く守り、持ち場を離れてはならない。明日、援軍が到着したら百済軍の陣に総攻撃をかける」

　と布告したが、これは、新羅軍に入り込んでいる百済軍の間者を騙すための謀略であったらしい。

　百済の間者が陣営に戻ってから佐平の殷相に報告すると、殷相は、

　「新羅軍は、さらに増えるというのか」

　と、恐れるようになった。こうして、百済軍が新羅軍との戦いに躊躇し始めたときを見計らって、金庾信は百済軍の陣に総攻撃をかけ、撃破したのである。

　大敗した百済軍では、9000人弱が討ち取られ、100人が生け捕りにされたという。

唐に勝利を告げる新羅

　百済との戦いに勝利を収めた新羅の真徳女王は、650年6月、金春秋の子である金法敏を唐に遣わして、前年、百済軍を撃破した旨を高宗に報告した。このとき、真徳女王は、自ら詠んだ漢詩を錦に織らせて、献上しているが、それは、概ね次のようなものである。

　　大唐、大業を開創し、高くも高き皇帝の謀策、昌んなり

　　戦いやみ、兵士みなやすらぎをえ、文治をたっとぶに百王の後を継ぎたり

●百済の新羅侵攻

天を統御したれば貴き雨降り、万物を治めたれば物みな光彩を含む
　深き仁徳は日月に比ぶべく、巡る運数は古の陶唐の世へとむかう
　幡旗ひるがえる、何ぞいとも赫々たる
　鉦鼓のうるわしき音、何ぞいとも鍠々たる
　外夷の帝命にそむく者、刀刃に倒れて天罰を受く
　淳厚の風は、暗き所、明るき所に集まり、遠き近きより、競いて祥瑞を献る
　四時は玉燭の如く和ぎ、七旺は万邦を巡る
　嶽よりは宰輔を降し、帝は忠良に任す。五帝三皇の徳を一つに成し、明るく唐皇をば照らすなり

　高宗の徳が天下にあまねく行き渡っていることを謳ったもので、これ以上の賛美はあるまい。真徳女王から贈られた漢詩を喜んだ高宗は、金法敏を大府卿に任じたうえで、新羅に帰国させた。

百済を諭す唐

　新羅が唐との結びつきを深めるなか、百済の義慈王が651年、使節を唐に遣わすと、唐の高宗は次のような国書を義慈王に送った。

> 朝鮮三国は、歴史が古いこともあり、それぞれの領土が入り組んでしまっている。このため、近年、三国が互いに争うことになったものであろう。だが、天下を治める立場として、朕は、この状況が続くことに憐憫の情を感じずにはいられない。昨年に入朝した新羅の使臣である金法敏は、高句麗と百済に奪われた故地を取り戻すために唐の援軍を請い、援軍が得られなければ、自力で取り戻すと言っていた。新羅の訴えは理に適っていたので、朕としても、認めざるをえない。そなたは、奪った城を新羅に返すべきであるし、新羅もまた、百済の俘虜を帰すべきである。そうすれば、朝鮮三国は平和に戻るであろう。そなたが朕の命に従わなければ、新羅が要請する通り、そなたの国と決戦しなければなるまい。もちろん、高句麗にも、そなたの国を支援しないよう命じておくし、もし高句麗が命に背けば、契丹などを高句麗へ侵攻させることになろう。そなたは、朕の言葉をよく理解し、後悔しないようにせよ

　高宗から義慈王に宛てられた国書は、全くの脅迫であり、義慈王としても、聞きいれないわけにはいかなかった。そして、652年正月、百済は高句麗とともに唐へ朝貢したのである。

第三章　百済・高句麗の滅亡

武烈王の即位

新羅では654年、唐との関係を盤石に築き上げた真徳女王が崩御した。このことを報された高宗は、自ら追悼式を挙げるとともに、配下の張文収を使節として新羅に遣わし、亡き真徳女王に「開府儀同三司」の称号を追贈したのである。

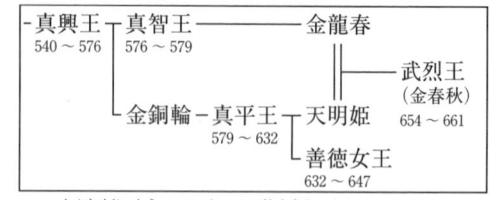

```
┌真興王──┬真智王─────┬金龍春
 540～576 │576～579    │      ┐
         │            │      ├武烈王
         │            │      │(金春秋)
         └金銅輪─真平王┬天明姫 │654～661
                 579～632    ┘
                      │
                      └善徳女王
                        632～647
```

真徳女王は、独身であったらしく、跡を継ぐべき実子もいなかった。このため、次の王が即位するまでの間、新羅の群臣は、上大等の金閼川を推戴しようとする。しかし、金閼川は、

「それがしは、年を取りすぎておる。いま、人望があるとすれば、金春秋公をおいてほかにいないだろう」

といって摂政を固辞した。金春秋は、真智王（在位576年～579年）の孫にあたり、母は真平王（在位579年～632年）の娘である。王位を継ぐ資格は、十分にあったといえよう。こうして、群臣に奉じられた金春秋が即位して、武烈王（在位654年～661年）となったのである。唐の高宗は、武烈王を真徳女王と同じく「楽浪郡王、新羅王」に冊封するとともに、「開府儀同三司」の称号を贈った。

即位したばかりの武烈王は、早くも654年5月、唐の律令を模範として、「理方府格」60余条を制定したという。この「理方府格」は現存しないので、具体的にどのような内容のものであったのかはわからない。ただ、唐にならって、法に基づく中央集権国家をつくろうとしていたのは確かだろう。こうして、新羅は、さらに唐との結びつきを強めていったのである。

新羅に侵攻する百済

新羅で武烈王が即位したころ、百済の義慈王は、その不安定な時期をねらって新羅に侵攻しようとしていた。そして、655年正月、ついに義慈王は高句麗・靺鞨とともに、新羅に総攻撃をかけたのである。

これに対し、武烈王は唐の高宗に支援を要請する。高宗は、まず、百済と結ぶ高句麗を討つことで、百済を牽制しようとし、程名振・蘇定方らに命じ、遼河を渡河して高句麗に侵入させた。これに対し、高句麗軍は、唐軍の軍勢

が少ないのをみて迎え撃ったものの、1000余人が討ち取られたという。

　一方、新羅の武烈王は、金庾信や金歆運に命じ、百済に包囲された刀比川城などに救援軍を送った。刀比川城は金庾信によって救援されたが、そのほかの城では苦戦が続いていたらしい。救援に向かった金歆運率いる新羅軍は、百済軍と対峙したが、新羅の陣は、夜陰に乗じた百済軍に急襲され、総崩れになってしまう。

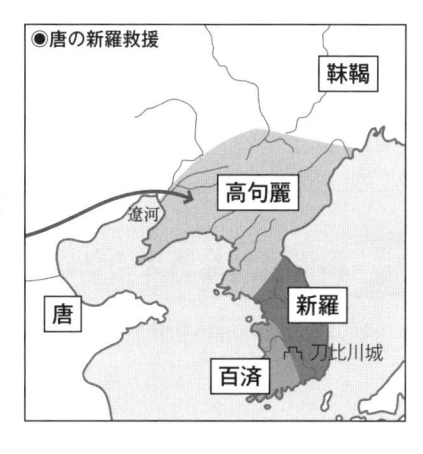

●唐の新羅救援

　主将の金歆運が、自ら前線に出ようとすると、大舎の詮知は、

「この暗闇のなかでは、たとえ閣下が討ち死にされても、誰にもわかりません。だいたい、閣下は新羅の貴族でいらっしゃるのですから、百済に討たれては、新羅の恥になってしまいます」

と諫めたのだが、金歆運は、

「人が知ろうが知るまいが、そんなことは関係がない。名誉などを求めているわけではないのだ」

といい、刀を抜いて振りまわしながら出撃すると、百済兵数人を討ち取ったすえに、自らも戦死してしまう。このとき、配下の穢破と狄得も、金歆運とともに戦死している。

　金歆運の戦死を知った歩兵隊長の宝用那は、

「金歆運公は、貴族であっただけでなく、臣民にも愛されていたにもかかわらず、忠節を尽くして討ち死にしたのだ。それがしが生きながらえたからといって新羅の利益になることもなく、死んだからといって新羅の損失となることもない。おめおめと生きて帰ることなどできようか」

というと、百済軍の陣に突入して、百済兵3人を討ち取ったあと、戦死してしまったのである。

　武烈王は、金歆運と穢破には一吉飡を、宝用那と狄得には大奈麻の官位を追贈した。この話を聞いた臣民は、歌をつくってその死を悼んだという。

　高句麗・靺鞨と結んだ百済との一連の戦いで、新羅は国境周辺の33城を奪われた。このあとも百済に圧迫され続けた新羅は、よりいっそう、唐と緊密な関係を結ぶことで事態の打開を図ろうとしていく。

百済の滅亡

百済征討を訴える新羅

　高句麗と結ぶ百済が新羅への圧力を強めるなか、659年4月、新羅は百済によって独山と桐岑の2城を奪われてしまう。こうしたなか、新羅の武烈王（在位654～661）は、唐（618年～907年）に使節を遣わし、百済の征討を高宗（在位649～683）に要請したのである。

　百済出兵の可否については、その後、唐でも朝議が頻繁に行われたと思われるが、高宗が新羅の使節に対し、出兵の可否を明言した形跡はない。すでに高句麗と対峙している高宗が、簡単に百済とも戦端を開くことなど即答できるわけもなかった。

　当然、色よい返事がもらえなかった武烈王は落胆した。このまま百済に圧迫され続ければ、新羅の王都である金城までもが陥落する危険性さえあったからである。

百済出兵を決めた唐

　唐において、百済に出兵することが正式に決まったのは、659年11月ごろのことであったらしい。この年の4月、高句麗遠征に反対していた高宗の伯父にあたる長孫無忌が、高宗の皇后である則天武后と対立して失脚し、自害に追い込まれていた。こうして、反対する者がいなくなった段階で、高宗と則天武后は、高句麗遠征を計画し始めたのである。

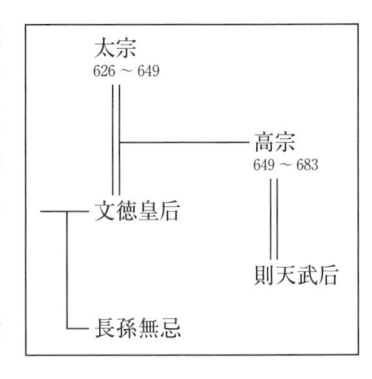

```
太宗
626～649
   │
   ├────── 高宗
   │       649～683
文徳皇后      │
   │       則天武后
長孫無忌
```

　唐としては、宗主としての権威を守るためにも、新羅の派兵要求を無視し続けることはできなかった。すでに唐は、657年、長期にわたって抗争を繰り広げてきた西突厥（582年～741年）を服属させており、高句麗のほか、百済とも戦端を開くことも可能だと判断したのである。

当初、唐の高宗は、まずは陸続きの高句麗に侵攻して、高句麗を平定する戦略でいた。しかし、このときになって、海路から百済に侵攻し、百済を平定したあと、新羅とともに高句麗を挟み打ちにする戦略に切り替えたのである。

抑留された遣唐使

　659年閏10月30日、倭から派遣されていた遣唐使は、たまたま洛陽に来ていた高宗に謁見を許されていたのだが、謁見の1か月あまりのち、

　　唐は来年、朝鮮に出兵することになった。だから、今、倭の使節たちを
　　帰国させるわけにはいかない

という勅命がくだり、帰国をとめられてしまったのである。
　倭は百済と和親を結んでいたから、唐は、倭から出兵の計画が漏れることを恐れたにちがいない。遣唐使は、各自それぞれ別な場所に幽閉され、互いに連絡をとることも許されなかったという。
　結局、遣唐使が帰国を許されたのは、唐による百済出兵が終わってからのちのことだった。

唐軍の出兵

　660年6月、高宗は、蘇定方を主将とする水陸13万の大軍を莱州から海路で百済に侵攻させた。このとき、武烈王の子である金仁問は、ちょうど唐の都の長安（現在の西安）で宿衛の任に就いていたのだが、百済の地理に詳しいことを見込まれて、唐軍の副将として百済に出兵することを命じられている。
　また、高宗は、新羅の武烈王を嵎夷道行軍摠管に任じ、新羅軍の出兵を指示していた。こうして、唐・新羅の連合軍が、百済に侵攻していくことになったのである。なお、唐・新羅軍を統括するのは、神丘道行軍大摠管に任じられた蘇定方であり、武烈王は、その指揮下にはいることになった。

●唐の百済侵攻

唐軍を迎える新羅軍

百済出兵の命を受けた新羅の武烈王は、6月18日、南川に着陣した。ここで、武烈王は、唐軍に従軍していた金仁問から、蘇定方率いる唐軍が徳勿島に着陣して兵を休めていることを知らされる。そのため、武烈王は、太子の金法敏に命じ、軍船100艘とともに徳勿島で蘇定方を迎えさせることにしたのである。武烈王としては、唐の援軍がどれほどの規模であるのかということも、知りたかったにちがいない。

徳勿島に着いた金法敏に対し、蘇定方が

「唐軍は海路を進むので、新羅軍は陸路を進み、7月10日を期して、百済の王都である泗沘で合流したい」

というと、金法敏が、

「わが君は、唐の援軍を首を長くして待ち望んでおりました。閣下が来られたことを聞けば、たくさんの兵粮を泗沘まで運ばせることでしょう」

と答えた。これを聞いて満足した蘇定方は、金法敏を帰させている。

一方、金法敏から唐軍の威容を聞かされた武烈王は、喜びに堪えなかったという。早速、金法敏に命じ、金庾信・金欽純・金品日らとともに精兵5万を率いて百済に向かわせると、武烈王自身も、沙羅に陣を移した。

防御の策を練る百済

唐軍の出兵を聞いた百済では、義慈王（在位641年〜660年）が群臣を集め、防御の対策について議論させていた。このとき、佐平の義直は、

「唐軍は遠く海を渡って来ましたから、水に慣れていない兵は必ず疲れているはずです。上陸した唐軍が陣を固める前に急襲するのがよいでしょう。新羅軍にしても、唐の援軍を得たことで油断しているはずです。唐軍の戦況が不利になったら、おそらく、単独で戦うこともできません。ですから、まずは唐軍と決戦するのがよいかと存じます」

と献策した。これに対し、達率の常永は、

「しかし、唐軍は遠方から来ていますから、兵粮のことを考え、できるだけ早く戦おうとするはずです。戦意の高まっている状態の唐軍に、戦いをしかけるべきではありません。一方、新羅軍は、わが百済軍にしばしば敗れていますから、今回も、百済軍の兵勢をみれば、きっと恐怖を感じるでしょう。唐軍と戦わずに対峙してその疲労を待ちながら、新羅軍を攻撃するべき

かと存じます」

と反論した。義直と常永の意見は、どちらにもそれなりの説得力があったため、義慈王は決めることができない。このため、罪を得て流配されていた佐平の興首に使者を遣わし、

「事が急である。どうすればよいであろうか」

と意見を求めたのである。おそらく、この興首が兵法に通じていたからであろう。興首は、

「唐軍は、ただでさえ軍勢が多く、軍律も厳しいのに、今は、新羅とも結んで百済を挟み打ちにしようとしております。もし、平地で戦えば、万が一にも勝つことはできません。ですから、錦江河口の白江と、泗沘への要路である炭峴を固め、唐軍と新羅軍の侵入を防いでください。そうすれば、両軍が泗沘に到達する前に兵粮は尽きるでしょう。このとき、反攻に転じれば、必ずや勝つことができると存じます」

と、自らの考えた作戦を提案した。

しかし、義慈王が興首の献策を近臣に諮ると、

「興首は殿下に怨みがあるからそのようなことをいうのでしょう。白江と炭峴が要路だというのなら、わざと唐軍には白江をさかのぼらせ、新羅軍には炭峴を通らせてはいかがですか。白江の流れが急で戦列が組めないところで唐軍を撃ち、炭峴の道が狭くて戦列が組めないところで新羅軍を撃つのです。そうすれば、あたかも籠の中にいる鶏を殺し、網にかかった魚を拾うのと同じではないでしょうか」

という。義慈王は、この白江と炭峴に侵入させたうえで、唐軍と新羅軍に攻撃をかける作戦を採用することにしたのである。

黄山原の戦い

そのころ、新羅軍が炭峴を越えて泗沘に向かっているという情報を得た義慈王は、将軍である達率の階伯に5000の軍勢をつけ、黄山で新羅軍を迎え撃つことを命じた。しかし、このとき、すでに階伯は、百済軍に勝機が少ないことを悟っていたらしい。出陣を前に、

「唐・新羅の大軍と戦う以上、百済軍が壊滅する恐れもあろう。自分の妻子が捕らわれて奴隷にでもされるのは耐えられない」

といって、妻子を殺害してしまったのである。こうして、階伯は、不退転の決意で出陣すると、黄山原で3か所に陣を布いた。

金庾信率いる新羅軍が黄山原に着陣したのは、7月9日のことだった。百済軍が新羅軍に攻撃をかけようというとき、階伯は全軍を前に、
「かつて、越（B.C.600年頃～B.C.334年）の勾践（在位B.C.496年～B.C.465年）は5000の軍勢で呉（B.C.585年頃～B.C.473年）の70万の大軍を破った！　今日は、百済が新羅を破り、国恩に報いるのだ‼」
　と鼓舞する。越王勾践が5000の軍勢で呉軍を破ったというのは、B.C.494年に行われた会稽山の戦いを指しているものと思われる。このとき、会稽山に立て籠もった越王勾践は、呉王夫差（在位B.C.496年～B.C.473年）の大軍に包囲されたが、5000の軍勢で決戦を臨むと脅して、和睦を獲得した。必ずしも越軍が呉軍を破ったとはいえないが、越が滅亡を免れたのは事実である。こうして、戦意の高まった百済軍の兵卒が、一騎当千の働きをしたため、新羅軍は退却するほかなかった。
　その後、百済軍と4回戦っていずれも敗れた新羅軍は、決死の作戦に打って出る。新羅の将軍である金欽純は、自分の子の金盤屈を呼び、
「臣としては忠義が第一であり、子としては孝行が第一である。危険なときにこそ命を懸けて戦えば、忠義と孝行の両方を尽くすことができよう」
　というと、金盤屈は、父のいわんとしていることを理解したのだろう。
「仰せのとおりに致します」
　と答えてから、ただちに百済軍の陣に突入して奮戦したあげく戦死した。
　また、同じく新羅の将軍である金品日も、子の金官昌を呼ぶと、全軍の前で、
「そなたは、若くとも勇気がある。今日こそは、その勇気をふるい、名をあげるときではないか」
　といった。金官昌は、
「もっともでございます」
　といい、馬にまたがり槍を横に持って、百済軍の陣に突入していく。金官昌は、百済の兵数人を討ち取ったものの、衆寡敵せず、捕らわれてしまう。そのまま、百済軍の本陣に連行され、階伯の前に引き出された。
　階伯が、首を刎ねようとして金官昌の冑を脱がせると、まだ少年であったことに驚き、
「新羅の兵は、少年ですらこのように勇敢なのだ。まして、大人であれば、なおさらであろう」
　と歎じ、金官昌の一命を助け、新羅の陣に帰すことにした。

こうして、新羅の陣に生還した金官昌であったが、父に、

「先ほど敵陣に突入したのに、敵将の首をとることができなかったのは、死を恐れたためではありません。今度は必ず成功させてみせます」

というやいなや、井戸の水を飲んだ後、また敵陣に突入していったのである。金官昌は再び捕らえられてしまったが、さすがの階伯も、もう容赦しなかった。金官昌の首を斬り、その首を馬の鞍につないで新羅の陣に送り返したのである。

金官昌の首を受け取った金品日は、わが子の首を持ち上げ、袖で血を拭いながら、

「せがれの顔を見るがよい。まるで生きているようではないか⁉ 国のために死んだのだから、せがれも悔やんではおるまい‼」

と全軍に檄を飛ばした。これを聞いた新羅の兵卒は、みな発憤し、全軍の戦意が高まっていく。そうしたなかで、金庾信は、百済軍への総攻撃を命じたのである。

戦意の高まった新羅軍を百済軍は防ぐことができず、百済軍は総崩れとなってしまう。ついには階伯も討ち取られ、百済軍では、佐平の忠常・常永ら20余人が新羅軍の俘虜となった。

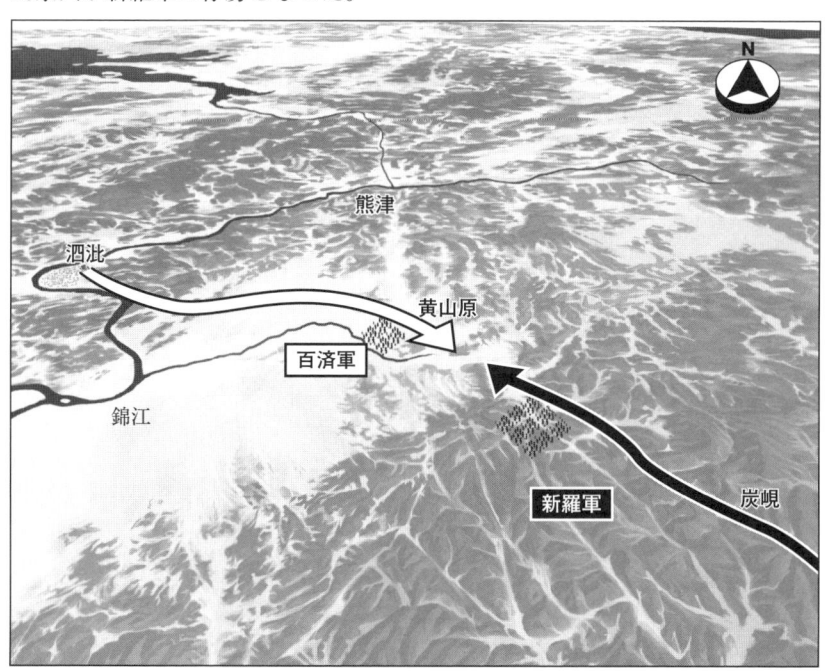

第三章　百済・高句麗の滅亡

白江の戦い

　新羅軍が炭峴を越えて百済の王都である泗沘を目指していたころ、蘇定方・金仁問率いる唐軍は、海路を経て白江に入った。唐軍は、白江を遡上して、百済の王都である泗沘を目指そうとしていたのである。

　しかし、白江口には、すでに百済軍が迎撃の態勢を整えていた。そこで、唐軍は白江口で上陸し、百済軍に戦いを挑もうとするのだが、河岸がぬかるんでいるため、進軍すらおぼつかない。このため、唐軍は、ぬかるみに柳のむしろを敷いて進軍しなければならなかった。

　白江の左岸の山地に陣をおいた唐軍は、7月9日、百済軍に総攻撃をかける。このとき、百済軍は唐軍の攻撃を防ぐことができず、大敗してしまう。勝利を収めた唐軍は、白江を遡上して泗沘に向かうと、泗沘から30里（約17km）のところで、百済軍を再び撃破した。この戦いで、百済軍は、1万余が討ち取られたという。

　こうして、白江を守る百済軍を大破した唐軍は、泗沘の近郊に着陣し、炭峴を越えてくる新羅軍の到着を待つことにした。唐軍と新羅軍が合流してから、泗沘を包囲しようとしたのである。

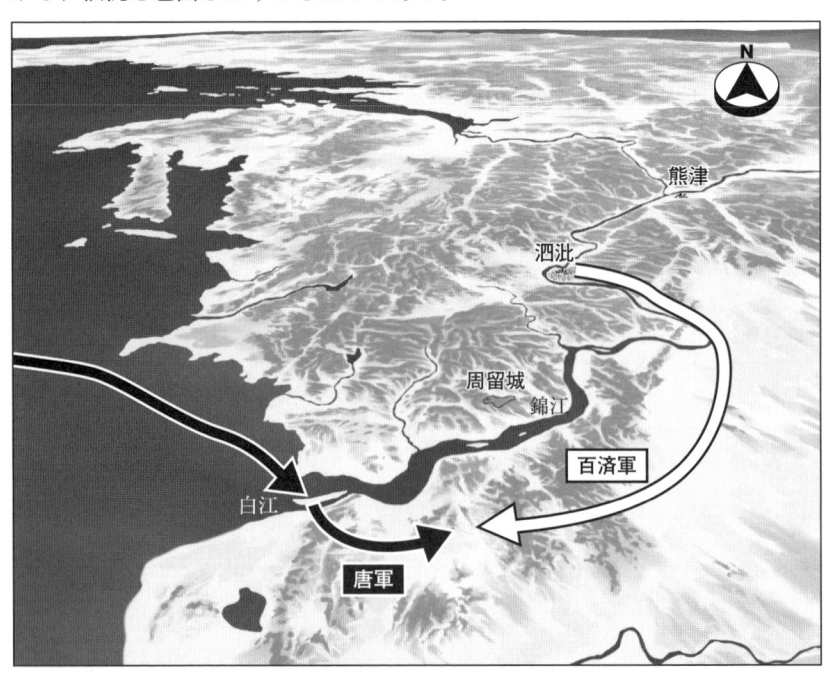

泗沘に迫る唐・新羅軍

　新羅軍は黄山原の戦いで足止めをされていたため、泗沘への着陣が唐軍との約束の期日である7月10日に遅れてしまった。そのため、唐軍の蘇定方は、期日を厳守しなかったという理由で、新羅軍の軍監であった金文穎の首を斬ろうとする。このとき、金庾信は、新羅の兵卒に向かって、
　「唐軍は、黄山原の戦いがどんなであったかも知らずに、ただ期日の遅れたことを罪だという。しかし、罪もないのに斬首されるというような恥辱を受けるわけにはいかない。こうなったら、唐軍と決戦してから百済を破るほかはないだろう」
　と檄を飛ばす。このため、唐軍の董宝亮が、
　「このままでは、新羅軍が背きかねません」
　と伝えると、蘇定方はすぐに金文穎の罪を赦すことにした。

義慈王の降伏

　唐軍と新羅軍が合流して、百済の王都である泗沘に向けて進軍するなか、百済の義慈王は、使者を遣わして撤退を要請したが、もちろん、蘇定方がそのような要請を認めるはずもない。最終的には、義慈王の庶子が、自ら

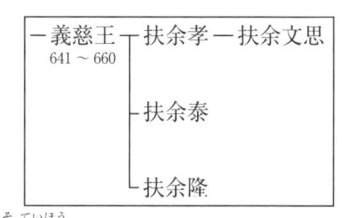

```
―義慈王―┬―扶余孝―扶余文思
 641～660│
         ├―扶余泰
         │
         └―扶余隆
```

6人の佐平を引き連れて謝罪をしたものの、蘇定方はこれを認めず、追い返したのだった。そして、唐・新羅軍が泗沘に迫るなか、義慈王は百済の敗北が避けられないのを悟り、7月13日、夜陰に乗じて嫡男の扶余孝や近臣とともに熊津城に逃れたのである。
　義慈王と長男の扶余孝が退去したあと、泗沘城では、義慈王の次男である扶余泰が王と称して抵抗を続けた。そうしたなかで、扶余孝の子である扶余文思は、叔父にあたる義慈王の三男で太子であった扶余隆に相談する。
　「王が城外に出たあと、叔父が勝手に王となってしまいました。唐軍が包囲を解いて去ったとしても、われらは無事にすみましょうか」
　扶余隆も、このまま城内にとどまるのは危険だと判断したのだろう。扶余文思のほか、佐平の沙宅千福らとともに城を退去することに決めたのである。扶余隆らが縄をつたって城壁を下りていくと、それに従う城兵も少なくなかった。このため、扶余泰も、引き戻すことができなかったという。

城外に出た扶余隆は、唐・新羅軍に降伏した。このとき、新羅の金法敏は、扶余隆を馬の前に跪かせると、

「かつてお前の父は、罪もない妹を殺したな。そのことで20年間も心を痛めてきたのだ。いま、お前の命はわが手中にあることを忘れるな」

と顔に唾を吐きかけて罵った。642年に百済軍が新羅の大耶城を攻略したとき、大耶城の城督である金品釈に嫁いでいた金法敏の妹は、自害に追い込まれていたからである。金法敏の言葉を聞いた扶余隆は、地面に平伏して何もいえなかった。

扶余隆らが降伏したあとも、泗沘城では扶余泰が抵抗を続けていた。しかし、蘇定方が唐軍を泗沘城の城壁に登らせて唐の旗幟を立てさせると、扶余泰もついに観念する。そして、泗沘の城門を開けて降伏したのである。

泗沘城が開城して、唐・新羅軍が城内に進入するなか、王宮に仕えていた3000余の宮女は、西端の絶壁から錦江に身を投じたという。この場所は、現在、「落花巌」とよばれている。

泗沘城が陥落したことで、熊津に逃れていた義慈王も、抵抗を諦めた。そして、7月18日、義慈王は嫡男の扶余孝とともに、熊津駐留の百済軍を率いて降伏したのである。

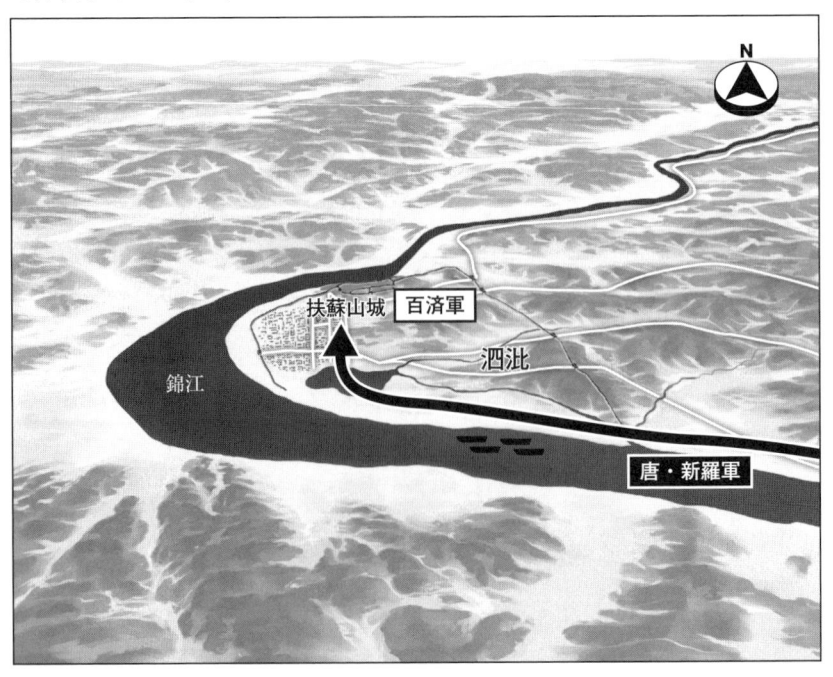

新羅の戦後処理

　義慈王が降伏したことによって、一時は新羅を追いつめた百済は、ここに滅亡したのである。滅亡時の百済には、5部・37郡・200城・76万戸があったという。

　8月1日には、熊津を攻めていた唐・新羅軍も泗沘に集結し、翌8月2日には、泗沘城で酒宴を催し、将兵を労うことになった。このとき、新羅の武烈王や唐の将軍である蘇定方は、もちろん、王宮のなかで着座していたが、義慈王と太子の扶余隆は、王宮の庭に着座させられたのである。しかも、義慈王は、時折、酌を命じられたりしたものだから、これをみて、咽び泣かない遺臣はいなかったという。

　そして、このとき、捕らえた俘虜に対する処分も行われた。最も過酷な処分を受けたのが、新羅人の黔日である。武烈王は、黔日に対し、

　「百済が大耶城を攻めたとき、城の兵糧に火をつけたお前のせいで、城は落城したのだ。これが一つ目の罪である。そして、お前は城督の金品釈の夫妻を脅かして自害に追い込んだ。これが二つ目の罪である。さらにお前は、こともあろうに、百済人とともにわが国に攻めてきた。これが三つ目の罪である」

　といって、黔日を四肢切断の刑に処し、遺骸を錦江に投げ込んだ。

俘虜を唐に連行する蘇定方

　百済が滅亡したのちも泗沘に留まっていた唐の蘇定方は、9月3日、義慈王と王子の扶余孝・扶余泰・扶余隆・扶余演および大臣ら88名のほか、俘虜1万2870名を引き連れて、船で唐に帰国した。このとき、新羅からは、武烈王の子である金仁問のほか、沙飡の金儒敦らが蘇定方に従って唐へ向かっている。

　唐の高宗に謁見した義慈王は、赦免され、一命を助けられることになった。しかし、唐までの長旅で疲労したうえ、百済を滅亡させてしまったという心労もあったのだろう。唐に着いて数日後に病死してしまったのである。高宗は、義慈王に「金紫光禄大夫、衛尉卿」を追贈し、中国の三国時代（220年～280年）における呉（222年～280年）の末代皇帝孫晧（在位264年～280年）や南北朝時代（439年～589年）の陳（557年～589年）の末代皇帝陳叔宝（在位582年～589年）の墓の側に葬った。

唐の旧百済領統治

唐軍の主将である蘇定方が人質を引き連れて唐に帰国したあと、百済の旧領を押さえていたのは、引き続き泗沘城に留まっていた劉仁願率いる1万の唐軍であった。さらに、新羅では、武烈王の子である金仁泰のほか、沙飡の日原、級伐飡の吉那に7000の兵をつけて、劉仁願を補佐させている。

唐の高宗は、百済の旧領を統治するため、熊津都督府をおいて37州・250県を統轄させようとし、将軍の王文度を熊津都督に任じた。9月28日、王文度は三年山城に赴いて武烈王に詔書を伝えた。このとき、王文度は東に向かって立ち、武烈王は西に向かって立ったという。王文度は、高宗の詔書を手渡して、さらに武烈王への贈答品を差し出そうとしたとき、急に発作をおこして死んでしまったという。このため、唐の高宗は、泗沘城の劉仁願を熊津都督に任じたのである。

●唐による旧百済領支配

百済復興軍の蜂起

唐・新羅に抵抗する百済遺臣

　百済の王都である泗沘城は660年7月に陥落し、確かに百済は滅亡した。とはいえ、このとき陥落したのは泗沘城や熊津城くらいなもので、唐・新羅軍に形式的な降伏をしていただけの城も少なくない。

　そのため、はやくも翌月には、各地で百済の遺臣らが復興軍を編成して蜂起を始めたのだった。遺臣による蜂起の中心となった城が任存城である。この任存城には、義慈王（在位641年～660年）の父武王の甥にあたる恩率の鬼室福信を中心に、僧の道琛や黒歯常之らが籠城していた。

　鬼室福信らが蜂起したあと、達率の扶余自進らも古沙城を拠点にして蜂起する。こうして、10日間のうちに3万余の百済復興軍が呼応したという。

　唐・新羅軍は、8月23日、任存城に攻撃をかけたが、攻略するには至らなかった。

倭に支援を求める百済遺臣

　唐・新羅連合軍に反旗を翻した百済復興軍は、660年9月5日、達率の僧侶覚従を倭に遣わして援軍を要請する。覚従は、

　「今年の7月、新羅は隣国の交誼を破棄し、唐と結んで百済を滅亡させてしまいました。百済の君臣は、みな俘虜となり、国内に残っている者はほとんどおりません。そうした状況のなかで、恩率の鬼室福信は任存城で、達率の扶余自進は熊津で蜂起しました。すでに武器を使い果たしておりましたが、棍棒を手にして新羅軍から武器を奪い、唐軍の攻撃を防いだところです」

　と報告し、支援を訴えた。

百済復興軍は、それまで和親を結んでいた倭から援軍を得ることで、百済の旧領から唐と新羅を追い出し、国を再興しようとしたのである。

泗沘城を包囲する百済復興軍

任存城において唐・新羅軍を破ったことで、百済復興軍の戦意は高まり、さらに200余城を回復するほどの勢いをみせた。こうして、旧百済領の西北部を押さえた百済復興軍は、勢いに乗じて660年9月23日、劉仁願・金仁泰らが守る泗沘城に迫ったのである。泗沘城は、百済の旧都であり、百済復興軍も、弱点を熟知していたのだろう。百済復興軍が、泗沘城の周囲において、西北側の王興寺岑城、南側の加林城、東南側の石城山城、東側の爾礼城に陣して包囲したため、唐・新羅軍は外部との連絡が隔絶されてしまう。

このとき、名将として名高い唐軍の蘇定方は、すでに人質を連れて唐に帰国したあとであった。蘇定方に代わって泗沘城を守っていたのは、劉仁願率いる1万の唐軍と、武烈王の子である金仁泰率いる7000の新羅軍だけであったため、落城寸前まで追い込まれてしまったのである。

唐の最終的な目的は、高句麗の征討にあり、熊津都督府に大軍を駐留させる計画はなかった。唐の高宗（在位649年〜683年）は、熊津都督の王文度に命じ、三年山城に向かわせ、新羅の武烈王に詔書を渡させた。おそらく、この詔書には、泗沘城への救援が命じられていたものであろう。

10月9日、武烈王は自ら新羅軍を率いて爾礼城を攻め、9日間で攻略した。そして、この爾礼城を拠点に、新羅軍は泗沘城を包囲する百済復興軍を各個撃破していく。そのため、百済復興軍は泗沘城の包囲を続けることが難しいと判断して、本拠地である任存城に退却した。こうして、泗沘城は、ひとまず落城の危機を免れることができたのである。

倭の百済復興支援

　新羅軍の攻撃により泗沘からの撤退を余儀なくされた鬼室福信は、復興運動の精神的支柱とするため、王族の擁立を考えるようになった。こうして鬼室福信は、660年10月、佐平の貴智を使者として倭に送り、唐軍の俘虜100余人を差し出すとともに、援軍の派兵と扶余豊璋の帰還を要請する。扶余豊璋は、人質として倭に送られていた義慈王の王子である。

　百済の使者である貴智は、
「唐は、宿敵である新羅と結び、百済の領土を侵犯したあげく、その君臣を俘虜としてしまいました。そこで、我々百済の遺臣は、百済を復興するために立ち上がった次第です。我々は王子を国王として奉る所存でおりますので、どうか帰国することをお許しください」
と斉明天皇（在位655年～661年）に奏上した。

　こうした百済復興軍の要請を受け、このころ倭の実権を掌握していた中大兄皇子（後の天智天皇）は、その月のうちに、総力を挙げて百済復興を支援することと、扶余豊璋の帰国を認めることを決定する。そして、斉明天皇からは、倭の国内に向けて次のような詔が出された。

　　百済が救援軍を要請したことは、過去にもあったという。危機に陥ったり、断絶に瀕したりした国を救うべきことは、古来、言われている通りである。今、百済は窮地に陥って、わが国に救援を頼んできた。肝を嘗めるほどの苦しみにある百済を無視することはできない。わが国から援軍を送れば、少しでも、百済の苦しみを和らげることはできるだろう

　そして、翌661年正月6日、斉明天皇は、子の中大兄皇子・大海人皇子らとともに九州へと向かう。九州を拠点に、百済へ渡海する倭軍を自ら指揮しようとしたのである。

劉仁軌を迎え撃つ百済復興軍

　百済復興軍は、倭から援軍の派兵と扶余豊璋の帰還を約束され、士気も高まったにちがいない。百済復興軍の道琛は、661年2月、泗沘城に対する攻撃を再開したのである。

　こうしたなかで、唐の高宗は、3月、将軍の劉仁軌を帯方州刺史として熊津都督府に送り、泗沘城に駐留している劉仁願を支援させることにした。劉仁軌は前年、兵糧を運ぶ船を転覆させた咎で処分されていたから、この抜

擢に奮起する。そして、
「天は余に機会を与えてくれたのだ。唐の支配を朝鮮に行き渡らせようぞ！」
といって、意気揚々と熊津都督府に向かったのだった。

これに対し、劉仁軌率いる唐軍の出兵を知った百済復興軍の鬼室福信らは、劉仁軌の軍が、泗沘城に駐留する劉仁願の軍に合流するのを阻止しようと図る。そのため、鬼室福信は、任存城を出ると、周留城を拠点として錦江の河口に二つの砦を築いたのである。しかし、劉仁軌は、新羅の武烈王が派遣した金品日率いる新羅軍とともに百済復興軍を攻撃し、撃破した。百済復興軍は、1万余が討ち取られたり、溺死したりしたという。

周留城から進軍しつつある劉仁軌の軍が泗沘に至れば、泗沘城を攻撃する百済復興軍は、泗沘城内の劉仁願の軍勢と挟み打ちにされてしまう。このため、鬼室福信は、道琛に泗沘城の包囲を解くことを命じ、任存城に引きあげさせた。

百済復興軍は、任存城に引きあげたものの、優勢であることに変わりはなかった。道琛は使者を劉仁軌に送り、
「貴国は、百済人を皆殺しにしたあと、百済の領土を新羅に与える密約をしたというではないか。それならば、戦って死んだ方がましである」
と伝える。唐は百済の旧領を直轄地にしようとしていたから、そうした密約があったのは事実とは考えられない。百済領の併合を目論む新羅が、漁夫の利をねらい、唐軍と百済復興軍を戦わせるために吹聴したのだろう。これに対し、劉仁軌は、使者を道琛に遣わしたが、道琛は、
「使者の官位が低い。拙僧は、まがりなりにも一軍の将であるから、会うのに不適当だ」
といい、使者をそのまま帰したという。それだけ、百済復興軍の勢力が強かったのはまちがいない。

新羅の武烈王は、将軍の金欽純に命じて唐軍を支援させようとしたが、古沙比において鬼室福信に敗れ、金欽純率いる新羅軍は本国に敗走した。こうして、新羅軍による支援を受けられなくなった唐軍は、拠点を泗沘から要害の熊津に移すことにする。

唐の第2次高句麗遠征

親征を試みる唐の高宗

　百済復興軍の動きをひとまず封じた唐（618年～907年）の高宗（在位649年～683年）は、最終的な目的である高句麗征討に向けて準備を始めようとする。蔚州刺史の李君球が、

「高句麗は小国ですから、大国である唐の脅威にはなりません。ですが、高句麗を滅ぼせば、唐が高句麗の旧領を大軍で守らなくてはならないのです。軍勢を少なくすれば統治できませんが、かといって、軍勢を多くすれば臣民が疲弊してしまうでしょう。ですから、今、遠征すべきとは思いません」

と諫言したものの、高宗が聞くことはなかった。
　高宗は、661年4月、蘇定方・契苾何力らを主将とし、陸軍と水軍の合わせて35万の大軍を投じて高句麗に侵攻することを決めたのだった。

武烈王の崩御

　唐の高宗が高句麗遠征を計画していたころ、新羅では武烈王（在位654年～661年）が病に倒れ、661年6月、崩御してしまう。このため、武烈王の長男である金法敏が、即位して文武王（在位661年～681年）となった。武烈王の訃報を聞いた高宗は、自ら哀悼式を挙げたという。
　そして、高宗は、唐で宿衛していた文武王の弟である金仁問に、

「朕はすでに百済を滅ぼして、そなたの国の憂いを取り除いた。しかるに、依然として高句麗が靺鞨とともに背いているので、これを機に討とうと思う。そなたは急ぎ帰国して、唐とともに高句麗を討つよう、王に伝えよ」

と命じ、唐の出兵期日を示したのだった。
　金仁問は、新羅に帰国すると、

「唐は、すでに高句麗の征討を決定しました。そして、今、わが国にも、出兵を命じています。殿下は、たとえ喪中であっても出兵しなければなりません」

と兄の文武王に申し上げる。こうして、文武王は、金庾信や金仁問らを将軍とする遠征軍を編成し、待機させた。

平壌に向かう新羅軍

　そのころ、蘇定方率いる唐の水軍は、海路から黄海を渡り、大同江を遡上して、高句麗の王都である平壌に向かおうとしていた。これまでの遠征の失敗が、陸路から平壌に向かうことができなかったことにあると考えた高宗は、百済の都である泗沘を落としたように、まず先に、水軍をもって平壌を落としてから高句麗を平定しようとしたのである。

　そして実際、高宗が考えた通り、唐の水軍は、661年8月、高句麗軍を大同江で破ったあと、馬邑山を奪ってついに平壌を包囲するにいたった。ただ、兵粮が続かなければ、唐の遠征軍が平壌を包囲し続けることはできない。そのため、高宗は、将軍の劉徳敏に命じ、新羅軍とともに平壌へ兵粮を運ぶことを命じたのである。

　劉徳敏から高宗の命を聞いた文武王は、金庾信・金仁問らとともに大軍を率いて出陣すると、途中、熊津都督府から来た唐軍の使者により、熊津城が百済復興軍に包囲されていることを聞かされる。このとき、劉徳敏は、

　「我々が先に平壌へ兵粮を送れば、百済復興軍によって熊津に通じる道が封鎖され、熊津城は陥落してしまうでしょう」

　という。こうして、唐・新羅軍は、先に熊津に通じる要衝に位置していた甕山城を攻略することにして、9月25日、甕山城を包囲する。

甕山城の戦い

　新羅の将軍である金庾信は、使者を甕山城下に赴かせ、

　「そなたらの王が唐の皇帝に従わなかったから、百済は征討を受けてしまったのだ。皇帝の命に背いた者は殺されたが、命に従った者は賞されている。そなたらが、小さな城を守り続けたところでどうなるものでもあるまい。総攻撃を受けるまえに、城を明け渡したほうが得策ではないか」

　と百済復興軍に降伏勧告をしたものの、百済復興軍は、

　「小さな城であっても、武器と兵粮はたくさんある。たとえ戦って死ぬことがあっ

ても、生きて降伏することなど絶対にない！」

と大声で返したという。

これを聞いた金庾信は、笑いながら、

「動物でさえ生き残る方法を知っているというのに」

というと、劉徳敏と文武王に、攻撃の許可を要請した。こうして、唐・新羅軍は城柵に火をつけるなど総攻撃をかけ、9月27日、ついに甕山城を陥落させたのである。百済復興軍は、数千人が討ち取られたという。

このあと、唐・新羅軍は、熊津城に兵粮を送る手配をしたため、平壌への兵粮の輸送は、先延ばしになってしまった。

平壌で苦戦する唐

そのころ、平壌を包囲していた蘇定方は、雲梯・衝車などあらゆる攻城兵器を導入する一方、城の周囲に土山を築いて総攻撃を加えていた。ところが、高句麗軍の戦意は高く、唐軍が築いた土山のうち、2か所を攻め取り、残りの2か所も奪おうとするなど、唐軍を追いつめていったのである。

しかも、唐軍は、高句麗国内のほかの城を落とすことなく平壌に侵攻してきていたから、孤立無援の状態で、平壌を包囲し続けなければならなかった。

高句麗としては、唐軍が攻囲を諦めて撤退するまで、徹底して防戦しようとしていたのである。

冬が近づくにつれ、平壌は厳しい寒さに包まれていく。しかも、この年は、まれにみる厳冬であったという。兵粮も減っていくなか、唐軍は、飢えと寒さに耐えながら、戦わざるをえなかった。

唐の高宗は、平壌を包囲する唐軍の危急を救うため、新羅の文武王に対し、一刻も早く平壌に兵粮を送るように命じた。

平壌に兵粮を送る新羅

唐の将軍である劉徳敏から平壌まで兵粮を送ることを命じられた文武王は、662年正月、その方法について群臣と協議する。厳寒のなかでの輸送は困難が予想され、群臣は、

「敵地に深く入って兵粮を送るのは、今の情勢では不可能です」

などという。しかし、金庾信は、王の前に進み出ると、

「それがしは、殿下から過分な御恩を被っており、また、いやしくも重職を与えられております。国家の大事とあらば、命を懸けて対処しなくてはなりません。平壌への兵粮輸送は、それがしに命じてください」

と訴えた。これに対し、文武王は、金庾信の手をとり、

「そなたのような臣がいて、まことに心強い限りだ。そなたのしてくれた奉公を、永遠に忘れまい」

と涙ながらに感謝したという。こうして、文武王は、金庾信のほか、金仁問ら9人の将軍に命じて、兵粮米4000石などを平壌へ運ばせることにした。

平壌に向かう新羅軍

金庾信率いる新羅軍は、兵粮を2000余輛に載せて出発したが、高句麗に向かう道は狭く、しかも凍っていたため、車で運ぶことが難しくなってしまった。このため、兵粮を牛馬に載せ替えて進軍することにしたのである。

新羅軍は、正月23日、ついに高句麗と新羅との国境にあたる臨津江に着く。しかし、このとき、新羅軍の将卒は、高句麗軍による攻撃を恐れ、進んで船に乗ろうとしなかった。これをみた金庾信が、

「それほど死を恐れるなら、なぜここに来たのだ」

と叱責すると、自ら率先して船に乗る。こうして、将軍に遅れてはならないと次々に将卒が船に乗ったため、新羅軍は渡河に成功したのである。

高句麗の領内に入ったあと、金庾信は、全軍に、

「高句麗と百済は、新羅の領土を侵略し、新羅の臣民を虐殺した！　余がこうして死を恐れずに平壌に赴くのは、唐の支援を得て、高句麗と百済を滅ぼさんとするためである！　諸君は、高句麗や百済を憎く思わないのか。敵を恐れない者が生き、敵を恐れる者が殺されるのだ。心を一つにして、敵に立ち向かおう！」

と檄をとばす。これに対し、兵卒はみな誓った。

「将軍の命に従い、敵を恐れずに戦います!!」

こうして戦意を高めた新羅軍は、高句麗軍による攻撃を防ぎながら、2月1日、平壌にほど近い獐塞に着く。平壌まであと少しというところであったが、折からの悪天候で、兵卒や軍馬も疲労し、進軍することが困難になってしまった。しかし、金庾信は、

「唐軍は兵糧が尽き、このうえなく困窮しているだろうから、新羅軍が近くまできたことを知れば安心するだろう」

というと、かねてから見知っている配下の裂起を呼ぶ。そして、

「平壌にいる唐軍に新羅軍が獐塞まで来たことを伝えたいのだが、適任者がほかにいない。そなたが行ってはくれぬか」

と裂起に頼んだのである。これに対し、裂起は、こう答えた。

「それがしは不肖といえども、新羅軍にあり、まして将軍の命令を受ければ断る理由もございません。ぜひそれがしに行かせてください」

こうして、裂起はたった15名の兵卒を率いて平壌に向かう。おそらく、一行は、間道などを通ったのだろう。高句麗軍の攻撃を受けることなく、2日目には平壌に駐屯する唐軍の陣営に着く。蘇定方に謁した裂起が、

「新羅軍が兵糧を運んで、近い所まで来ています」

と報告すると、蘇定方は喜び、書状をしたためて謝礼した。そして、裂起らはまた2日ほどで獐塞に戻ったという。

苦戦する唐の陸軍

このころ、平壌城を包囲している蘇定方率いる水軍を救援するため、契苾何力率いる唐の陸軍が遼東から平壌に向かっていた。しかし、高句麗の淵蓋蘇文が、子の淵男生に命じて数万の精兵で鴨緑江を守らせていたため、唐の陸軍は渡河することができなかったのである。

しかし、冬になって鴨緑江が結氷すると、唐の陸軍は鴨緑江を渡河し、対

岸に布陣していた高句麗軍に攻撃をかけた。これにより、高句麗軍は総崩れとなり、3万人が討ち取られ、淵男生は命からがら逃げ戻ったという。

契苾何力率いる唐の陸軍は、敗走する高句麗軍を追撃して平壌に向かったが、それでも、合掌江を越えて平壌に迫ることはできなかった。翌662年正月、唐の陸軍は、合掌江の渡河を強行したものの、淵蓋蘇文率いる高句麗軍に阻まれ、大敗してしまう。

唐・新羅軍の撤退

平壌を包囲する唐の水軍は、662年2月になって新羅軍からの兵糧を受け取っていた。しかし、唐軍による包囲は、すでに6～7か月間に及んでおり、大雪が降るなかで包囲を続けることはもはや不可能だったにちがいない。しかも、陸軍が合掌江で高句麗軍に大敗したこともあり、唐軍は、高宗の許可を得て、ついに撤退することを決めたのである。

唐軍の平壌からの撤退を受けて、新羅軍も兵を退くことにした。しかし、戦いでは、撤退するときが一番難しい。新羅軍は、高句麗軍の追撃をかわすため、夜陰に乗じて退却しなければならなかった。

こうして、唐の高宗による高句麗遠征は、35万もの大軍を投じ、高句麗の王都である平壌を包囲までしながら、失敗に終わってしまったのである。

熊津都督府から撤退しようとする唐

高句麗征討の失敗は、高宗に大きな衝撃を与えたのだろう。高宗は、このころは熊津城に駐留していた劉仁願と劉仁軌に対し、

「高句麗の征討に失敗した以上、熊津一城で百済の旧領を維持することは難しい。一旦、新羅に拠点を移すか、それができなければ唐に帰還せよ」

と命じた。兵士が帰還を望んだため、劉仁願は命令に従おうとするが、劉仁軌は、

「陛下は高句麗を滅ぼすために、まず百済を討ったのだ。高句麗の征討に失敗したうえ、熊津城を放棄してしまえば、百済復興軍の思うつぼではないか。だいたい、敵地のなかに孤立無援でいるのだから、今、動くわけにはいかない。それに、新羅を頼れば、唐の立場もなくなるだろう。ここは、固く守るべきである」

というと、劉仁願も劉仁軌の意見に従い、唐に帰還せず、熊津城を守備し続けることにした。

百済復興運動の終焉

扶余豊璋の帰国

　百済復興軍の鬼室福信らが、旧百済への支援と、人質として倭に滞在していた義慈王（在位641年〜660年）の王子である扶余豊璋の帰還を求めたのに対し、倭の斉明天皇（在位655年〜661年）はすでにこれを了承し、倭の援軍とともに扶余豊璋を帰還させることにしていた。しかし、倭軍の渡海を間近に控えた661年7月24日、その斉明天皇が崩御してしまう。このため、倭軍の渡海と扶余豊璋の帰還は、一時延期され、斉明天皇の皇子である中大兄皇子が、政務を代行することになった。

　中大兄皇子は、扶余豊璋の帰国にあたり、倭の織冠を授け、多臣蔣敷の妹を妻として娶せている。織冠とは、649年に制定されていた19階冠位の筆頭で、大織・小織の2階からなったものである。このときに扶余豊璋が、大織・小織のどちらを授けられたかはわからない。ただ、中大兄皇子が、扶余豊璋を百済王として認めていたのであれば、最高位の大織冠だったのだろう。倭は、扶余豊璋が百済を再興した暁には、優位な立場をとるつもりだったと考えられる。

　さて、倭が扶余豊璋を実際に送還したのは、翌662年5月のことだった。このとき、中大兄皇子は、安曇比羅夫、狹井檳榔、朴市秦田来津が率いる兵5000と軍船170艘に扶余豊璋を護衛させ、帰還させた。扶余豊璋がいつ倭に来たのかは判然としないが、『日本書紀』によると、631年のことであったという。とすると、扶余豊璋は、およそ30年ぶりに帰国したことになる。このとき、故国である百済は、すでに滅亡してしまっていた。

　このあと、鬼室福信らに迎えられた扶余豊璋は、周留城に入城する。おそらく倭の軍勢5000も、この周留城に入ったと思われる。

175

周留城を離れる扶余豊璋

周留城を居城とした扶余豊璋は、百済復興軍の中心的な存在になっていったが、662年12月になって、倭の将軍である狭井檳榔と朴市秦田来津に、
「この周留の地は農業に適していない。ただ、敵と戦うためだけの要害である。ここに長く留まっても、いずれ兵粮が尽きるのを待つしかあるまい。そこで、避城に拠点を移すべきだと思うのだが、いかがだろう。避城なら、農業にも適している」
と居城の移転を提案する。長期的にみて、食糧の確保を優先させるべきだという扶余豊璋の考えにも一理はあろう。しかし、朴市秦田来津は、
「避城は、新羅軍の拠点とほとんど離れていません。もし、新羅の急襲を受ければ、防ぎようがないでしょう。臣民が飢えるかどうかなど、今考えるようなことではありません。百済が復興できるかどうかということのほうが、よほど切実な問題です。新羅が周留城に攻めてこないのは、ここが要害であるからにほかなりません。それなのに避城のような平坦な土地に移るのは、危険かと存じます」
と諫言したが、扶余豊璋は聞きいれなかった。

結局、朴市秦田来津の強い反対にもかかわらず、扶余豊璋は、拠点を避城に移すことにしたのである。

熊津都督府に侵攻する新羅

扶余豊璋が、百済復興軍の拠点であった周留城から避城に移ったことによって、百済復興軍は組織的な抵抗ができなくなっていたのかもしれない。663年2月、新羅の文武王（在位661年～681年）は、金欽純と金天存に命じて、熊津都督府の南部一帯に侵攻させたのである。新羅軍は、居列城を落として百済復興軍の700人を殺害し、また居勿城と沙平城を降伏開城させた。さらには、徳安城を攻めて、1070人を討ち取ったという。

●新羅の熊津都督府侵攻

いずれも百済復興軍の重要な拠点であったが、なかでも徳安城は、百済の旧都である泗沘城の東方に位置しており、ここを制圧されれば、百済復興軍

の反撃はかなり難しくなってしまう。こうした状況の中、扶余豊璋も、避城から周留城に戻ることを決めた。

百済復興軍が新羅軍に圧迫されるようになったのは、ある意味、周留城を離れた扶余豊璋の戦略的な過ちであったといってよい。こうしたことが、原因だったと思われるが、このあと、扶余豊璋と鬼室福信主従は反目していくことになる。

殺される鬼室福信

扶余豊璋は鬼室福信の謀反を疑い、663年6月、鬼室福信を捕らえた。病気だと詐称した鬼室福信が、見舞いに来た扶余豊璋を殺そうとしていたためであるというが、それが事実であるのかはわからない。

扶余豊璋は、鬼室福信の掌に穴をあけ、そこに革を通して縛りつけた。そして、群臣に、

「鬼室福信の罪状は、すでに明白である。殺すべきか、生かしておくべきか、どうであろう」

と問う。鬼室福信は、百済復興の立役者であったから、扶余豊璋としても、殺すには忍びないという気持ちがあったのかもしれない。

しかし、達率の徳執得が、

「このような悪逆の者を赦してはなりません」

と進言すると、鬼室福信は、徳執得に唾を吐きかけ、

「腐った犬ような奴め！」

と言い放った。この時点で、扶余豊璋も、覚悟を決めた。配下の兵に鬼室福信を押さえさせると、その首を斬り落としてしまったのである。その後、鬼室福信の首は、酢につけたうえで晒されたという。

百済が、唐（618年〜907年）に滅ぼされたあとも、遺臣たちが抵抗を続けることができたのは、鬼室福信が指揮をしていたからだといっても過言ではない。その鬼室福信を失ったことで、百済復興軍の抵抗力は弱まってしまう。このとき、扶余豊璋と鬼室福信を仲違いさせるような新羅の謀略があった可能性も否定はできない。

周留城を目指す唐・新羅軍

　扶余豊璋が鬼室福信を殺害するなど、百済復興軍の内部に亀裂が生じると、唐の高宗（在位649年〜683年）は、これを平定の好機ととらえた。はやくも高宗は、将軍の孫仁師に7000の兵をつけ、熊津城の劉仁願と劉仁軌を救援させたのである。

　高宗は、このとき、新羅の文武王にも出陣を命じている。このため、文武王は、7月17日、自ら金庾信・金仁問らとともに、熊津に向かい、ここで唐軍と合流した。

　こうして、熊津に集結した唐・新羅連合軍が軍議を行うと、

　「水陸の要衝である加林城をまず落とすべきであろう」

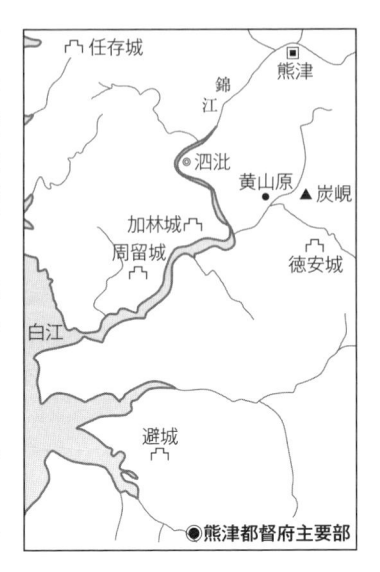

　という意見が優勢であったらしい。加林城は、百済の旧都である泗沘から10kmほど南に位置する山城で、天険の要害として知られていた。たしかに、加林城を落とせば、百済復興軍は、泗沘周辺に拠点を失うことになろう。

　しかし、このとき、劉仁軌が、

　「『孫子』には、実を避け虚を撃つ、とある。加林城は堅固であるから、そう簡単には落とせまい。むしろ、百済復興軍の根拠地となっている周留城を先に落とせば、ほかの城は戦わずに降伏するであろう」

　と提案する。「実」とは兵力が充実した場所で、「虚」とは兵力に劣る場所をいう。敵の兵力が劣るところを攻撃するというのが兵法の鉄則であった。結局、諸将は劉仁軌の意見に賛同したのである。

　こうして、唐の孫仁師・劉仁願と新羅の文武王は、陸軍を率いて周留城に向かい、包囲することにする。一方、唐の劉仁軌・杜爽は水軍を率いて白江へ向かった。水軍は、白江を封鎖して、周留城の救援にかけつけるであろう倭軍を迎え撃とうとしたのである。

　この白江の位置については、よくわかっていない。ただ、『三国史記』には「熊津江より白江に往く」と記されており、熊津江、すなわち錦江の下流であると考えられている。

倭軍の戦略

　唐・新羅軍が周留城に向かって進軍を続けていたころ、倭からは廬原君臣が率いる1万余の軍勢が、熊津都督府に向かっていた。このことを報された周留城の扶余豊璋は、群臣に対し、
　「聞くところによると、倭の救援軍の将軍である廬原君臣が1万余の軍勢でこちらに向かっているという。これから白江に出向き、そこで倭の援軍を待つつもりである。諸将らは、ここで唐・新羅軍の攻撃に備えていてほしい」
　と告げる。こうして、扶余豊璋は、朴市秦田来津らとともに周留城を出て、倭からの援軍を白江で待つことにしたのである。
　倭の先鋒が白江に着陣したのは、8月27日のことだった。倭軍は、着陣して早々、唐の水軍に攻撃をかけたものの、ほどなく退却している。これはどうやら、倭軍が唐軍の実力を量るため、小競り合いをしかけたらしい。このあと、廬原君臣・朴市秦田来津ら倭の将軍と扶余豊璋が軍議を開くと、
　「倭軍が先を争うようにして攻めれば、唐軍は退却するにちがいない」
　という結論に達した。
　白江に集結した倭軍の軍船は『三国史記』によると1000艘、一方の唐軍の軍船は『日本書紀』によると170艘であったという。倭軍の1000艘というのにはいささかの誇張が含まれているとは思われるが、倭軍の軍船の数が多かったのは確かなのだろう。倭軍は、軍船の数が多いことを利用して戦いを有利に進めようとしたのである。

白江の戦い

　全軍を錦江河口の白江に集結させた倭軍は、翌8月28日、決戦を挑もうとする。このとき、百済復興軍は沿岸に布陣して、倭軍を支援していた。また、新羅軍も、百済復興軍と対峙するべく、沿岸に布陣を完了した。こうして、白江口において、唐・新羅連合軍と、倭・百済復興軍が全面対決することになったのである。
　この戦いのあった場所は、中国の史料である『旧唐書』や『新唐書』では「白江口」、朝鮮の史料である『三国史記』では「白沙」と記されている。一方、日本の史料である『日本書紀』には「白村江」と記されているので、ここでの戦いを「白村江の戦い」とよんでいる。「白村」というのが、白江口の地名だったのではなかろうか。

第三章　百済・高句麗の滅亡

倭水軍

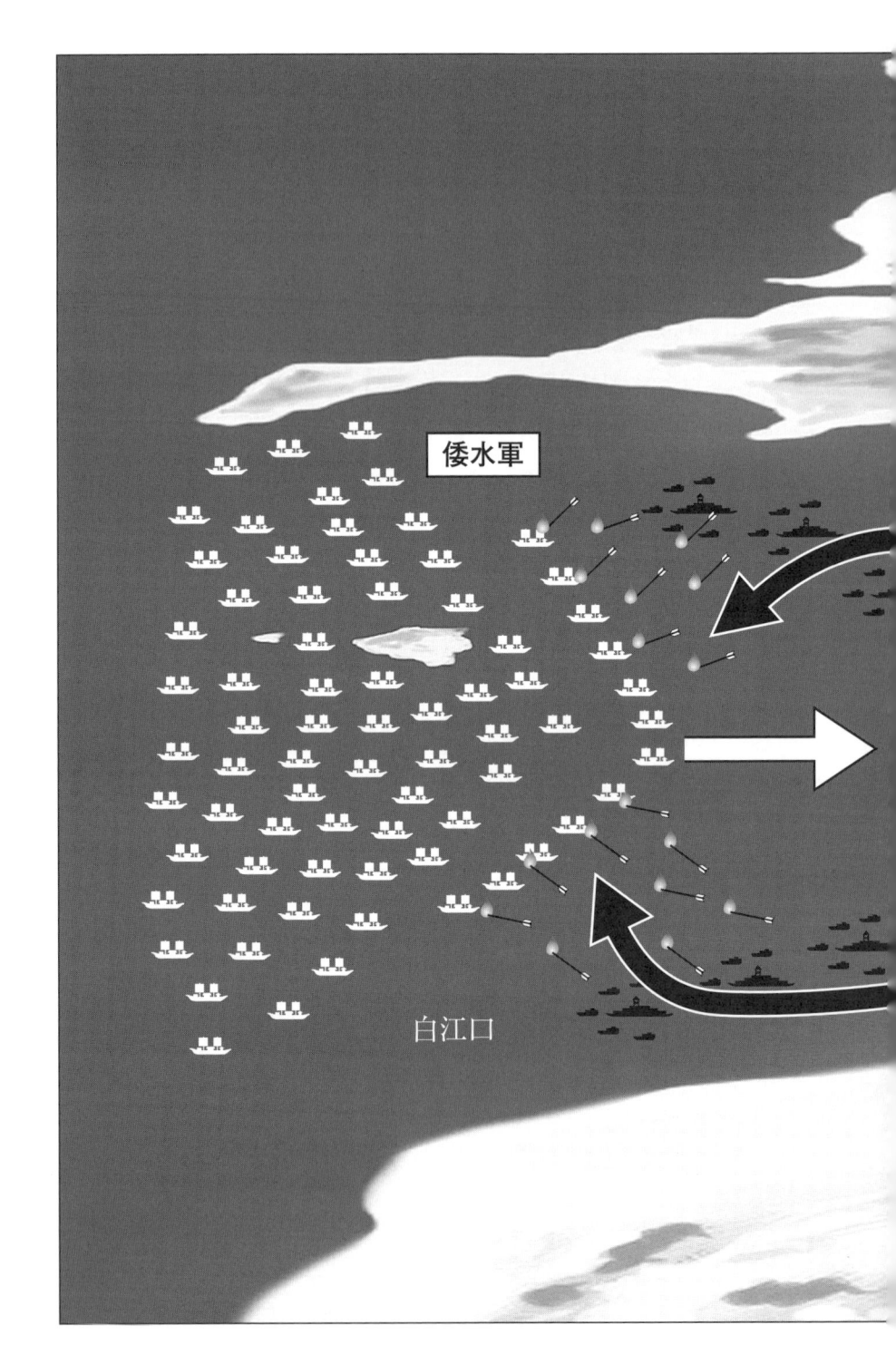

白江口

唐水軍

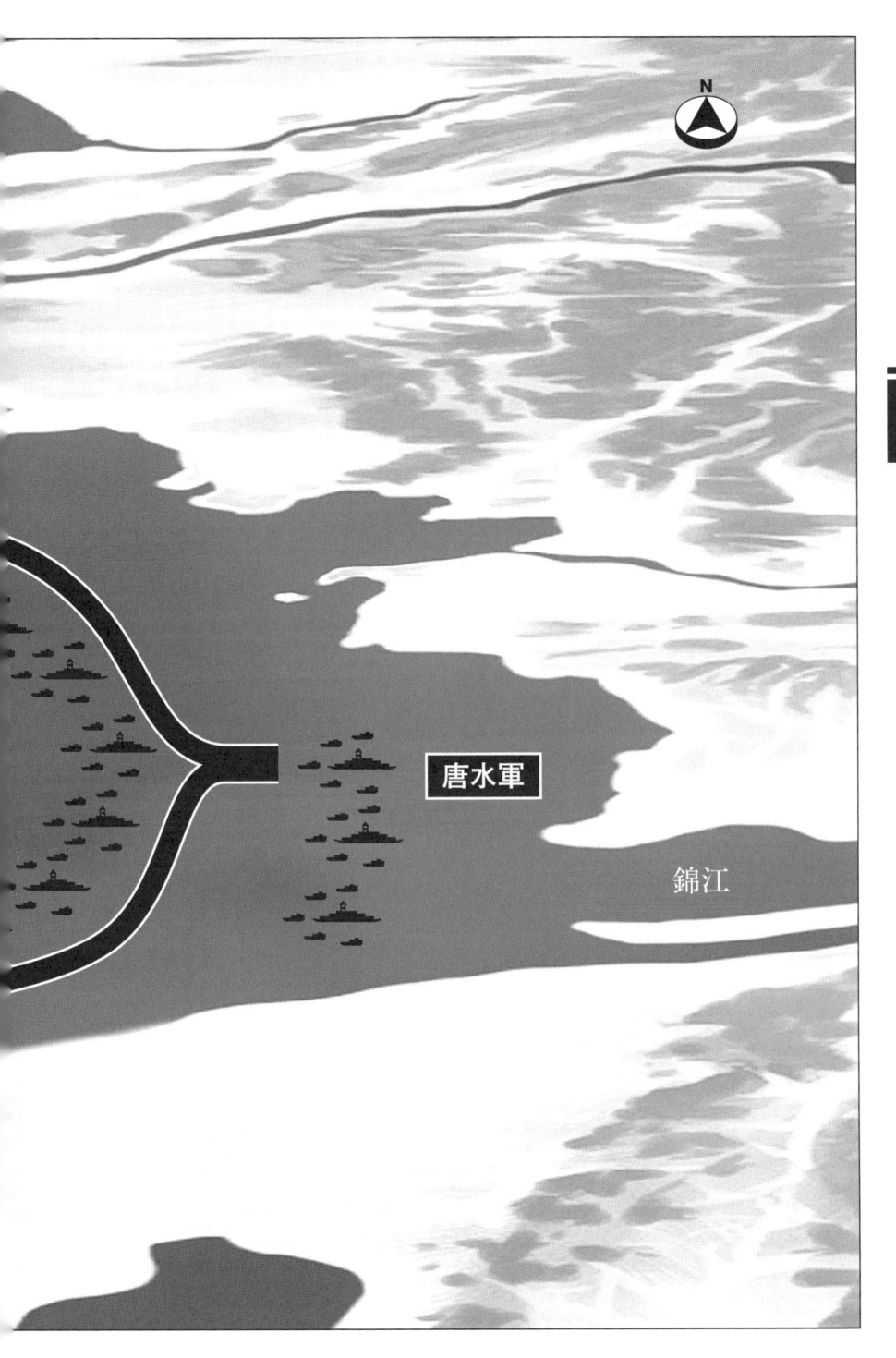

錦江

第三章　百済・高句麗の滅亡

さて、この白江口において、最初に攻撃をしかけたのは、倭軍であった。倭の軍船1000艘は、白江を塞ぐような形で布陣する唐軍を突破しようとしたのだが、唐軍は、陣形を変えて倭軍を左右から挟み込むような布陣をとる。そして、倭軍の軍船に向けて、一斉に火矢を放ったのである。

このため、倭の軍船は400艘が焼かれ、倭軍の兵士は海中に逃げるしかなかった。軍船が焼かれる炎で空は赤くなり、焼死したり溺死したりした倭兵の血で、白江口の海水は赤くなったという。倭軍は、その時点で退却しようとしたものの、軍船の数の多さがあだとなり、身動きがとれなくなってしまった。朴市秦田来津は、天を仰ぎ歯ぎしりをしながら唐軍を数十人討ち取るなど、最後まで奮戦を続けたが、抗戦の不利を悟ったのだろう。ついには力尽きて自らも討ち死にしてしまう。こうして、白江の戦いは、倭軍の完敗で終わった。

それにしても、1000艘の船団を擁する倭の水軍はどうして170艘の船しかない唐の水軍に敗れてしまったのだろうか。もちろん、唐の軍船のほうが大きかった可能性はある。しかし、黄河や長江とは異なり、ここは錦江である。唐がそれほど巨大な軍船を派遣していたとは思えない。1000艘の軍船で小回りをきかせながら、先を争うように攻めかければ、唐の水軍を退却させることもできたのではなかろうか。

この点、『日本書紀』は倭軍が「気象」をみなかったことが敗因であるとしている。ただ、この「気象」が具体的に何を意味しているのか、よくわからない。『孫子』に「水流を迎うることなかれ」とあるように、兵法では、上流に布陣する敵と戦うことを戒めている。川の流れを利用できる上流のほうが、戦闘に有利だからである。こうしたことを、もしかしたら倭軍は考慮していなかったのかもしれない。さらには、錦江の水が、雨で増水していた可能性もあろう。

倭の水軍が唐の水軍に敗れたことにより、錦江沿岸の岸上で倭軍を援護していた百済復興軍も、結局は、新羅軍に敗れてしまう。このとき、倭軍の壊滅をみた扶余豊璋は、戦場を離脱して高句麗に逃れたらしい。11世紀に成立した中国の史料である『資治通鑑』によれば、扶余豊璋は668年、高句麗が唐に滅ぼされたときに捕らえられ、その後、嶺南（ベトナム北部）に流されたという。

百済復興軍の精神的な支柱であった扶余豊璋がいなくなったことで、百済復興軍の勢いは、急速に衰えていくことになった。

周留城の降伏

　倭の水軍と唐の水軍が白江で戦っていたころ、周留城は、唐の陸軍と新羅軍に包囲されていた。白江で倭軍が敗れたあとも、百済復興軍は籠城を続けていたが、援軍が期待できないなかでは勝機もみいだせない。そこで、9月7日、ついに降伏開城することにしたのである。

　唐・新羅軍は、周留城の降伏を受けいれた。このとき、新羅の文武王は、倭軍の兵士に対し、

　「新羅と倭とは友好的な関係を結んできたのに、どうして百済とともに新羅を苦しめるのだ!? 今、倭軍の兵の命は、わが手中にあるが、殺すには忍びない。だから、帰国してそなたらの王に告げよ」

　といい、帰国させることにしたのだという。

　こうして、9月24日、倭の敗残兵は、佐平の扶余自進ら百済の遺臣とその妻子をともない、倭に帰国したのである。以後、百済の遺臣の多くが倭に亡命を求めて渡海していった。

　また、倭に滞在していた扶余豊璋の弟扶余勇は、そのまま倭に帰化し、その子孫は、倭から百済王という姓を与えられている。

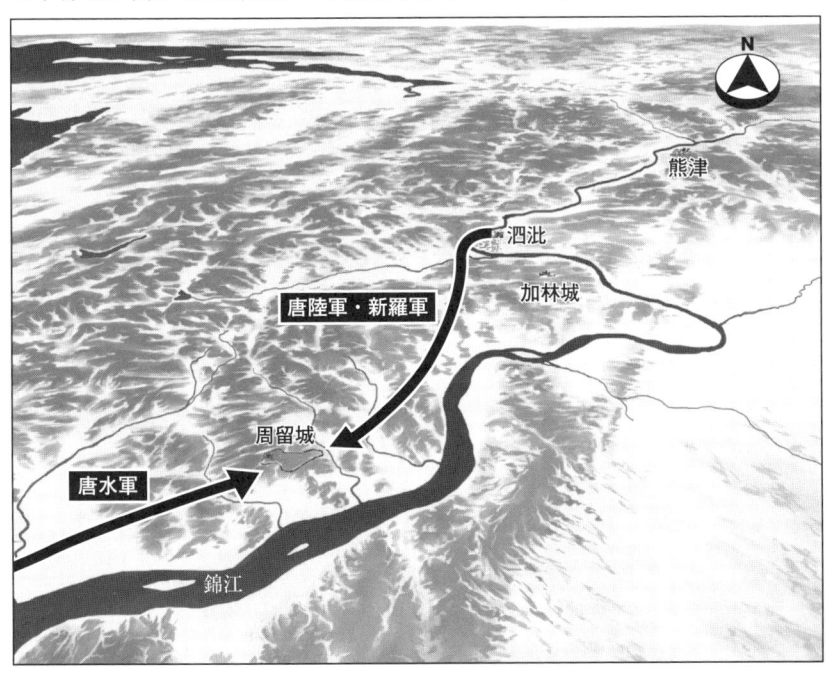

抵抗を続ける百済復興軍

　百済復興軍の拠点だった周留城が陥落したことで、旧百済国内の城は、唐・新羅軍に降伏していく。黒歯常之や沙宅相如など、各地の城を守っていた将軍も、城兵とともに降伏した。まさに、熊津城で唐の将軍劉仁軌が予想した通りの展開になったといえよう。

　しかし、任存城の遅受信だけは、依然として徹底抗戦を貫いていた。任存城は、百済復興軍が最初に唐・新羅軍に対して蜂起をした城で、堅固なうえに兵粮の備蓄も多い。唐・新羅軍は、10月21日から任存城を包囲し始めたが、30日間を過ぎても、落とすことはできなかった。

熊津都督となる扶余隆

　唐・新羅軍が百済復興軍をほぼ平定したあと、唐の高宗は、劉仁軌を熊津都督とし、熊津都督府の統治にあたらせることにした。このとき、熊津都督府内は、長期にわたる戦乱のため、かなり荒廃していたという。そこで、劉仁軌は、まず、道路・橋・堤防などを改修し、領土を復興させていったのである。

　こうして、熊津都督府の内政をひとまず安定させた劉仁軌は、兵士が疲弊していることから、交替を要請する。これに対し、高宗は、664年10月、劉仁軌に代えて劉仁願を熊津都督府に派遣するとともに、扶余隆を熊津都督に任じて旧百済領を統治させることを決めた。扶余隆は、百済最後の王となった義慈王の太子で、俘虜として唐に連行されていた人物である。

新羅に扶余隆との会盟を命じる唐

　唐が熊津都督府の統治を進めていくうえで最大の懸念となったのが、新羅の動向である。唐は、新羅の支援を得ながら熊津都督府内の百済復興軍をほぼ平定しおえたが、新羅が唐に反旗を翻して熊津都督府に侵攻してくれば、唐の支配は行き詰まってしまう。

　高宗は、百済復興軍を平定したときから、扶余隆と新羅の文武王を会盟させようとしていたらしい。会盟とは、牛馬などの耳から採った血を互いに飲み下すことで、盟約を守ることを誓う儀式のことである。

　唐の将軍である杜爽は、文武王に、

「勅命によれば、百済復興軍が平定されたら、新羅王と扶余隆は会盟せよ

とのことです。任存城がまだ降伏していませんが、今こそ会盟すべきときではないですか」

と提案する。しかし、文武王にとって、扶余隆との会盟は、不本意なものであったろう。それは、百済と新羅が仇敵であったというだけではない。新羅は、唐から命じられて出兵したものの、この戦いで何も得ていなかった。百済の遺領を奪おうとするときに、盟約は足かせになってしまうからである。

「まだ任存城が降伏しておらず、百済復興軍が平定されたとはいえません。それに、百済人は約束を守らないのが常ですから、今会盟すれば、きっと後悔することになるでしょう」

と文武王は答え、その旨を高宗に奏上した。だが、高宗には苦し紛れの言い訳としか聞こえない。結局、高宗から叱責された文武王は、扶余隆との会盟を受けいれなければならなくなったのである。

こうして664年2月、新羅の文武王は、伊伐湌の金仁問らを熊津に遣わして、唐の勅使である劉仁願の立ち会いのもと、熊津都督の扶余隆と会盟し、その場所を国境に定めた。

任存城の落城

唐・新羅軍が任存城を攻めあぐねるなか、唐の劉仁軌は、降伏したばかりの黒歯常之と沙宅相如に、軍勢を指揮させようとする。孫仁師は、

「裏切る恐れもあるのに危険ではないか。武器や兵粮を手にしたら、逆に我々を攻撃してくるかもしれないのだぞ」

と一抹の不安を口にしたが、劉仁軌は、

「二人をみる限り、その忠誠心に嘘はあるまい。功をたてる機会を与えれば、さらに恩を感じて、唐のために活躍してくれるはずだ」

と意に介さず、軍勢を預けることにしたのだった。このあと、黒歯常之と沙宅相如は、劉仁軌が期待した通りの働きをして、ついに任存城を攻略したのである。とくに黒歯常之は、このあと唐の将軍として突厥などとの戦いで活躍し、『旧唐書』や『新唐書』にも列伝が立てられている。

遅受信は、妻子を捨てて高句麗へ逃亡し、旧百済は、完全に唐・新羅軍に制圧された。結局、百済復興軍の抵抗は、最後は百済人によって封じられたといえるだろう。

こうして、百済復興軍は平定され、高宗は孫仁師をひとまず本国に帰還させた。

文武王と扶余隆との会盟

　百済復興軍が平定されたことで、新羅の文武王は、扶余隆との会盟を拒絶することができなくなってしまった。こうして、665年8月、熊津近郊の就利山において、文武王と扶余隆は会盟することになったのである。このとき、やはり証人となった劉仁願が用意した盟約文は、概ね次のようなものである。

　　百済の先代の王である武王（在位600年〜641年）は、高句麗や倭と結んで新羅に侵攻した。唐の皇帝は、侵略をやめるように諭したものの、従わなかったため、征討に及んだものである。本来ならば、百済の王家も滅ぼされてしかるべきところだが、それでは祖先の祭祀をつかさどる者もいなくなってしまう。そこで、皇帝は、扶余隆を熊津都督に任じ、領土を保全させることにした。以後、扶余隆は新羅と友好的な関係を結ぶとともに、皇帝の詔命を奉り、永らく藩属とならねばならない。子孫たちも、末代に至るまで違反することなかれ

　こうして、劉仁願の立ち会いのもと、文武王と扶余隆は、白馬を犠牲にしたうえ、その血をすすり、盟約を誓ったのである。ただ、文武王は、すでに盟約を遵守することは考えていなかったにちがいない。このあと、劉仁願と交替した劉仁軌が唐軍とともに帰国すると、新羅は、熊津都督府へと進出を図っていくのである。

扶余隆のその後

　新羅が熊津都督府に進出を図ろうとするなか、熊津都督に任じられた扶余隆は、新羅に対峙していく自信もなかったのか、熊津都督に着任することなく、劉仁軌とともに唐へ戻ってしまったのである。

　唐の高宗は、677年にも扶余隆を「熊津都督、帯方郡王」に任じて帰国させ、それとともに安東都護府を統轄させようとする。しかし、そのときにはすでに新羅の支配が熊津都督府に及んでおり、扶余隆は、故国に入ることすらできない。このため、扶余隆は、高句麗に寄留していたものの、そこで薨じることになった。こうして、百済は、名実ともに滅亡することになったのである。

　のち、唐の則天武后は、扶余隆の孫にあたる扶余敬を百済王とするが、百済の遺領は新羅の支配下におかれていたため、再興はならなかった。

高句麗の滅亡

淵蓋蘇文の死

　百済が唐（618年～907年）によって滅ぼされるなか、高句麗では、大対盧として政治と軍事の全権を掌握していた淵蓋蘇文が中心となって、唐による侵攻を防いでいた。しかし、665年、その淵蓋蘇文が病に倒れてしまう。このとき、病床に伏せた淵蓋蘇文は、子らに対し、

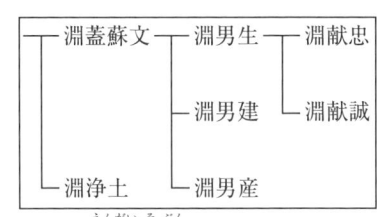

　「お前たち兄弟は、仲良くして、権力を争ってはならない。そのようなことをすれば、きっと隣国の笑いものになるであろう」

　といって戒めたという。淵蓋蘇文は、子らの間にすでに不和があることを知っていたのかもしれない。

　淵蓋蘇文が薨じたあと、長男の淵男生が代わりに大対盧になったが、このことにより、弟の淵男建・淵男産との関係が微妙になっていく。淵男生は地方を巡察するとき、弟の淵男建・淵男産に平壌の留守を任せたのだが、このとき、

　「淵男生は、自分の地位が奪われるのを恐れ、弟二人を除こうとしているようです」

　と配下の者が淵男建・淵男産に忠告した。一方で、淵男生の配下の者も、

　「淵男建と淵男産は、実権を奪われることを恐れ、きっと兄を除こうとするにちがいありません」

　と淵男生に忠告したという。それだけ、群臣は疑心暗鬼になっていたということであろう。

　淵男生は、弟二人の謀反をすぐに信じることはなかったが、念のために間者を送りこんだところ、その間者が淵男建に捕らわれてしまう。こうして、間者を送り込まれた形の淵男建は、兄の淵男生が自分たちを追放しようとしているものと確信し、弟の淵男産とともに、公然と反旗を翻すようになったのである。

```
淵蓋蘇文 ─┬─ 淵男生 ─┬─ 淵献忠
          │           └─ 淵献誠
          ├─ 淵男建
          └─ 淵男産
淵浄土
```

第三章　百済・高句麗の滅亡

187

唐を頼る淵男生

　淵男生と淵男建・淵男産による兄弟の争いは、淵男建が、淵男生の子の淵献忠を殺害するところまで発展していく。追いつめられた淵男生は、666年、高句麗の旧都である通溝に逼塞したあと、子の淵献誠を唐に遣わして降伏を要請した。これに対し、淵男生の降伏を認めた唐の高宗が、契苾何力に命じて救援軍を派兵したため、淵男生はかろうじて身の安全を確保することができたのである。

　こうして、淵蓋蘇文亡き後、その後継者を巡る争いは、対外的な問題へと発展していく。666年12月には、淵蓋蘇文の弟である淵浄土も、12城の城兵とともに、3500余人を引き連れ、新羅に投降した。新羅の文武王（在位661年～681年）は、この12城を接収して新羅の属城としている。

高句麗への遠征

　高句麗国内の混乱を、これまで高句麗への遠征に失敗してきた唐の高宗（在位649年～683年）が見逃すはずもない。666年12月、はやくも高宗は、高句麗への出兵を決定した。そして、李勣・郝処俊・龐同善・契苾何力らに遼東郡から高句麗に侵攻することを命じたのである。

　李勣率いる唐軍は、唐と高句麗との国境である遼河を渡河し、平壌に向かった。しかし、遼河東岸には国境を固める高句麗の城が多く築かれていたため、落とさずに平壌に向かえば、退路を塞がれる恐れもでてきてしまう。このため、李勣は、

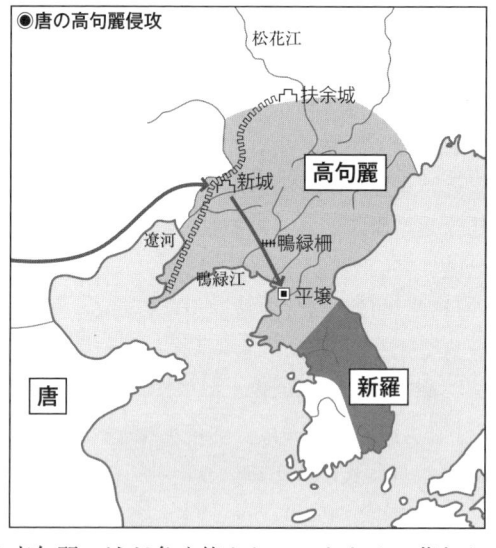

　「新城は高句麗西辺の要衝である。まず新城を落とさなければ、残りの城をたやすく攻略することはできまい」

　と諸将に告げ、まず新城を包囲した。すると、城兵らは、城主を捕縛した

うえで、城門を開けて降伏したという。このときの高句麗軍には、度重なる戦乱で、厭戦思想が広がっていたのかもしれない。

こうして、高句麗国境の要衝である新城を確保した李勣は、契苾何力に新城を守らせ、さらに進軍を続ける。おそらく、唐軍は、ほとんど抵抗らしい抵抗を受けなかったのではないだろうか。またたくまに、高句麗の16城を陥落させた。

扶余城の落城

唐軍の作戦は、鴨緑江以北の高句麗の諸城を攻略したのち、主力を南下させて平壌に向かうというものだった。このため、新城一帯を制圧した唐軍は、668年2月、扶余城に向かう。このとき、先鋒の薛仁貴は、3000の手勢だけで扶余城を攻めようとする。これをみた諸将が、軍勢の数が少ないとして止めさせようとしたところ、薛仁貴は、

「兵の数が多いから勝つとはかぎるまい。それより、どのように兵を用いるかが重要なのではないのか」

といって攻撃を開始した。諸将も、薛仁貴の姿勢に奮起されたのであろう。唐軍は扶余城に猛攻を加え、ほどなく陥落させたという。

唐軍が扶余城を包囲するなか、淵男建は、5万の大軍を扶余城の救援に向かわせていたが、途中で唐軍に阻まれ、大敗してしまった。このとき、高句麗軍は3万余が討ち取られたという。

高句麗軍の救援軍が大敗し、扶余城が陥落したことで、松花江流域の40余城はすべて降伏した。

平壌に進軍する唐軍

扶余城一帯を制圧した李勣は、さらに進軍して、大行城を攻略した。このあと、李勣率いる唐軍は、ほかの経路を進軍してきた唐軍と合流し、大軍となって鴨緑柵に向かう。

高句麗軍は、この鴨緑柵で防戦に努めたが、激しい攻防戦の末、唐軍に突破されてしまう。唐軍は、敗走する高句麗軍を200里（約110km）ほど追撃して、辱夷城に向かい、辱夷城も攻略した。これ以後、高句麗軍では、逃亡や降伏が相次いだという。

李勣は、契苾何力を先鋒として高句麗の王都である平壌に向かわせ、自身も、全軍を率いて、その後を追った。

戦況を聞く高宗

　扶余城の落城後、高宗が、高句麗から戻ってきた軍使の賈言忠に戦況を聞くと、賈言忠は、

「必ず勝つと思います。なぜなら、かつて太宗（在位626年〜649年）が親征されたときには、淵蓋蘇文も健在で高句麗に隙はありませんでした。しかし、今や、淵蓋蘇文の子が争っている始末で、内部の状況もこちらに筒抜けです。連年の戦役や飢饉で臣民も疲弊しており、滅亡も遠くはないでしょう」

と述べた。高宗がさらに、

「高句麗に派遣した将軍のなかで、最も優れているのは誰であろうな」

と聞くと、賈言忠は、

「薛仁貴将軍は勇気があり、龐同善将軍は厳正で、契苾何力将軍は判断力に優れております。しかし、3人とも、わが身を忘れて国を憂う李勣将軍にはおよばないのではないでしょうか」

と答えている。

新羅軍の出陣

　李勣率いる唐軍の主力が平壌に近づくなか、出兵を命じられた新羅の文武王は、名将として名高い金庾信を新羅国内に残し、金仁問・金欽純らに出陣の命を下した。文武王が金庾信・金仁問・金欽純を集めて軍議を開くと、金欽純は、

「金庾信将軍が出陣しなければ、あとあと困ることがあるのではないでしょうか」

と訴えた。しかし、文武王は、

「そなたら3人は、いわば国の宝である。もし、みなが高句麗に赴き、万が一のことがおこれば、この新羅はどうなる。だが、金庾信を留めて国を守らせておけば、安心して戦うこともできよう」

と答える。金庾信自身も、文武王と同じ考えであったらしい。金欽純は金庾信の弟であり、文武王の弟である金仁問も、金庾信の甥にあたる。このため、これ以上、金庾信の出陣を求めることはなかった。

　その代わり、金欽純と金仁問は、

「我々は不肖ではございますが、いま、殿下に従って不測の地に向かいます。ぜひ、良い策をお授けください」

と金庾信に問う。これに対し、金庾信は、

「かりそめにも将軍となった者は、必ず、上は天の道を得、下は地の利を得るだけでなく、人心を得なければならない。百済は傲慢であったために国を滅ぼし、高句麗は奢り高ぶったことで危機に陥ったのだ。わが国には、正義があるのだから、なにも恐れることはあるまい。それに、今は唐の権威も借りている。そのことをよく肝に銘じておくがよい」

と助言すると、二人は、

「仰せの通り、失策のないようにします」

といい、出陣の準備に取りかかった。

文武王は、6月27日、自ら軍勢を率いて出陣し、7月16日には漢城に着いた。そして、文武王自身はここに留まり、金仁問に命じて唐軍と合流するようにさせたのである。

平壌城の落城

平壌城に向かった李勣率いる唐軍は、途中で金仁問率いる新羅軍と合流すると、9月21日、平壌城を包囲した。高句麗国内の諸城が唐軍に攻略されているなか、援軍が平壌に来る可能性はまったくない。そのため、不利を悟った高句麗の宝蔵王（在位642年～668年）は、淵男産に命じ、重臣98人とともに唐軍の本陣に降伏を要請させたのである。李勣は、宝蔵王らの降伏を受けいれることとし、淵男産一行を丁重に迎えた。

ただ、淵男産が降伏したあとも、淵男建はなおも籠城していた。そうしたとき、淵男建から軍事権をゆだねられていた僧の信誠が、唐・新羅軍に内通してしまう。ここで、唐・新羅軍との間に平壌城攻撃の作戦が練られたと思われるが、5日後、信誠が城門を開けると、これを合図に唐・新羅軍は平壌城に突入していった。

このとき、まだ城内に残っていた宝蔵王は、とうとう唐・新羅軍に捕縛されてしまう。そして、金仁問が李勣の前に宝蔵王を跪かせてその罪を述べる

と、宝蔵王は再拝して李勣に答えるほかなかった。そうしたなか、最後まで徹底抗戦を貫こうとしていた淵男建も、自害しようとしたものの果たせず、結局は捕縛されている。

唐・新羅軍が平壌城に入城したとき、城内に火を放ったため、王宮だけでなく、王家の宝物や典籍はすべて焼失してしまったらしい。また、歴代王の陵墓も盗掘され、副葬品までもが戦利品として奪われる有様だった。朝鮮三国のなかで最も歴史が古く、かつ、最も勢威のあった高句麗は、ここに滅亡したのである。

唐・新羅の戦後処理

高句麗を滅ぼした唐軍の李勣は、高句麗の宝蔵王と王子の高福男・高徳男、そのほか淵男建・淵男産兄弟など、俘虜20余万人を連行して唐に帰国した。このとき、新羅の金仁問や金仁泰も、李勣に従って唐に赴いている。

唐の高宗は、高句麗の俘虜らを太宗の陵墓に連行して高句麗の滅亡を墓前に報告させた後、俘虜を謁することにした。そして、自ら王位を簒奪したわけではないということで宝蔵王を赦すと、淵男生・淵男産には官職を与え、淵男建を黔州（現在の四川省）に配流している。こうした戦後処理からしても、唐の高宗が淵男建を首謀者とみていたことがわかろう。

滅亡したときの高句麗には、176城、69万7000戸があったという。高宗は、それを分けて9都督府、42州、100県をおき、平壌に設けた安東都護府に統治させることにした。そして、この安東都護に任じられた薛仁貴が、2万の軍勢で高句麗の遺領を統治することになったのである。

一方、俘虜7000人とともに新羅に帰国した文武王は、金庾信・金仁問らに論功行賞を行ったが、とくに金仁問には唐の高宗からも褒賞があったという。文武王は、その後、王廟に拝謁し、

「謹んで祖先の志を受け継ぎ、唐とともに正義の軍をおこし、百済と高麗の罪を問いただしました。すでに百済と高句麗には罰がくだり、わが新羅は泰平になりましたので、あえてここに報告いたします」

と告げた。こうして、新羅は、唐の支援を受けて、仇敵であった高句麗と百済を滅ぼすことができたのである。

しかし、高句麗と百済が滅亡したことにより、新羅に対する唐の圧迫は次第に強まっていく。そして、新羅は、ほどなく唐と対立するようになった。

第四章
新羅による統一

唐から距離をおく新羅

唐に支配される朝鮮三国

660年に百済を滅ぼした唐（618年〜907年）の高宗（在位649年〜683年）は、旧百済領を熊津都督府とし、唐の将軍である王文度を熊津都督に任じていた。また、668年に高句麗を滅ぼしたときにも、旧高句麗領を安東都護府として唐の将軍である薛仁貴を安東都護に任じ、軍政による統治を命じている。

それだけでなく、唐の高宗は663年、唐に協力していた新羅を鶏林大都督府とし、新羅の文武王（在位661年〜681年）を鶏林州大都督に任じていた。これは、唐が新羅をも独立した藩属国としてではなく、唐の属州として扱うことを示したものである。

●唐による朝鮮統治

唐はそのころ、服属させた異民族に対し、王を都督などに任じて間接統治する方針をとっていた。こうした政策を羈縻政策といい、羈縻政策に基づく支配を羈縻支配という。羈縻の「羈」とは馬の手綱、「縻」とは牛の鼻綱のことであり、唐が主導して異民族を支配しようとする考えだった。

唐に滅ぼされた百済や高句麗には、王がいなくなってしまったのだから、その旧領に唐の支配がおよぶのは致し方ない。しかし、新羅にとっては、到底、認められるものではなかったろう。高句麗や百済に対抗しようと唐の支援を仰いだ結果、新羅による朝鮮三国の統一が否定されるという皮肉な結果になってしまったからである。

唐から問責される新羅

新羅の文武王は、高句麗が健在の間、唐と対立するのは得策ではないと判断していたにちがいない。しかし、高句麗が滅亡するやいなや、新羅は唐の支配下にある熊津都督府へと進出しようとしたのである。

もちろん、唐が羈縻州とする熊津都督府に進出するということは、鶏林大都督府として唐の属州となっている新羅が唐に背くことにほかならない。このため、文武王は、はやくも、唐の高宗から熊津都督府の土地と臣民を奪ったとして問責されたのである。
　文武王は、669年5月、級伐飡の祇珍山らを唐に遣わして磁石2箱を献上するとともに、伊伐飡の金欽純と波珍飡の金良図を謝罪使として唐に遣わした。このとき謝罪使は、
　「新羅はすでに唐の属州でございます。新羅と百済が同じ唐の属州ならば、もともと新羅領であったとか百済領であったとかいう理由で二つに分けるべきではありません。願わくは一つの州として、後患のないようにしてください」
　と訴えている。文武王は、新羅と百済を一つの州とすることで、旧百済領の実質的な支配権を獲得しようとしたのだが、高宗が、こうした新羅の論理を認めることはなかった。高宗は、あくまでも自ら百済の旧領を統治しようとしたのである。
　唐に遣わされた謝罪使のうち、金欽純は翌670年正月に帰国を許されたが、金良図は投獄されたまま、ついに獄死してしまったという。

高句麗復興軍の蜂起

　唐に対して公然と反旗を翻せば、唐による追討は避けられない。そう考えた新羅の文武王は、安東都護府で高句麗の遺臣らが蜂起したのに乗じて、唐の支配権を奪っていこうと考えるようになる。
　このころ、安東都護府では、太大兄の高延武や大兄の鉗牟岑を中心とする高句麗の遺臣らが復興軍を組織し、唐に対する抵抗を始めていた。文武王は、この高句麗復興軍を支援するため、密かに沙飡の薛烏儒に1万の軍勢をつけて高句麗に送ったのである。おそらく、薛烏儒らは新羅軍の旗幟などは隠していたのだろう。
　高延武率いる高句麗復興軍1万と薛烏儒率いる新羅の援軍1万は、670年3月、鴨緑江を渡河し、鴨緑江の対岸を守っていた靺鞨軍を撃破した。しかし、このとき、唐の安東都護である高侃が靺鞨軍に援軍を送ったため、高延武・薛烏儒らは、いったん引き下がって態勢を整えている。
　結局、高句麗復興軍は、靺鞨軍に阻まれ、旧高句麗領の北部を回復することができなかったらしい。そして、このあと、高句麗復興軍は、朝鮮半島を南下していくことになるのである。

王族を擁立する高句麗復興軍

高延武が靺鞨軍に押されて退去したあと、やはり高句麗遺臣の鉗牟岑は、大同江を渡河して南進すると、唐の支配拠点を落としながら、黄海の史冶島に向かう。ここに、高句麗最後の王となった宝蔵王（在位642年〜668年）の孫にあたる高安勝が戦乱を避けて逼塞していたからである。高安勝は、高句麗の実権を握っていた淵蓋蘇文の弟淵浄土の子であったというから、おそらく淵浄土自身が王の女婿だったのだろう。

それはともかく、鉗牟岑ら高句麗復興軍は、高安勝を奉じて、漢城に迎え入れた。そして、鉗牟岑は、670年6月、小兒の多式らを新羅に遣わして、

「滅んだ国を再興し、絶えた王統を継ぐのは、天下の正義であり、これを貴国にお願いしたいと思っております。先代の宝蔵王が道を誤ったため、わが国は滅ぼされてしまいましたが、ここに、遺臣らが王族の高安勝を奉じました。お力添えをいただけましたら、今後、貴国の藩属として永久に忠誠を尽くす所存でございます」

と高安勝の擁立を報告したのである。

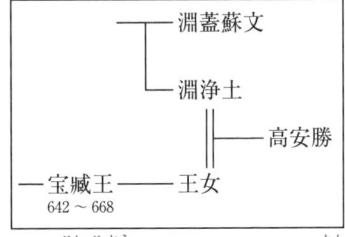

すでに高句麗復興軍を利用しようと考えていた文武王は、あらかじめ、鉗牟岑に対し、支援を約束していたにちがいない。

高安勝を封じる新羅

高安勝は、鉗牟岑に擁立されて高句麗復興軍の中心に据えられたが、実権を鉗牟岑がもつことに不満を抱き始めた。ほどなく、高安勝は鉗牟岑を殺し、4000戸の臣民を率いて新羅に亡命したのである。新羅の文武王は、高安勝を国の西部にある金馬渚に保護すると、670年8月には、沙飡の須彌山を遣わして、高安勝を高句麗王に封じた。このとき、文武王は、概ね次のような内容の冊命文を高安勝に送っている。

咸享元年（670）8月1日辛丑に、新羅王は高句麗の嗣子、高安勝を高句

麗王に冊命す。高句麗は、国を興して800年になろうというとき、淵蓋蘇文の子らが覇権を争い、結局、滅亡してしまった。そなたが、新羅に頼ってきたのは晉（B.C.1046年〜B.C.376年）の文公（在位B.C.636年〜B.C.628年）を彷彿とさせる。宝臧王の跡を継ぎ、高句麗王家の祖先を祀ることができるのは、そなたしかいない。そなたを高句麗王とするから、遺民を集めて国を治め、兄弟のごとく新羅に仕えよ

　文武王は、かつて内紛を避けて国外に亡命したことのある晉の文公になぞらえ、高安勝を保護したといわんばかりである。しかし、高安勝を支援して高句麗王に冊命したのは、もちろん、善意などからではない。高句麗の王族である高安勝を庇護下におくことで、朝鮮三国統一の大義名分を得ようとしたのだった。当然、高安勝を奉じる高句麗復興軍にけしかけて、唐軍と戦わせる計略も考えていたであろう。

熊津都督府に侵攻する新羅

　新羅の文武王は、高句麗復興軍に内通した事実を隠しながら、熊津都督府に使者を派遣する。そして、

「高句麗の遺臣が蜂起したので討たなければなりません。新羅と熊津都督府がともに皇帝陛下の臣であることを考えれば、共同して賊軍を討つべきです。出兵のことについて軍議を図りたいので、新羅までお越しいただきたい」

と伝えさせたのである。

　このころ、熊津都督府では、都督の扶余隆が新羅の侵入をおそれて唐に戻ってしまっていたため、唐に降伏した百済人の司馬禰軍らが、実務を代行していた。文武王の求めに応じて自ら新羅に赴いた司馬禰軍は、新羅を全面的に信頼するつもりはなかったのだろう。

「出兵後、お互いが疑いあってもいけませんので、熊津都督府と新羅と双方で、人質を交換したほうがいいでしょう」

と提案したのである。このため、文武王は金儒敦を、熊津都督府の首彌長貴らに従えて熊津都督府に送り、人質の交換について、具体的に話を詰めさせる姿勢をみせた。

　ところが、文武王は、金儒敦が戻ってきたあとも新羅から人質を出そうとはしない。それどころか、熊津都督府が新羅への侵攻を図ろうとしていると称して、新羅にきていた司馬禰軍を人質にすると、670年7月、金品日・金天存・金文穎らに命じ、三方向から同時に熊津都督府へと侵攻させたのである。

金品日らは63城を攻め取り、城内の臣民を新羅に移した。金天存らは7城を攻めて2000人を斬り殺し、金文穎らは12城を攻め取り、熊津都督府に属する靺鞨兵7000余を討ち取ったという。
　こうして、熊津都督府への攻勢を強めた文武王は、翌671年6月、将軍の金竹旨などを派兵し、百済の旧都である泗沘まで侵入させた。これにより、金竹旨率いる新羅軍は、泗沘の南に位置する加林城の城下を侵略したあと、唐軍と石城山城で戦い、5300余を討ち取ったという。

●新羅の熊津都督府侵攻

新羅を問責する唐

　もちろん、こうした新羅の侵掠を、宗主である唐が認めるはずもない。671年7月、安東都護の薛仁貴は、新羅の僧である琳潤を使者として、文武王に次のような書翰を送ってきた。

　　唐の将軍薛仁貴が、新羅王に書を送ります。聞くところによると、王は、熊津都督府を侵掠したとのことですが、もし、事実であれば、これは仁義にもとるものでありましょう。先代の武烈王（在位654年〜661年）が、高句麗と百済に侵掠されている臣民の苦しみを唐に訴えたところ、その言葉に心をうたれた太宗（在位626年〜649年）は武烈王の要請に応じて支援をしました。だから唐は、武烈王との信義を守り、新羅を支援してきたのです。王が侵掠を続ければ、君たる皇帝に背くだけでなく、父たる先王の言葉に逆らうものとなりましょう。それは、不忠にして不孝というものです。それに、高句麗の遺臣らを匿っているそうですが、高安勝は若く、物事の道理がよくわかっていません。唐は、滅んだ高句麗を憐れみ、攻撃することをやめていました。にもかかわらず、貴国に支援を求めたのは、高安勝の過ちです。このような事態になった理由を教えてください。そうすれば、文書でもって、皇帝に奏上するようにしましょう

これに対し、文武王は、次のような書翰を薛仁貴に送っている。

　　高句麗と百済からの侵掠に苦しんだ父の武烈王が太宗に支援をお願いしたとき、太宗は「朕が新羅を支援するのは、臣民に安らぎがないことを憐れむからである。領土などが欲しいためではない。もし朕が両国を平

定したならば、平壌以南、百済の土地はすべて新羅に与えよう」と仰られました。そのため、新羅は、皇帝の恩に少しでも報いようと努めてきた次第です。百済の滅亡後、新羅は帝命により、熊津都督府の扶余隆と会盟しました。しかし、先日、高句麗の遺臣が反乱をおこしたとき、わが新羅と熊津都督府との間で人質を交換しようとしたところ、熊津都督府にいる百済の遺臣が新羅への侵攻を計画していることがわかり、自衛のために戦わざるをえませんでした。このことを皇帝陛下に奏上しようとしたのですが、使者を遣わした船が難破して、まだ目的を果たしていません。それなのに、百済の遺臣は新羅が反乱をおこしたなどと嘘をいうため、忠誠を尽くすことができないでいるのです。新羅は、漢（B.C.206年〜220年）の高祖劉邦（在位B.C.202年〜B.C.195年）に誅殺された丁公のように裁かれてしまうのでしょうか。ぜひ、詳しくお調べいただければと存じます

　丁公というのは、秦（B.C.778年〜B.C.206年）が滅亡したあとの天下統一をめぐって争った楚漢の戦争において、楚の項羽に仕えていた人物である。楚漢の戦争中、劉邦を追いつめながらも劉邦に説得されて見逃していた丁公は、劉邦が項羽を滅ぼしたあとに降伏したところ、見逃したことを不忠とされ、斬首されたという。文武王は、あたかも新羅が丁公のように、唐に忠節を尽くしながらも不忠との誹りを受けているといわんばかりである。

　このような新羅の言い分が詭弁であることは明らかだが、新羅は、公然と唐に反旗を翻したわけではない。依然として唐の年号を使い続けていたからである。それはつまり、新羅が唐を宗主に仰いでいることを意味した。新羅は、露骨に唐と戦争するのではなく、自衛のためとうたいながら、既成事実を積み重ね、朝鮮三国を統一していこうとしたのである。

　この書翰を提出した直後、文武王は百済の旧都である泗沘を占領して所夫里州をおくと、阿湌の真王をそこの都督に任じた。また、10月6日には、唐の輸送船70余艘を襲撃しており、高句麗人の将軍である鉗耳大侯ら100余名が俘虜となり、溺死した唐軍の数は数えきれなかったという。

●新羅の泗沘占領

第四章　新羅による統一

唐の朝鮮半島撤退

唐に大敗する新羅

　唐（618年～907年）の間隙をついて泗沘を占拠した新羅軍であったが、翌672年7月になると、安東都護府における平定が一段落したため、薛仁貴の後任として高句麗復興軍との戦いに従事していた安東都護の高侃が1万の軍勢、李謹行が3万の軍勢を率いて平壌に集結し、熊津まで南下を始めた。そして、8月には馬邑城を攻略すると、進軍して白水城から500歩ほどの場所に布陣したのである。

　これに対し、文武王（在位661年～681年）は義福・春長を主将に、金庾信の子の金元述らを副将として、高句麗復興軍とともに唐軍を迎え撃たせることにする。新羅軍が唐軍の陣を急襲すると、高侃らが退却したため、新羅軍は石門まで追撃する。しかし、これはどうやら唐軍の計略であったらしい。

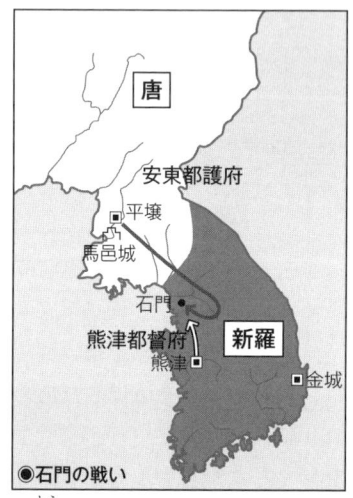

　唐軍は、石門に到着したばかりの新羅軍が、いまだ陣を構えていないころあいを見計らって、総攻撃をかけたのである。兵法では、戦力の充実した敵を攻めてはいけないと戒めている。このときの唐軍は、まさに、その通りの攻撃だった。この唐軍の急襲により、新羅軍は総崩れになってしまった。

　副将の金元述が、死を覚悟して唐軍に戦いを挑もうとすると、配下の淡凌は、

　「大丈夫たる男子は、死ぬことが難しいのではなく、死ぬときを選ぶのが難しいのです。死んでも成果がないのなら、生きて再起を図るべきではないでしょうか」

　と制止する。これに対し、金元述は、

　「男子は、いやしくも生きることに執着してはならない。それに、このま

までは父に会わす顔もないではないか」

といって敵陣に駆け出そうとしたが、淡凌が手綱を放さなかったという。結局、金元述も、義福・春長らとともに新羅の王都である金城に帰還した。敗報を聞かされた文武王が、

「わが軍が大敗してしまった。これから唐軍に対して、どのように対処していくべきだろうか」

と聞くと、金庾信は、

「唐軍のこれからの動きは予測できません。各将軍に命じて、要衝を守らせておくべきでしょう。ただし、わが子金元述は、王命を辱めたばかりでなく、家訓にも背いていますので、斬首しなければなりません」

と答えた。文武王は、要衝を守らせるという意見は聞きながらも、

「副将の金元述だけを重罰に処することはできまい」

といって赦したという。

唐に謝罪する新羅

石門での大敗を受け、新羅の文武王は、唐の高宗（在位649年〜683年）に謝罪することにした。そこで、672年9月、唐に謝罪の使節を送るとともに、俘虜となっていた鉗耳大侯や司馬禰軍らも送還することにしたのである。このとき、文武王が高宗に送った国書の内容は、概ね次の通りであった。

　恐れながら謹んで申し上げます。高句麗と百済によって滅ぼされそうになった新羅を、陛下に救っていただいた恩は、言葉で言い尽くすことはできません。ただ、熊津都督府にいる百済の遺臣が、陛下を騙して新羅に復讐をしようとしたため、やむをえず、自衛のために戦わざるをえなかったのです。このため、新羅は誤って逆賊との汚名を着せられてしまいました。それがしが、なにも申し上げないうちに死を賜ってしまえば、事実は永久に明らかとなりえません。伏して願わくは、事実をお調べください。そのうえでなお、陛下が自ら裁いてくださるのなら、甘んじて死を賜ります

文武王は、このような国書を、金・銀・銅など大量の貢物とともに高宗に奉呈したのだった。文武王は、新羅を討つ大義名分さえなくせば、高宗も新羅に出兵しにくくなると考えていたのであろう。もちろん、謝罪は形だけのことで、実際には、唐による新羅への攻撃をかわすためのものであったことはいうまでもない。

実際、文武王は、対外的には唐に謝罪しながら、対内的には、九誓幢とよばれる九つの軍団を整備し、臨戦態勢を固めていたのである。ちなみに、九つの軍団のうち、新羅人の軍団は3軍だけで、残りは高句麗人の3軍、百済人の2軍、靺鞨人の1軍であった。

ちなみに、靺鞨は、勿吉の流れをくむ民族で、松花江流域を中心に、北は黒龍江中・下流域、東はウスリー川流域、南は朝鮮半島北部に割拠していた。新羅だけで唐に勝つことは難しいと判断した文武王は、高句麗や百済の遺臣をとりこみ、朝鮮三国の盟主として、唐に対峙しようとしたのである。

安東都護府の移転

唐（618年～907年）は、668年に高句麗を滅ぼしたあと、高句麗の王都であった平壌に安東都護府をおき、高句麗の旧領を統治させるとともに、朝鮮三国を管轄させていた。唐の高宗（在位649年～683年）は、唐人の薛仁貴を安東都護に任じ、朝鮮三国を唐の支配下におこうとしたのである。そのため、高句麗最後の王である宝臧王（在位642年～668年）や、高句麗の遺民20余万人を唐に連行していた。そうすれば、高句麗の抵抗も長くは続かないと考えたのだろう。事実、高句麗の王族である高安勝を奉じた高句麗復興軍は、安東都護府では勢力を回復することができず、新羅の文武王を頼るしかなかった。そういう意味からすれば、唐の戦略は有効であったといえるかもしれない。

しかし、高句麗がなくなったことにより、安東都護府においては、それまで高句麗の支配下におかれていた靺鞨が自立化をはじめたのである。

こうした動きを受けて、676年、唐の高宗はついに、平壌の安東都護府を遼東城に移し、同時に、百済の旧領を統治していた熊津の熊津都督府も遼東郡の建安城に移すことを決めたのである。

こうして、新羅が旧百済領のほか、旧高句麗領のうちの南部を併合し、朝鮮三国を統一することになった。

宝蔵王を遼東に封ずる唐

　唐の高宗は、朝鮮を統括する安東都護府の拠点を遼東に移したものの、それは、朝鮮への介入を断念したことを意味するものではない。677年2月、高宗は、唐に連行してきていた高句麗最後の王である宝蔵王を「遼東州都督、朝鮮王」として遼東に封ずると、安東都護府を新城に移してこれを統轄させることにしたのである。

　高宗は、宝蔵王を利用して、靺鞨の自立を阻むとともに、高句麗の遺臣を靺鞨と戦わせようとしたのかもしれない。しかし、現実には、高宗のもくろみ通りには進まなかった。遼東に奉じられた宝蔵王は、靺鞨と結んで唐に反旗を翻したからである。

　結局、宝蔵王は681年に邛州（現在の四川省）に配流され、翌682年に崩じてしまった。高宗は、亡き宝蔵王を、東突厥（582年〜745年）の君主である頡利可汗（在位620年〜630年）の墓のそばに葬らせたという。

高安勝を傀儡とする新羅

　唐が宝蔵王を遼東に封じていたころ、新羅の文武王は、新羅の金馬渚において庇護していた高安勝に妹（一説に姪）を嫁がせようとする。文武王は、高句麗の王族である高安勝と姻戚関係を結ぶことで、高句麗の旧領を統治する名分を得ようとしたのであろう。680年3月、高安勝に次のような内容の書を送った。

> 王家が続くためには、跡継ぎがいなくてはなるまい。そなたも、そろそろ、国を再興するにあたり、結婚のことを考えるべき時期にきているのではないか。今、わが妹をそなたの妻として娶せたいと思う。これからも祖先に対する祭祀を怠らず、子孫を繁栄させていけば、これほどすばらしいことはないだろう

　文武王の書を受け取った高安勝は、680年5月、将軍の高延武らを遣わして新羅に次のような書を奉呈している。

> これまで殿下から受けた御恩に報いることさえできていませんのに、重ねて、殿下の親族に加えていただけるというのは、喜びに堪えられません。いまだ許しを得ておりませんので自ら参内することはできませんが、書面を通じ、この気持ちを表わす次第でございます

　高句麗が唐と結んだ新羅に滅ぼされたという経緯がある以上、いくら文武

王が高安勝を庇護したとはいえ、こうした政略結婚を心から喜ぶはずもない。しかし、政略結婚を受けいれざるをえない状況に追いつめられていたところに、高安勝の悲哀があったといえよう。

完全に消滅した高句麗

文武王の跡を継いだ神文王（在位681年～692年）は、683年10月、高安勝に新羅の官位である迊湌を授けたうえ、金氏の姓を与え、新羅の王都である金城に移住させた。それはつまり、高安勝を、高句麗の王族ではなく、新羅の貴族として扱うことにしたということである。

高安勝としては、貴族の生活が保障されており、それほどの抵抗はなかったかもしれない。しかし、所領の回復すら叶わなくなった遺臣らは、新羅に対して不満を募らせていく。そして、ついに、684年11月、高安勝の一族にあたる将軍の高大文が新羅への謀反を理由に誅殺されると、高句麗復興軍は一斉に蜂起して、金馬渚を占領したのである。これに対し、神文王は軍勢を派遣して反乱を鎮圧すると、金馬渚を金馬郡とし、高句麗の遺民は南の州郡に移した。こうして、高句麗復興の夢は完全に断たれてしまったのである。

統一新羅

新羅の神文王は、高安勝を傀儡として、高句麗の遺領を支配するつもりでいたのだろう。しかし、高句麗の遺領では靺鞨の成長が著しく、698年には靺鞨の大祚栄が高句麗の遺臣と結んで唐からの自立を図り、渤海（698年～926年）を建国し、高王（在位698年～719年）として即位する。こうしたことで、唐も、朝鮮を放棄せざるを得ない状況におかれるようになっていったのである。

こうして、735年、唐の玄宗（在位712年～756年）は、大同江以南の地を新羅に割譲する。大同江以南といえば、かつて高句麗が領有していた領域の南端部にすぎず、高句麗の旧都である平壌さえも含まれていない。それでも、たびかさなる戦乱を終息させた意義は少なくなかったといえるだろう。こののち、統一新羅は安定して、発展を遂げることになる。

● 統一新羅の版図

朝鮮三国志列伝

高句麗

こうくり　コグリョ　B.C.37年ころ〜668年

建国の年代

　高句麗は、のちに国号を「高麗」とし、わが国の『日本書紀』では「こま」と読んでいる。ただ、のちに成立した高麗（918年〜1392年）と区別するため、慣習的に、一貫して高句麗とよぶ。

　高句麗の名が同時代の史料で確認できるのは、B.C.1世紀に成立した中国の『漢書』が最初である。このなかで、高句麗は、B.C.108年に漢（B.C.206年〜220年）が設置した玄菟郡のなかの高句麗県として記されている。

　神話では、扶余から亡命した東明王（在位B.C.37年〜B.C.19年）がB.C.37年に建国したことになっているが、史実として確認することはできない。漢が弱体化するなか、高句麗県を本拠とする在地の豪族が王となり、漢からの自立を図ったというのが実情だったのだろう。

中国王朝による侵略

　高句麗は、中国と境界を接していたことにより、中国の文化を受容しながら、朝鮮三国のなかで最も早くに成長を遂げることができた。武器や武具の技術的な発展により、軍事的にも優位にあったことは想像にかたくない。高句麗は、そうした軍事力を背景に、晋（265年〜420年）の楽浪郡・帯方郡を滅ぼすと、百済や新羅へと進出していく。こうして高句麗は、広開土王（在位391年〜412年）・長寿王（在位412年〜491年）の時代に最盛期を迎え、475年には百済の王都漢城を攻め落として漢江流域を制圧した。

　しかし、中国と境界を接していたことにより、反面で、絶えず中国による侵略を受けることになったのも事実である。それでも、中国が混乱している間は、総力を挙げて侵略されるということはなかった。しかし、隋（581年〜618年）が中国を再統一してから、繰り返し侵攻を受けるようになり、668年、ついに唐（618年〜907年）に滅ぼされてしまったのである。

高句麗王統系図

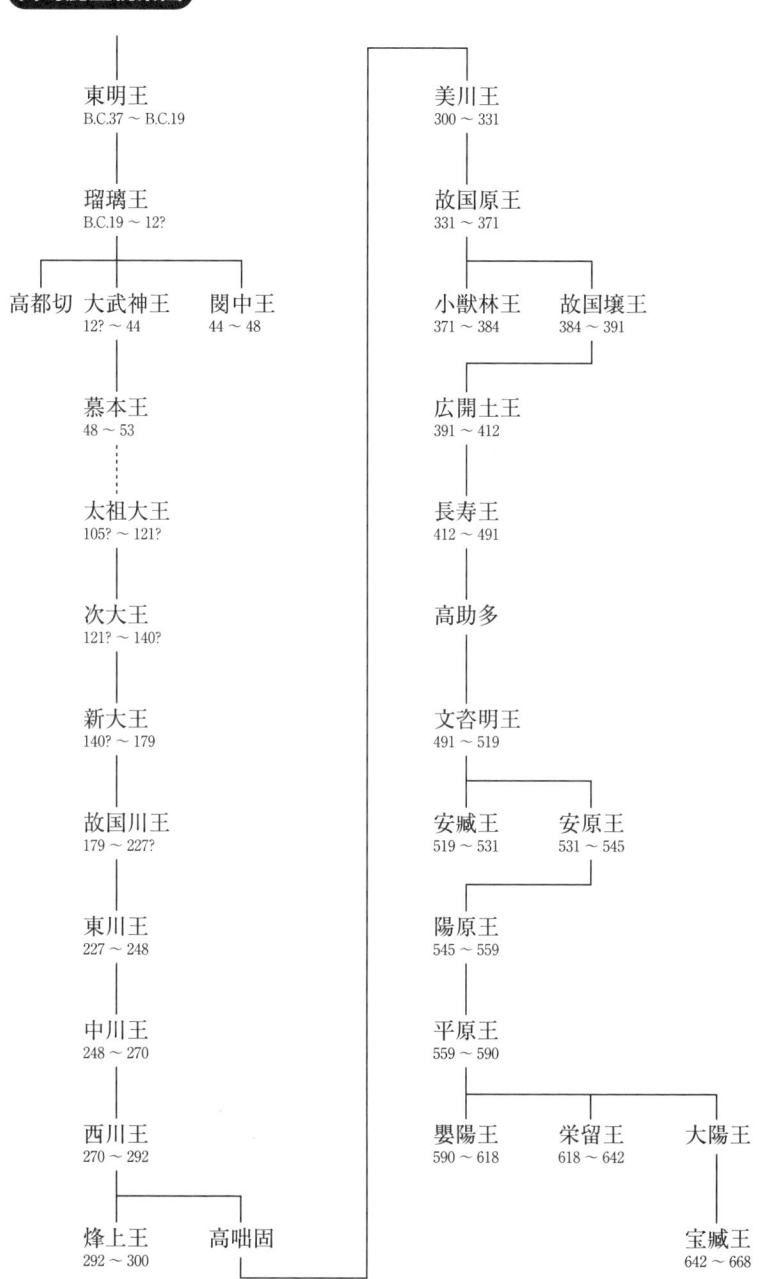

- 東明王 B.C.37～B.C.19
  - 瑠璃王 B.C.19～12?
    - 高都切
    - 大武神王 12?～44
      - 慕本王 48～53
        - 太祖大王 105?～121?
          - 次大王 121?～140?
          - 新大王 140?～179
            - 故国川王 179～227?
            - 東川王 227～248
              - 中川王 248～270
                - 西川王 270～292
                  - 烽上王 292～300
                  - 高咄固
                    - 美川王 300～331
                      - 故国原王 331～371
                        - 小獣林王 371～384
                        - 故国壌王 384～391
                          - 広開土王 391～412
                            - 長寿王 412～491
                              - 高助多
                                - 文咨明王 491～519
                                  - 安臧王 519～531
                                  - 安原王 531～545
                                    - 陽原王 545～559
                                      - 平原王 559～590
                                        - 嬰陽王 590～618
                                        - 栄留王 618～642
                                        - 大陽王
                                          - 宝臧王 642～668
    - 閔中王 44～48

朝鮮三国志列伝　高句麗

207

高句麗の始祖
東明王
とうめいおう　トンミョンワン

生没　B.C.58年〜B.C.19年
在位　B.C.37年〜B.C.19年
実名　高朱蒙

建国の神話

　高句麗を建国したとされる東明王は、実名を高朱蒙といった。12世紀に成立した『三国史記』によると、父は天帝の子と称する解慕漱、母は河神の娘である柳花で、卵から生まれたことになっている。その後、扶余の金蛙王（在位B.C.48年〜B.C.7年）に養われたあと、王位をめぐる争いを避けて扶余から亡命し、B.C.37年、高句麗を建国したという。
　もちろん、神話であるから、史実であったとは考えられない。ただ、なんらかの史実を反映していることは、十分に考えられることである。

扶余王の女婿か

　神話によれば、高朱蒙は、扶余の金蛙王の養子となったが、武勇に優れていたために王子らに妬まれ、身の危険を避けるために扶余を脱出したとされている。史実としても、高朱蒙が、扶余王の庶子であった可能性はある。ただ、当時、扶余は東アジアにおいて最も勢威のある国の一つであった。高句麗の系譜を扶余につなげながらも、扶余の王家とは異なる出自を示そうとして、こうした神話が創作されたのかもしれない。
　このあと、神話では、高朱蒙の妻と子が遅れて扶余から逃れてきたことになっている。高朱蒙が扶余を脱出して自立をしたのであれば、はたして、扶余では高朱蒙の妻子を生かしておいたろうか。
　この点、『三国史記』では、一説として、高朱蒙は扶余王の娘を王妃に迎えていたとしている。高朱蒙の妻が扶余王の娘であれば、遅れて高句麗に来たというのも納得がいく。扶余と高句麗の力関係を考えれば、高朱蒙は扶余王の娘を王妃にすることを強いられていたのであり、妻子ともども、扶余に人質として留め置かれていたことは十分に考えられよう。
　高朱蒙は、もともと、高句麗県を勢力下においていた豪族で、扶余と結んで勢力を拡大させながら、漢（B.C.206年〜220年）が弱体化していくなかで王としての自立を図ったものと考えたい。

新の王莽に討たれた？
瑠璃王
るりおう　ユリワン

生没	B.C.38年〜12年？
在位	B.C.19年〜12年？
実名	高類利

父と子の対面

　瑠璃王は、実名を高類利といい、東明王の長男である。『三国史記』によると、高類利は、父が扶余を脱出したあとに生まれ、B.C.19年4月、母とともに扶余から高句麗に亡命し、父との対面を果たしたという。

　ただ、東明王の亡命が事実と考えられない以上、高類利の亡命も、おそらく事実ではあるまい。高句麗が扶余に従属していたのであれば、東明王の子である高類利は、扶余に人質として送られていたのであろう。人質生活を終えて高句麗に戻った高類利は、B.C.19年9月、父の崩御を受けて即位した。

扶余の圧迫

　B.C.6年正月、扶余の帯素王（在位B.C.7年〜22年）が、使者を高句麗に遣わし、人質を出すように要求してくる。扶余の勢威は強大であり、瑠璃王は、太子の高都切を人質にしようとしたのだが、高都切は扶余に行くことを拒む。扶余と高句麗との関係が悪化すれば、必ずや人質は殺されると高都切は考えたのである。

　結局、人質を出さなかったことにより、11月、高句麗は帯素王が自ら率いる5万の扶余軍に侵略されることになった。だが、大雪が降ったため、凍死者が続出した扶余軍は撤退したという。ほどなく、高都切も薨去した。

新による出兵要請を拒否

　そのころ、中国を支配していたのは、新（8年〜23年）の王莽である。王莽は、12年、匈奴（B.C.209年〜93年）を討つべく、高句麗にも出兵を要請したが、瑠璃王は拒否した。このため、高句麗は、新による征討を受けることになってしまう。

　ただ、新には高句麗と全面的に戦う余裕はなく、中国の史料である『後漢書』によると、12年、「高句麗侯騶」はおびき出されて暗殺されたという。この「高句麗侯騶」こそ、瑠璃王だったと考えられる。

朝鮮三国志列伝　高句麗

扶余王を討つ
大武神王
たいぶしんおう　テムシンワン

生没	4年～44年
在位	12年？～44年
実名	高無恤

扶余から贈られた赤色の烏

　大武神王は瑠璃王の王子で、即位する前から、扶余との戦いに従軍していた。大武神王が即位したころ、扶余では、帯素王（在位B.C.7年～22年）が、頭が一つに体が二つある赤色の烏を手に入れていた。廷臣が、
「烏はもともと黒い色をしているものですが、いま赤色に変わり、それに一頭二身であります。これは2国を併合する兆しにちがいありません。きっと、殿下が高句麗を併合なされるということなのでしょう」
とおだてると、喜んだ帯素王は、20年10月、使者を高句麗に遣わして赤色の烏を贈るとともに、廷臣の言葉も伝えたのである。
　これに対し、高句麗の大武神王が、
「北方の色である黒色が、南方の色である赤色に変わっています。また、赤い鳥は、おめでたい鳥です。それを貴国は、わざわざ弊国に贈ってくださいました。弊国はますます発展することでしょう」
と答えると、帯素王は、たいそう悔しがったという。

扶余への侵攻

　扶余は大国で、これまで高句麗は長らく扶余に圧迫され続けてきた。しかし、大武神王は、富国強兵に努めると、22年2月、ついに扶余への侵攻を開始したのである。
　このとき、扶余軍を湿地帯におびき出した大武神王は、進退の自由を奪ったうえで急襲する。これにより、高句麗軍は扶余の帯素王を討ち取ったのである。ただ、それでも扶余軍は総崩れにはならず、高句麗軍も撤退するほかなかった。
　高句麗に凱旋した大武神王は、群臣に対して扶余を滅亡させることができなかったことを詫びるとともに、戦死者の家を弔問し、負傷者の家を慰問するなどした。このため、高句麗の臣民は、大武神王によりいっそう、忠誠を尽くすようになったという。

石窟に葬られた短命の王
閔中王
びんちゅうおう　ミンジュンワン

生没	生年不詳～48年
在位	44年～48年
実名	高解色朱

大武神王の弟か

　閔中王は、『三国史記』では大武神王の弟、『三国遺事』では大武神王の子とされている。ただ、閔中王は、先代の大武神王が44年10月に崩御したとき、太子の高解憂が幼少だったために群臣が推挙したと伝わる。とすれば、年代的にも、大武神王の子ではなく、弟とみるべきなのだろう。

　47年7月、狩りをしていた閔中王が石窟をみつけ、
「自分が死んだら必ずここに葬るように。陵を造る必要はない」
と近臣に伝えたという。閔中王は、余命がいくばくもないことを知っていたのだろうか。翌48年、閔中王は崩御してしまった。王の遺命には王后でさえ背くことはできず、群臣は王の遺骸をその石窟に埋葬したという。

暗殺された暴君
慕本王
ぼほんおう　モボンワン

生没	30年～53年
在位	48年～53年
実名	高解憂

臣民の敵

　慕本王は、大武神王の長男で、叔父と思われる閔中王が崩御したあと、即位した。慕本王は、諫言する廷臣を殺害するなど、独裁的な傾向を強めていったらしい。そうしたとき、王を恐れる近臣の杜魯に、
「『書経』は、我を撫恤すれば、すなわち君主であり、我を虐待すれば仇である、といっている。慕本王は暴虐をはたらいて人を殺しているから、これは臣民の仇であろう。怯えていないで、行動をおこせ！」
と叱咤する者がいたという。

　53年11月、杜魯を近くに呼び寄せた慕本王は、刀をその身に隠していた杜魯に殺害されてしまった。

高句麗中興の祖
太祖大王
たいそだいおう　テジョデワン

生没	生年不詳～121年？
在位	105年？～121年？
実名	高宮

謎多き系譜

　『三国史記』によると、太祖大王は、瑠璃王の子である高再思の子で、53年に慕本王が暗殺されたあと、慕本王の太子である高翊が不肖であったため、7歳で即位することになった。そして、146年12月に弟の高遂成に王位を譲ったあと、165年3月に崩御したことになっている。

　しかし、この記録を信じれば、在位は93年間におよび、享年は119になってしまう。中国の史料である『魏書』には「朱蒙死して閭達が代わって立つ。閭達死して、子の如栗が代わって立つ。如栗死して、子の莫来が代わって立つ。（中略）莫来の子孫が相伝え、裔孫の宮に至る」とある。ここにある「莫来」というのが慕本王であろうから、「宮」すなわち太祖大王までに、数代の王が存在していたのは間違いない。

太祖の意味

　慕本王から太祖大王に至るまでの系譜については、まったくわからない。ただ、王の諡号である「太祖」というのは、本来は王朝の始祖に使われる廟号である。その「太祖」を諡号にしているのは、高句麗にとって、中興の祖ともいうべき傑出した王とみなされていたからであろう。

　実際、高句麗は105年正月、漢（B.C.206年～220年）の支配下にあった遼東郡に侵入している。おそらく、この年に、太祖大王は即位したものであろう。このとき、高句麗は遼東太守の耿夔に敗れはしたものの、漢への侵入を繰り返している。121年春には、漢軍による侵攻を受けたが、太祖大王は漢軍を撃破すると、逆に漢へと出兵し、遼東太守の蔡諷を討ち取っただけでなく、1万余騎を率いて玄菟城を包囲した。このとき、扶余から漢に援軍が送られたため、結果的に高句麗軍は敗れることにはなったが、漢を追いつめるまでに成長したことを周辺国に強く印象づけたことはまちがいない。

　『後漢書』には、この直後、太祖大王が崩御したと記されている。太祖大王の死により、高句麗は再び、苦境にたたされることになった。

漢に降伏

次大王
じだいおう　チャデワン

生没	生年不詳〜140年？
在位	121年？〜140年？
実名	高遂成

太祖大王の子か弟か

　次大王は、『三国史記』によると太祖大王の弟で、146年に兄から王位を譲られ、76歳で即位したことになっている。しかし、76歳で即位をするというのは、常識的に考えられない。中国の史料である『後漢書』には、121年に太祖大王が崩御したあと、その子が即位したと記されており、こちらの記述が正しいのではないかと思われる。

　太祖大王は漢（B.C.206年〜220年）を追いつめたが、漢は、即位したばかりの次大王に降伏を迫る。漢が扶余と通じているなかで抵抗するのは不利だと考えた次大王は、漢に服属する道を選んだ。このため、高句麗の王権は、急速に衰微していくことになる。

漢の玄菟郡に従属

新大王
しんだいおう　シンデワン

生没	生年不詳〜179年
在位	140年？〜179年
実名	高伯固

積極的な進出があだに

　新大王は、『三国史記』によると、太祖大王の末弟で、165年、77歳で即位したと記されているが、にわかに信じることはできない。『後漢書』では先王の子としている。このように系譜が錯綜していてよくわからないが、本書では『後漢書』に従い、次大王の子としておきたい。

　高句麗の王権が衰微していくなか、新大王は、対外進出を試みなければ高句麗の王権を維持できないと考えたのであろう。新大王は、146年、漢（B.C.206年〜220年）が支配下におく楽浪郡・帯方郡に侵攻するなどした。しかし、これによって漢の反攻を受けるようになり、168年、高句麗に侵入した漢軍に敗北し、玄菟郡に従属することを余儀なくされている。

公孫氏の侵入を受けて遷都
故国川王
ここくせんおう　コグッチョンワン

生没	生年不詳〜227年？
在位	179年〜227年？
実名	高伊夷模

内政の改革を断行

　故国川王は、新大王の次男であった。新大王が179年に崩御したとき、新大王の長男である高抜奇が不肖であったことから、群臣は次男の高伊夷模を故国川王として即位させたという。実際に高抜奇が不肖であったかどうかはわからないが、権力争いの結果であったのだろう。

　実際、故国川王が即位してほどなく、高句麗では反乱がおきるようになっていた。そうしたなかで、故国川王は、賢臣の乙巴素を登用して、法にもとづいて内政を改革しようとする。このとき、既得権益をもつ貴族は抵抗を示したが、故国川王は、乙巴素に従わない貴族を処刑するなど、断固とした態度をとり、改革を成功させたという。

山上王と同一人物か

　『三国史記』によれば、故国川王が197年に崩御したあと、弟の「高発岐」と「高延優」が王位をめぐって争い、結果として「高延優」が「山上王」として即位したことになっている。しかし、「高発岐」は故国川王の兄である高抜奇と同一人物であろうから、この記述はおかしい。

　中国の史料である『後漢書』によれば、故国川王が崩御したあと、子の高位宮が即位したことになっている。この高位宮は、東川王であると考えられるので、『三国史記』にみえる「山上王」は、故国川王と同一人物とみてさしつかえあるまい。本書では、「山上王」の事績は、故国川王に含めている。

公孫氏による侵入

　故国川王の時代、ちょうど中国では漢（B.C.206年〜220年）の末期にあたり、混乱を極めていた。そうしたなか、遼東太守であった公孫康が自立を図り、高句麗にも侵入してくることになる。

　このとき、高抜奇が公孫康に降伏して高句麗に反旗を翻したため、故国川王は、王都である卒本を逃れ、通溝への遷都を余儀なくされた。

魏に王都を落とされた王
東川王
とうせんおう　トンチョンワン

生没	生年不詳～248年
在位	227年～248年
実名	高位宮（こういきょう）

遼東郡への進出で魏と対立

　『三国史記』によれば「山上王」の子とするが、「山上王」は故国川王と同一人物であると考えられるので、ここでは故国川王の子としておきたい。このころの高句麗は、遼東郡の公孫康に圧迫されていたため、234年には、華北を統一した魏（220年～265年）と和親を結んでいる。だが、238年に公孫康の子である公孫淵が魏に反旗を翻して滅ぼされると、積極的に遼東郡へと進出していく。このため、高句麗は245年、魏の幽州刺史である毌丘倹による侵攻を受け、王都である通溝を陥落させられてしまったのである。
　東川王は、通溝の東に位置する東黄城に王都を移し、248年9月、失意のなかで崩御した。近臣のなかには、殉死する者も多かったという。

反乱をおこした弟を滅ぼす
中川王
ちゅうせんおう　チュンチョンワン

生没	224年～270年
在位	248年～270年
実名	高然弗（こうぜんふつ）

讒訴した女性を処刑

　中川王は東川王の子で、248年に東川王が崩御したことにより即位したが、2か月後には弟の高預物・高奢句らが反乱をおこした。このため、中川王は、弟らを滅ぼしたという。
　そのころ、高句麗には長髪で知られた貫那という女性がいて、中川王は、この貫那を側室として迎えようとしたらしい。これに嫉妬した王后が、
　「魏（220年～265年）では長髪の美人を求めているそうです。長髪の美人を魏に差し出せば、侵略を受けることもなくなるのではないでしょうか」
　と中川王に入れ知恵すると、逆に、貫那は王后のことを中川王に讒訴する。二人の争いの結果、251年、中川王は貫那を処刑したという。

粛慎を討つ
西川王
せいせんおう　ソチョンワン

生没	生年不詳〜292年
在位	270年〜292年
実名	高薬盧

群臣の推挙で弟を抜擢

　西川王は、中川王の次男で、270年、中川王の崩御により即位した。280年、高句麗が北方民族の粛慎に侵略されると、群臣に、
「粛慎の侵入を防ぐことができる将軍を推挙せよ」
と命じると、群臣はこぞって、
「殿下の弟の達賈公は、勇猛なうえに智略もおありです」
と推薦するため、西川王は、弟の高達賈に出兵を命じた。
　果たして、高達賈は粛慎軍を奇襲して勝利を収め、粛慎領の一部を占領した。このため、西川王は、高達賈を安国君に封じ、服属した粛慎を統括させることにした。

廃位に追い込まれた王
烽上王
ほうじょうおう　ポンサンワン

生没	生年不詳〜300年
在位	292年〜300年
実名	高相夫

邪魔者を消す

　西川王が292年に崩御したあと、太子が烽上王として即位する。烽上王は、即位してすぐに叔父である安国君の高達賈を殺害した。さらに、弟の高咄固に反意があるとして自害に追い込んだため、高咄固の子である高乙弗は逃亡している。
　また、高句麗で旱魃がおこり、凶作になっても、烽上王は、王宮の造営をやめなかった。このため、宰相の倉助利によって烽上王は幽閉され、逃亡を余儀なくされていた高乙弗が迎えられ、美川王として即位する。廃位に追い込まれた烽上王が、自害すると、烽上王の王子二人も、そのあとを追って自害したという。

晋の楽浪郡・帯方郡を滅ぼす

美川王
びせんおう　ミチョンワン

生没　生年不詳〜331年
在位　300年〜331年
実名　高乙弗

烽上王に父を殺されて逃亡

　美川王は実名を高乙弗といい、父は西川王の子である高咄固であった。しかし、父の高咄固は、烽上王が即位した際、反意を抱いていると疑われて殺害されてしまう。このため、高乙弗は、逃亡した。
　そのころ、烽上王を廃位させようとしていた宰相の倉助利は、高乙弗を捜し出して、
「今、烽上王は、人心を失っております。もとより、国王にふさわしくありませんから、退位していただくつもりでいます。ぜひ、我らに協力をしてください」
と訴え、高乙弗を匿ったのである。300年9月、倉助利らがついに烽上王を幽閉すると、高乙弗はようやく王宮に迎えられ、美川王として即位した。

鮮卑の侵入

　即位したばかりの美川王は、晋（265年〜420年）が北方遊牧民族の侵入により弱体化したのに乗じて、遼東郡へと進出していく。このころ、遼東郡を実質的に支配していたのは、北方遊牧民族の鮮卑であった。
　美川王は、302年には玄菟郡、311年には遼東郡に侵入したが、これは鮮卑による朝鮮への介入を牽制するための行動だったのであろう。この直後、美川王は313年に楽浪郡、翌314年には帯方郡を続けて滅ぼしているのである。こうして、朝鮮半島北部は、はじめて高句麗の領土に組み込まれることになった。
　美川王は、318年、晋からの自立を図る平州刺史であった崔毖とともに鮮卑の慕容廆を攻撃したが、逆に敗れてしまう。反攻に出た慕容廆が、遼東郡を完全に平定すると、崔毖は高句麗に亡命してきた。鮮卑による侵攻を恐れる美川王は、慕容廆に対抗するため、330年、後趙（319年〜 351年）に朝貢することにした。しかし、鮮卑による高句麗への侵攻はとどまることなく、美川王の崩御後、鮮卑が建国した前燕（337年〜370年）に侵入された際には、美川王の王陵があばかれ、遺骸を持ち去られている。

朝鮮三国志列伝　高句麗

百済に討ち取られる
故国原王
ここくげんおう　コググォンワン

生没	生年不詳〜371年
在位	331年〜371年
実名	高斯由（こうしゆう）

前燕建国への対応

　故国原王は、美川王の子で、331年に美川王が崩御したため、即位した。即位したばかりの故国原王にとっての最大の問題は、鮮卑による侵入から高句麗を守ることにあったといっても過言ではない。すでに、このころ、鮮卑は晋（265年〜420年）から独立して前燕（337年〜370年）を建国しており、高句麗にさらなる圧力をかけてきたからである。

　339年、前燕軍は高句麗に侵入して新城にまで迫る。このため、故国原王は、前燕に降伏し、翌340年、太子を前燕に遣わした。だが、故国原王は、前燕に服属するつもりはなかったらしい。高句麗では、東川王（在位227年〜248年）の時代に魏（220年〜265年）の侵攻を受けて東黄城に避難していたが、ここにきて、王都を通溝に戻し、臨戦態勢をしいたのである。

前燕による侵攻

　前燕軍が高句麗に侵攻してきたのは、故国原王が通溝に遷都した直後のことであった。342年、前燕軍がおよそ6万5000の大軍で高句麗に侵攻してくる。高句麗軍は前燕軍を迎え撃ったが大敗し、故国原王も、単騎で敗走しなければならなかった。そして、王都は前燕軍による侵入を受け、王母周氏と王妃が人質として前燕に連れ去られただけでなく、父である美川王の遺骸までも持ち去られてしまう。

　翌343年、故国原王は、弟を前燕に遣わして朝貢することにした。

百済への侵攻

　前燕に降伏した故国原王は、前燕が支配下におく遼東郡への進出を断念し、このころ建国されたばかりの百済に侵攻していく。前燕には勝てなくても、百済には勝てると判断したものだろう。

　しかし、371年、逆に百済に攻め込まれてしまう。そして、自ら百済軍の攻撃を防いでいるうち、流れ矢に当たって討ち死にしてしまった。

前燕に破壊された高句麗を復興

小獣林王
しょうじゅうりんおう　ソスリムワン

生没	生年不詳〜384年
在位	371年〜384年
実名	高丘夫

前秦と結ぶ

　小獣林王は、故国原王の子で、371年に故国原王が百済との戦いのなかで討ち死にしたため、急遽、即位したものである。小獣林王は、前燕（337年〜370年）と百済に追いつめられるなか、華北に勢威をもつ前秦（351年〜394年）と結ぶことにした。前秦から順道・阿道という二人の僧が派遣されてくると、それぞれを肖門寺と伊弗蘭寺の住持としている。『三国史記』によれば、これが朝鮮における仏教の始まりだという。また、大学を設置して儒教にもとづく教育制度を広め、さらには律令も公布したと伝わる。
　小獣林王は、百済に対しても圧力をかけつづけ、377年に百済の仇首王（在位375年〜384年）が攻めてきたときには、撃退に成功している。

後燕と百済に完敗

故国壌王
ここくじょうおう　コグギャンワン

生没	生年不詳〜391年
在位	384年〜391年
実名	高伊連

弱体化する高句麗

　先々代の故国原王の子で、先代の小獣林王の弟にあたる。小獣林王が嗣子のないまま崩御したため、384年に即位した。
　385年、故国壌王は、後燕（384年〜407年）に侵攻して遼東郡と玄菟郡とを高句麗に併合した。しかし、ほどなく、後燕に奪い返されてしまう。結局、故国壌王も、先代の小獣林王の路線を継承して百済へと進出していく。
　386年に王子の高談徳を太子とした故国壌王は、内政を太子に任せると、百済遠征に乗り出した。しかし、故国壌王の遠征はことごとく失敗し、389年、390年と立て続けに百済の侵入を受けてしまう。こうして、高句麗が疲弊していくなか、391年、故国壌王は崩御した。

朝鮮三国志列伝　高句麗

高句麗の領土を拡大
広開土王
こうかいどおう　クァンゲトワン

生没	374年～412年
在位	391年～412年
実名	高談徳

諡号の意味

　広開土王は、故国壌王の子で、391年に故国壌王が崩御したあと、即位したものである。王の業績を称えるために建てられた広開土王碑によると、正式な廟号は国岡上広開土境平安好太王といったらしい。このため、『三国史記』では諡号を広開土王としている。また、その廟号から好太王とよばれることもある。

　広開土王というのは、広く領土を開いたという意味である。広開土王の生涯は、文字通り、領域拡大の歴史であったといってよい。

百済への侵攻

　広開土王は、393年、百済に侵攻して10城を落とす。さらに、2年後の395年に百済が高句麗に侵攻してきたときには、自ら出陣して百済軍を破っている。こうして、広開土王の侵攻に耐えかねた百済の阿莘王（在位392年～405年）は、翌396年、ついに高句麗に降伏したのである。広開土王にとって百済は、祖父故国原王の仇ではあったが、降伏を受けいれ、阿莘王の一命を助けた。

　ところが、百済は倭と同盟を結んで高句麗に反旗を翻す。その倭が新羅に侵攻したため、広開土王は新羅を救援して、倭軍を撃破している。

北燕と和親を結ぶ

　新羅への出兵にあたり、広開土王は、背後を固めるため、後燕（384年～407年）に朝貢しようとした。しかし、高句麗と抗争を繰り広げてきた後燕が素直に応じるはずもない。後燕が高句麗の窮状につけこんで侵攻してきたため、広開土王は、後燕軍を食い止めながら新羅に出兵したのである。

　そうしたなか、後燕は滅亡し、北燕（407年～436年）が建国された。北燕の皇帝は、高句麗王族の後裔であったため、高句麗と北燕との間には和親が結ばれている。こうして、背後を安定させた高句麗の領域は、東は日本海、西は遼河、南は礼成江、北は松花江に及んだのである。

高句麗の全盛期を築く

長寿王
ちょうじゅおう　チャンスワン

生没 394年～491年
在位 412年～491年
実名 高巨連(こうきょれん)

在位は79年間

　長寿王は、先代の広開土王の長男であり、412年に広開土王が崩御したため、即位したものである。98歳という長寿で崩御したことから、長寿王と諡されている。

　491年に崩御するまで、長寿王は王位についていた。在位の期間は79年間におよんでおり、文字通りの長寿王であったといえよう。

南北朝への両面外交

　先代の広開土王が和親を結んだ北燕（407年～436年）は北魏（386年～534年）に滅ぼされ、439年、ついに北魏が華北を統一する。こうして中国では、華北と華南でそれぞれ王朝が交替する南北朝時代が始まった。

　長寿王は、北朝の北魏に朝貢して「都督遼海諸軍事、征東将軍、領護東夷中郎将、遼東郡開国公、高句麗王」に冊封される一方、南朝の宋（420年～479年）にも朝貢して「車騎大将軍、開府儀同三司」に冊封されている。

　長寿王は、中国の王朝が北朝と南朝で対立していることを利用して、高句麗への介入をやめさせようとしたのである。その隙に、長寿王は百済へと進出していった。

百済の王都を陥落

　長寿王は、475年、3万の軍勢を率いて百済に侵入し、王都である漢城に向かう。百済が漢城に籠城すると、高句麗軍は火矢による攻撃を開始した。百済の蓋鹵王（在位455年～475年）が抵抗を諦めて漢城を脱出すると、長寿王は追撃して、蓋鹵王の首を刎ねたのである。

　百済を滅亡させるまでには至らなかったが、大打撃を受けた百済は、王都を南方の熊津に移さざるをえなくなった。こうして、この長寿王の時代に、高句麗の版図は、漢江の南岸まで及ぶことになる。このときが、およそ高句麗の全盛期であった。

朝鮮三国志列伝　高句麗

北朝の北魏と南朝の南斉に朝貢
文咨明王
ぶんしめいおう　ムンジャミョンワン

生没	生年不詳〜519年
在位	491年〜519年
実名	高羅雲

百済進出の背後を固める

　文咨明王の父は、長寿王の王子である高助多で、長寿王の孫にあたる。父の高助多が長寿王よりも早く薨去したため、長寿王が在位79年で崩御したあとに即位することとなった。

　492年、文咨明王は北朝の北魏（386年〜534年）によって「使持節、都督遼海諸軍事、征東将軍、護東夷中郎将、遼東郡開国公、高句麗王」に冊封された。このあと、文咨明王は、北魏に毎年のように朝貢する。一方、494年、南朝の南斉（479年〜502年）からも「使持節、散騎常侍、都督営・平二州諸軍事、征東大将軍、楽浪公」に冊封されている。以後、南北両朝に朝貢して高句麗の背後を安定させ、百済への進出を図ったが果たせなかった。

北朝の北魏と南朝の梁に朝貢
安臧王
あんぞうおう　アンジャンワン

生没	498年〜531年
在位	519年〜531年
実名	高興安

南朝の冊封使が北朝に捕まる

　安臧王は、先代の文咨明王の長男で、519年に文咨明王が崩御したため、即位した。安臧王もまた、百済への進出のため、中国王朝に朝貢しようとする。ただ、文咨明王とは異なり、当初は、領土を接する北朝ではなく、南朝との関係を良好にしようとしたらしい。

　520年、安臧王が南朝の梁（502年〜557年）に使節を遣わすと、安臧王は梁から「寧東将軍、都督営・平二州諸軍事、高句麗王」に冊封された。しかし、梁の冊封使は、途中で北魏（386年〜534年）に捕らわれてしまう。このため、安臧王は、北魏から「安東将軍、領護東夷校尉、遼東郡開国公、高句麗王」に冊封され、期せずして、南北両朝に朝貢することとなった。

南北両朝への朝貢を継続

安原王
あんげんおう　アヌォンワン

生没	501年～545年
在位	531年～545年
実名	高宝延

「驃騎大将軍」を加えられる

　安原王の父は文咨明王で、先代の安臧王の弟にあたる。安臧王に実子がいなかったため、531年に即位した。中国の史料である『梁書』によれば、安原王は安臧王の子で、526年に即位したと記されているが、『三国史記』は、『梁書』の誤りとしている。

　531年、安原王は、梁（502年～557年）から安臧王と同じ「寧東将軍、都督営・平二州諸軍事、高句麗王」に冊封された。また、翌532年、北魏（386年～534年）からも「使持節、散騎常侍、領護東夷校尉、遼東郡開国公、高句麗王」に冊封されている。なお、北魏が東魏（534年～550年）と西魏（534年～556年）に分裂したのち、534年には東魏から「驃騎大将軍」号を加えられている。

南北両朝への両面外交を中止

陽原王
ようげんおう　ヤンウォンワン

生没	生年不詳～559年
在位	545年～559年
実名	高平成

内乱を平定する

　陽原王は、安原王の長男で、545年、安原王が崩御したため、即位した。中国の史料である『梁書』には安原王は548年に崩御したと記されているが、『三国史記』は、『梁書』の誤りとする。陽原王は、即位するにあたり、異母弟との間で、1年近くにわたり王位をめぐる争いを繰り広げた。この内乱を制した陽原王は、異母弟の外戚2000余人を殺害したという。

　陽原王は、それまでの高句麗の方針であった南北両朝への朝貢を中止して、領土を接する北朝のみへの朝貢に改めようとする。550年、陽原王は、北朝の北斉（550年～577年）から「使持節、侍中、驃騎大将軍、領護東夷校尉、遼東郡開国公、高句麗王」に冊封された。

隋に備えて防御を固める
平原王
へいげんおう　ピョンウォンワン

生没	生年不詳～590年
在位	559年～590年
実名	高陽成

隋建国の衝撃

　平原王は、陽原王の長男で、559年、陽原王が崩御したため、即位した。それまで、朝鮮三国で中国に朝貢していたのは、高句麗と百済だけであったが、新羅も、このころには単独で中国への朝貢を始めている。平原王は、百済・新羅に対抗するため、南朝への朝貢を再開することにした。

　560年、平原王は、北朝の北斉（550年～577年）から「使持節、領東夷校尉、遼東郡公、高句麗王」に冊封され、562年には南朝の陳（557年～589年）から「寧東将軍」に冊封された。589年、隋（581年～618年）が陳を滅ぼして中国を再統一したことで、隋を警戒するようになり、国境付近の防備を固め始めたことを隋に詰問され、陳謝しようとした矢先、崩御した。

隋の侵攻をしのぐ
嬰陽王
えいようおう　ヨンヤンワン

生没	生年不詳～618年
在位	590年～618年
実名	高大元

機先を制して隋に侵入

　嬰陽王は、先代の平原王の長男であり、590年、平原王が崩御したため即位した。即位してすぐに隋（581年～618年）から「上開府儀同三司、遼東郡公、高句麗王」に冊封されている。

　だが、いずれ隋との一戦を回避できないと判断した嬰陽王は、598年、機先を制して隋の遼西郡に侵攻すると、すぐに撤退させた。隋軍を高句麗国内に誘いだしたうえで、地の利を生かして戦おうとしたのである。高句麗は、598年、612年、613年、614年の4度にわたって隋軍に攻め込まれたが、いずれも攻撃をしのいでいる。4度目の614年のときには、隋に降伏したが、降伏の条件である参内は実行していない。

唐への従属を図って暗殺された
栄留王
えいりゅうおう　ヨンニュワン

生没 生年不詳〜642年
在位 618年〜642年
実名 高建武

淵蓋蘇文の謀反

　栄留王の父は、先々代の平原王で、先代の嬰陽王の異母弟にあたる。618年に嬰陽王が崩御したため、即位した。この618年は、ちょうど隋（581年〜618年）が滅亡して唐（618年〜907年）が建国された年である。即位したばかりの栄留王は、唐への対応をめぐって難しい舵取りを迫られることになった。
　栄留王は、唐に従属して高句麗を安定させようとしたらしい。唐から「上柱国、遼東郡王、高句麗王」に冊封されると、唐に対して子弟が留学することの許可を求めた。これは、実質的には人質として唐に送ることを意味する。栄留王は、唐からの自立を図ろうとする太大兄の淵蓋蘇文を暗殺しようとするが、642年、逆に、淵蓋蘇文に暗殺されてしまった。

高句麗最後の王
宝臧王
ほうぞうおう　ポジャンワン

生没 生年不詳〜682年
在位 642年〜668年
実名 高宝臧

淵蓋蘇文に擁立される

　宝臧王の代に高句麗が滅亡したため、王の諡号はない。実名の高宝臧にちなみ、宝臧王とよばれている。先代の栄留王の弟である大陽王の子で、642年、栄留王を暗殺した淵蓋蘇文によって王位につけられた。
　淵蓋蘇文の死後、高句麗は弱体化し、668年、高句麗は唐（618年〜907年）と新羅に滅ぼされてしまう。宝臧王は淵蓋蘇文の傀儡であったために処刑は免れた。その後、高句麗の遺領で、それまで高句麗に従属していた北方民族の靺鞨が勢威を増してくると、唐は宝臧王を「遼東州都督、朝鮮王」として遼東郡に戻す。これを機に、宝臧王が靺鞨と結んで唐からの自立を図ったため、卭州（現在の四川省）に流され、682年に没したという。

高句麗の実権を握った宰相
淵蓋蘇文
えん・がいそぶん　ヨン・ゲソムン

生没 生年不詳～665年
官位 大対盧

栄留王を暗殺

　淵蓋蘇文は、姓が淵で名が蓋蘇文である。唐（618年～907年）の高祖李淵（在位618年～626年）の実名を忌避したらしく、史料上では「淵」の字が「泉」と書かれ、泉蓋蘇文とよばれることもある。

　そのころ、高句麗の栄留王は、唐に従属して高句麗を安定させようとしていたが、太大兄の淵蓋蘇文は、唐からの自立を模索し、栄留王と対立していたらしい。そのため、栄留王は、淵蓋蘇文を千里長城の築城に従事させるなど、政権の中枢から除外するとともに、淵蓋蘇文を暗殺しようとしたという。

　しかし、その計画を知った淵蓋蘇文は、逆に機先を制して、642年、閲兵式に集まった王の近臣100余人を殺害すると、さらには王宮に突入して、栄留王を暗殺してしまったのである。

　淵蓋蘇文は、栄留王の甥にあたる高宝蔵を立てて王とし、自らは大対盧となった。大対盧とは、政治と軍事の全権を握る高句麗最高の官位である。こうして、比類なき権力を握ることになった淵蓋蘇文は、常に5本の刀剣を佩き、馬に乗り降りするときには、兵を跪かせて踏み台にしたという。

唐による侵攻を防ぐ

　淵蓋蘇文が高句麗の実権を握ったあと、644年と661年の2度にわたり唐による侵攻を受けたが、いずれも攻撃をしのいで唐軍を撤退させた。だが、淵蓋蘇文は、自分の死後、子らが権力争いをすれば高句麗に隙がうまれることを予測していたのだろう。生前から、こう戒めていた。

　「お前たち兄弟は、仲良くして、権力を争ってはならない。そのようなことをすれば、きっと隣国の笑いものになるであろう」

　しかし、665年に淵蓋蘇文が薨ずると、3人の子が権力争いをしてしまう。もちろん、そこには、唐による謀略もあったかもしれない。いずれにせよ、668年、高句麗は、高句麗国内の混乱を好機とみた唐軍の総攻撃を受け、滅亡してしまったのである。

30万余の隋軍に圧勝
乙支文徳
いつし・ぶんとく　ウルチ・ムンドク

生没	生没年不詳
官位	不詳

偽りの降伏

　乙支文徳は、高句麗の将軍で、詳しい経歴はわかっていない。612年、隋（581年〜618年）が大軍で高句麗に侵攻してきたとき、乙支文徳は、

　神策は天文を究め、妙算は地理を窮む

　戦勝の功は既に高く、足るを知ればここに止めんを願う

という漢詩を隋軍に送り、高句麗軍の降伏を要請する。しかし、これは乙支文徳が図った偽計であった。

　高句麗軍は、撤退する隋軍を清川江まで追跡する。そして、渡河する隋軍に総攻撃をしかけたのである。この戦いで、隋軍30万5000のうち、生還できたのは100分の1にも満たないわずか2700人であったという。

新羅に擁立された高句麗の王族
高安勝
こう・あんしょう　コ・アンスン

生没	生没年不詳
官位	不詳

新羅の傀儡

　高安勝の系譜についてはよくわからない。高句麗の実権を握っていた淵蓋蘇文の弟にあたる淵浄土の子で、高句麗最後の王となった宝臧王の孫という。とすると、おそらく淵浄土が、宝臧王の女婿となり、生まれた子が高安勝であったことになるのだろう。

　高句麗の滅亡後、宝臧王が唐（618年〜907年）に連行されていたことから、高句麗の遺臣らは、王族の高安勝を奉じて蜂起する。このとき、高句麗の旧領を併合しようとする新羅も、高安勝を支援した。しかし、高句麗の遺領は唐の支配下におかれ、新羅にとって高安勝の戦略的価値はなくなってしまう。そのため、高安勝は、新羅の一貴族にされてしまった。

百済

くだら　ペクチェ　346年ころ～660年

建国の年代

百済は、馬韓50余国のうちの伯済が発展したものとされるが、詳しいことについてはよくわかっていない。わが国では、朝鮮の古語を訓読して、「くだら」と読みならわしている。

神話によると、百済はB.C.18年、高句麗を建国した東明王（在位B.C.37年～B.C.19年）の3男である高温祚が、王位をめぐる争いを避け、漢江流域に新たな国を建てたというが、史実とはみなしがたい。百済の国名は、4世紀後半に初めて、中国の史料に登場してくるからである。そのころ、朝鮮では、高句麗が漢江流域の帯方郡を滅ぼしたあと、華北に興った前燕（337年～370年）の侵入を受けていた。こうした高句麗の混乱を機に、帯方郡の故地を統治していた高句麗の王族が、自国からの独立を図ったものかもしれない。

新羅との対立

朝鮮三国のなかでも、高句麗は格段に強大であった。事実、475年、百済は高句麗に王都の漢城を落とされ、蓋鹵王（在位455年～475年）が処刑されている。このため、百済は、熊津への遷都を余儀なくされたのだった。

高句麗との対決を回避した百済は、朝鮮半島南部の伽耶諸国へと進出し、新羅と覇権を争う。しかし、伽耶諸国への進出を本格化するため泗沘に遷都した聖王（在位523年～554年）が新羅に大敗し、戦死してしまった。

それでも百済は、武王（600年～641年）の時代に、再興を果たし、新羅を追いつめていく。このとき、新羅が唐（618年～907年）に支援を要請したことから、百済は660年、唐・新羅によって滅ぼされることになった。

百済が滅亡した後も、遺臣らは、倭の支援を受けながら、復興を図ろうとしている。しかし、663年、倭が白江の戦いで唐に敗れたために復興は叶わず、百済の遺臣の多くが、倭に亡命したのである。

百済王統系図

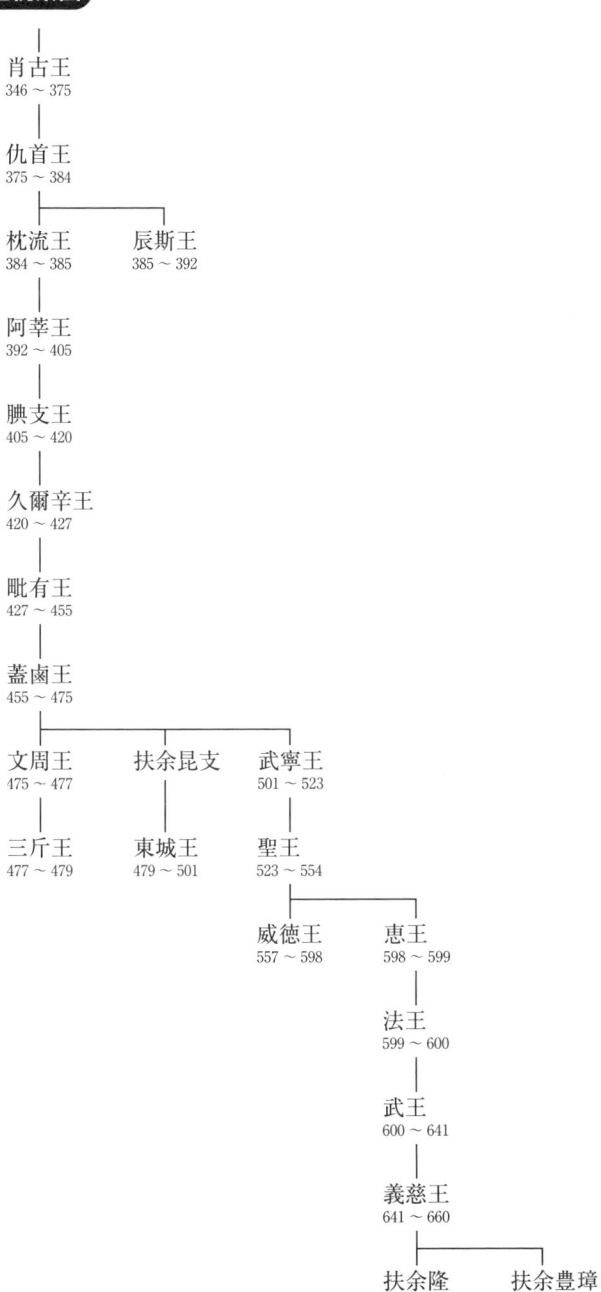

```
         │
       肖古王
       346〜375
         │
       仇首王
       375〜384
         │
     ┌───┴───┐
   枕流王    辰斯王
  384〜385  385〜392
     │
   阿莘王
  392〜405
     │
   腆支王
  405〜420
     │
  久爾辛王
  420〜427
     │
   毗有王
  427〜455
     │
   蓋鹵王
  455〜475
     │
  ┌──┼────────┐
文周王  扶余昆支  武寧王
475〜477   │    501〜523
  │    東城王      │
三斤王  479〜501   聖王
477〜479         523〜554
              │
          ┌───┴───┐
        威徳王    恵王
       557〜598  598〜599
                  │
                法王
               599〜600
                  │
                武王
               600〜641
                  │
               義慈王
               641〜660
                  │
              ┌───┴───┐
            扶余隆    扶余豊璋
```

朝鮮三国志列伝 百済

百済建国の王

肖古王
しょうこおう　チョゴワン

生没	生年不詳〜375年
在位	346年〜375年
実名	扶余句

王の諡号

　肖古王の実名は扶余句といい、『三国史記』には「近肖古王」という諡号で記されている。「近」というのは、「最近」という意味で、古い時代の「肖古王」と区別するためにつけられたものである。しかし、『三国史記』は百済の建国を300年以上も遡らせており、「肖古王」が実在したことを確認することはできない。

　日本の史料である『日本書紀』も、扶余句の諡号を「肖古王」としており、実際の諡号は「近肖古王」ではなく「肖古王」であったと考えられる。

百済最初の王か

　『三国史記』ではB.C.18年、高句麗を建国した東明王（在位B.C.37年〜B.C.19年）の子が百済を建国したことになっている。しかし、同時代の史料では確認することができない。百済が初めて中国の史料にみえるのは、晋（265年〜420年）の時代を記した『晋書』で、肖古王の時代からである。

　もちろん、それ以前にも、権力の存在があったことは否定できない。ただ、百済が建国された場所は、晋が帯方郡をおいていたところである。高句麗は314年に帯方郡を滅ぼしており、その地を統治するために派遣された王族の一人が、扶余句であったのかもしれない。扶余句は、高句麗が前燕（337年〜370年）に圧迫されている間に、肖古王として自立を図ったのだろう。

高句麗との対峙

　建国にまつわる因縁によるものか、その後も、百済と高句麗は覇権を競うことになっていった。371年に高句麗が百済に侵攻してきたとき、肖古王はこれを防ぐと、逆に高句麗に攻め込んで、高句麗の故国原王（在位331年〜371年）を敗死に追い込んでいる。

　こうした余勢をかって、肖古王は翌372年、晋に対して朝貢を行い、「鎮東将軍、領楽浪太守」に冊封された。

高句麗王を討つ
仇首王
きゅうしゅおう　グスワン

生没	生年不詳〜384年
在位	375年〜384年
実名	扶余須

高句麗を撃破

　仇首王は、実名は扶余須といい、先代の肖古王の子である。即位前の371年、高句麗が百済に攻めてきたとき、扶余須は、高句麗軍を迎え撃ち、逆に高句麗の故国原王（在位331年〜371年）を討ち取っている。肖古王が375年に崩御したため、王子の扶余須が即位して仇首王となった。

　『三国史記』には「近仇首王」と記されているが、父の肖古王の場合と同じように、古い時代の仇首王に比べて最近の仇首王だから「近仇首王」とされているにすぎない。しかし、その「仇首王」の実在を確認できないうえ、『日本書紀』には「貴須王」としてみえている。扶余須の諡号は、仇首王とみなすべきであろう。

晋に朝貢して高句麗と戦う
枕流王
ちんりゅうおう　チムニュワン

生没	生年不詳〜385年
在位	384年〜385年
実名	不詳

仏教を広めたか？

　枕流王は、先代の仇首王の長男で、仇首王が崩御したため、即位したものである。父である仇首王が進めた外交政策を継承し、晋（265年〜420年）に朝貢しながら、高句麗に対峙していく。実際に即位したその年、晋への朝貢を果たしている。

　枕流王の朝貢に対し、晋からは西域の僧である摩羅難陀が派遣されてきたため、枕流王は摩羅難陀を王宮に住まわせ、王都の漢城に寺院を創建し、僧10人を得度させたという。一般に、このとき百済は仏教を受容したとされるが、この所伝が史実であるとは確認されていない。実際に仏教が受容されたのは、枕流王の時代ではなく、6世紀初頭だといわれている。

王位を簒奪して暗殺された？
辰斯王
しんしおう　チンサワン

生没	生年不詳〜392年
在位	385年〜392年
実名	不詳

Q 高句麗に敗れる

　辰斯王は先々代の仇首王の次男であり、先代の枕流王の弟にあたる。『三国史記』によれば、385年に先代の枕流王が崩御したとき、枕流王の王子が幼かったために、辰斯王が王位についたという。しかし、この点について、『日本書紀』は『百済記』という百済の史料を引用して、辰斯王は実力で枕流王の王子から王位を簒奪したと記している。

　辰斯王は、高句麗に出兵するなど、優勢に戦いを進めていったが、高句麗で広開土王（在位391年〜412年）が即位すると、百済は劣勢に転じてしまう。392年、辰斯王は崩御したが、死因について、『三国史記』は狩りにでかけた先での急死、『日本書紀』は暗殺されたとしている。

倭と結んで高句麗に対抗
阿莘王
あしんおう　アシンワン

生没	生年不詳〜405年
在位	392年〜405年
実名	不詳

Q 倭の支援で即位した!?

　先々代の枕流王の長男であり、枕流王が385年11月に死去したとき、阿莘王がまだ幼かったので叔父の辰斯王が王位を継いでいた。その辰斯王が392年11月に急死したため、即位したとされる。『日本書紀』には、「紀角宿禰等、すでに阿花を立てて王として帰れり」とある。倭の紀角宿禰らの支援で、阿花、すなわち阿莘王が即位したというが、史実かどうかはわからない。

　高句麗の侵入が激化するなか、阿莘王は、倭と結んで高句麗に対抗しようとする。そのため、阿莘王は、太子の扶余映を人質として倭に送った。こうしたことを考えると、阿莘王が倭の支援で即位したのは、事実ではあるまいか。辰斯王も、倭との和親に反対して殺されたのかもしれない。

倭の人質から王に
腆支王
てんしおう　チョンジワン

生没	生年不詳〜420年
在位	405年〜420年
実名	扶余映

1 倭から宝石を贈られる

　腆支王は先代の阿莘王の長男で、実名を扶余映という。397年、人質として倭に送られていたが、405年、阿莘王が崩御したため、百済に帰国する。このとき、百済では、扶余映の弟である扶余訓解が摂政をしていたが、末弟の扶余碟禮が扶余訓解を殺害して、王位についてしまう。扶余映は、扶余碟禮の反乱が鎮圧されるまで、王都に入ることすらできなかった。

　即位した腆支王は、晋（265年〜420年）に朝貢して、416年、「使持節、都督百済諸軍事、鎮東将軍、百済王」に冊封される。また、倭とも和親を結ぼうとしたらしく、409年、腆支王は、倭から夜明珠を贈られている。夜明珠とは、太陽光に当てれば暗闇でも光るという宝石であった。

わずか8年の在位
久爾辛王
くにしんおう　クイシンワン

生没	生年不詳〜427年
在位	420年〜427年
実名	不詳

1 宋への朝貢

　久爾辛王は、先代の腆支王の長男で、420年に腆支王が崩御したため、即位した。この420年というのは、ちょうど、中国で晋（265年〜420年）が滅亡し、南朝の宋（420年〜479年）が建国された年にあたる。

　『宋書』には、425年、百済王に対して忠節を顕彰したことと、毎年のように朝貢してきたことを記しているので、久爾辛王は、宋に朝貢をしていたらしい。ただ、『宋書』では、次代の毗有王に腆支王の爵号を継がせたと記されているので、宋では久爾辛王の即位そのものを把握していなかったことになる。久爾辛王は、427年、在位8年にして崩御したという。なお、『三国史記』には、久爾辛王の事績についてはなにも記されていない。

朝鮮三国志列伝　百済

宋・新羅と結んで高句麗に対抗
毗有王
ひゆうおう　ピユワン

生没	生年不詳〜455年
在位	427年〜455年
実名	扶余毗

新羅との和睦

　毗有王は、427年に久爾辛王が崩御したため、王位についた。『三国史記』では毗有王を久爾辛王の長男としているが、先々代の腆支王の庶子とする異説も紹介している。

　毗有王が429年、南朝の宋（420年〜479年）に朝貢すると、宋では久爾辛王の即位すら把握していなかったらしい。毗有王は、416年に腆支王が冊授された爵号を継承することを認められている。

　毗有王の対外戦略は、宋・新羅と結び、北魏（386年〜534年）と結ぶ高句麗に対峙するというものであった。そのため、433年、新羅に使者を遣わして和睦を要請し、翌434年にも使者を新羅に遣わして馬2頭を贈っている。

高句麗に討ち取られた
蓋鹵王
がいろおう　ケロワン

生没	生年不詳〜475年
在位	455年〜475年
実名	扶余慶

北魏への朝貢

　先代の毗有王の長男であり、455年、毗有王の崩御により即位した。百済は、毗有王の代まで、中国に対しては南朝にだけ朝貢していたが、蓋鹵王は北朝の北魏（386年〜534年）にも朝貢して、高句麗征討を要請する。しかし、結果的に北魏が百済を支援することはなく、失望した百済の蓋鹵王は、二度と北魏に朝貢することはなかった。

　蓋鹵王は弟の扶余昆支を人質として送ることで倭と和親を結ぼうとしたが、支援は受けられなかったらしい。475年、百済は高句麗の長寿王（在位412年〜491年）率いる3万の大軍により侵略されてしまう。抗戦を諦めた蓋鹵王は、王都の漢城を逃れたが、高句麗軍に捕縛され、首を刎ねられてしまった。

権臣に暗殺される
文周王
ぶんしゅうおう　ムンジュワン

生没	生年不詳〜477年
在位	475年〜477年
実名	不詳

王都を熊津に移す

　文周王は、先代の蓋鹵王の子で、475年に高句麗が攻めてきたときには、王都の漢城が包囲される前に、蓋鹵王の命により、新羅へ救援を求めにいっている。そして、新羅からの援軍1万を得て漢城に戻ってきたときには、すでに漢城は陥落し、蓋鹵王は殺害されたあとだった。このため、急遽即位した文周王は、王都を熊津に移し、百済の再建に乗り出す。
　文周王は、翌476年、権臣解仇を兵官佐平に任じた。兵官佐平とは、百済の官位で、軍事を司る大臣のことである。だが、軍事の実権を掌握した解仇は、権勢をほしいままにし、翌477年、文周王自身、解仇が放った刺客によって暗殺されてしまった。

15歳で崩じた少年王
三斤王
さんきんおう　サムグンワン

生没	464年〜479年
在位	477年〜479年
実名	不詳

父の仇を討つ

　三斤王は、先代の文周王の長男で、477年に文周王が解仇に暗殺されたため、13歳で即位した。解仇は軍事権を掌握したままであったが、三斤王に従う佐平の真男らと対立を深めていったのだろう。解仇は、翌478年、恩率の燕信とともに挙兵し、大豆城に籠城した。
　三斤王は、真男に命じ、2000の軍勢で解仇・燕信を討たせようとしたが、大豆城を落とすことができない。そこで、徳率の真老に命じ、500の精兵で解仇を殺害させたのである。そうしたなかで、燕信が高句麗に亡命したため、三斤王は、燕信の妻子を捕らえ、王都のある熊津で斬首した。
　この直後、三斤王は、在位3年目の479年に崩御してしまう。享年は15。

朝鮮三国志列伝　百済

百済を復興

東城王
とうじょうおう　トンソンワン

生没	生年不詳～501年
在位	479年～501年
実名	扶余牟大

倭の人質

　東城王は、実名を扶余牟大といい、先々代の文周王の弟である扶余昆支の子と伝えられる。先代の三斤王は、15歳で早世していたから、実子もいなかったのだろう。扶余昆支自身も、内臣佐平として兄の文周王を補佐していたが、文周王よりも早く薨去していた。
　『日本書紀』によると、扶余昆支には子が5人おり、そのうち次男の扶余牟大が幼少ながら聡明であったことから、倭はこの扶余牟大に百済への帰国を命じ、東城王として即位させたという。

新羅との同盟を強化

　このころ百済は、高句麗に対抗するため、新羅と同盟を結んでいた。だからこそ、475年に高句麗が百済に侵攻してきたとき、新羅は百済に救援軍を送っていたのである。結果的に、救援は間に合わなかったが、そうした経緯をふまえ、東城王は、新羅との同盟を強化しようとする。
　493年、百済から新羅に使者を遣わして婚姻を申し込んだ結果、東城王は、新羅の伊伐飡である比智の娘を王妃として迎えることになった。この同盟に基づいて、翌494年、百済は新羅に援軍を送っているし、さらにその翌495年、百済は新羅から援軍を送られている。

暗殺される王

　東城王が新羅との同盟を強化したのは、対外的には高句麗に対抗しようとしたのであるが、対内的には、成長著しい新羅の権威も借りて、百済王権を強化し、内政を改革しようとしたものでもある。ただ、群臣のすべてが王権の強化に期待し、内政の改革に賛成していたわけではない。
　東城王が権臣の苩加を泗沘の南の加林城に封じたところ、王都の熊津に基盤をもつ苩加は、公然と東城王に反旗を翻す。そして、501年、東城王は、この苩加によって暗殺されてしまったのである。

百済を再び強国とする
武寧王
ぶねいおう　ムニョンワン

生没	462年～523年
在位	501年～523年
実名	扶余斯摩

出生の謎

　武寧王は、実名を扶余斯摩という。『三国史記』によれば先代の東城王の次男だとされている。しかし、『日本書紀』には、461年、蓋鹵王が一人の妊娠した女性をつけて弟の扶余昆支を人質として倭に送ったとき、その女性が倭の加唐島で男子を出産したため、斯摩と名付けて百済に送り返したと記されている。1971年に韓国で見つかった武寧王陵の墓碑には、「寧東大将軍百済斯麻王、年六十二歳、癸卯年五月丙戌朔七日壬辰崩到」とある。武寧王の名が斯摩であったというのは、間違いない。とすれば、扶余斯摩が、蓋鹵王の実子というのも事実ではなかろうか。

　501年、東城王が苔加に暗殺されたため、扶余斯摩が武寧王として即位した。武寧王は、ただちに苔加を討つと、積極的な対外政策を行っていく。

伽耶諸国への進出

　まず武寧王が狙いをつけたのは、朝鮮半島南部の伽耶諸国である。この地域は、小国が割拠しており、強大な権力が存在していなかった。

　ただ、伽耶諸国には倭人も進出してきていたため、倭の了承なく侵攻すれば、倭との同盟は破綻してしまう。そこで、武寧王は、五経博士の段楊爾を倭に送る見返りとして、伽耶諸国の西部に位置する上多利、下多利、娑陀、牟婁の併合を倭に承認させたのである。

梁に朝貢して高句麗に反攻

　武寧王は、伽耶諸国に進出する一方、高句麗との戦いも本格化させていった。512年には、武寧王が自ら出陣して、高句麗を破っている。こうして、武寧王が、南朝の梁（502年～557年）に朝貢し、高句麗を破ったことを伝えると、武寧王は「使持節、都督百済諸軍事、寧東大将軍」に冊封されている。

　このあと、百済は、梁の冊封体制下において、再び強国として復活していくことになる。

朝鮮三国志列伝　百済

伽耶諸国をめぐり新羅と対立
聖王
せいおう　ソンワン

生没	生年不詳～554年
在位	523年～554年
実名	扶余明穠

伽耶進出を本格化

　聖王は武寧王の子で、武寧王が523年に崩御したことにより、王位についた。実名の一字をとって聖明王、明王ともよばれている。聖王は、武寧王の外交戦略を継承して南朝の梁（502年～557年）に朝貢し、524年、梁から「持節、都督百済諸軍事、綏東将軍、百済王」に冊封されている。

　このころ、百済は高句麗の安臧王（在位519年～531年）により、度重なる侵攻を受けていた。聖王は、高句麗との衝突を避けるとともに、衰退する伽耶諸国へと本格的に進出するため、王都を熊津から南方の泗沘へと移す。

倭に仏教を伝える

　伽耶諸国のなかには、倭と和親を結んでいた国も少なくない。このため、聖王は、新羅に侵略された伽耶諸国を倭とともに復興するという名目で、伽耶に進出していった。このとき、聖王が仏像や経典を倭に贈ったことは、「仏教公伝」としても知られている。

　聖王は、倭と結ぶ一方、王女を新羅の真興王（在位540年～576年）へ嫁がせるなど、新羅との同盟を強化しようとした。しかし、成長著しい新羅もまた、伽耶諸国の併合をもくろんでおり、百済と新羅の同盟が破綻するのは、時間の問題であったといえよう。

新羅に討たれる

　倭からの援軍を得た聖王は、554年、ついに新羅が支配下におく伽耶諸国へと侵攻していく。しかし、管山城で戦っているさなか、危機に陥った王子の扶余昌を救援しようとしたところ、新羅軍の伏兵に奇襲されてしまう。こうして捕らわれた聖王は、結局、斬首されてしまったのである。

　国王が新羅に討たれたことで、百済の王権は対外的にも、また、対内的にも失墜し、このあと、百済は急速に衰退していく。そして、伽耶諸国は、新羅によって併合されていくことになったのである。

新羅に圧迫されて隋を頼る
威徳王
いとくおう　ウィドクワン

生没	526年？～598年
在位	557年～598年
実名	扶余昌

王位の空白

　威徳王は実名を扶余昌といい、先代の聖王の長男であった。その聖王は、554年、伽耶諸国における覇権を新羅と争って戦死してしまう。扶余昌もこのときの戦いに出陣していたが、倭軍の奮戦によって虎口を脱していた。
　『三国史記』によれば、扶余昌は、聖王の戦死後、すぐに即位したことになっている。しかし、『日本書紀』では、扶余昌は出家しようとしたものの、群臣に請われて557年に即位したと記されている。これが事実であれば、百済では3年間にわたって、王位の空白があったことになる。

伽耶諸国を失う

　威徳王は、561年、新羅が支配下におく伽耶諸国へと出兵した。聖王の仇討ちという名分もあったのだろう。しかし、新羅軍に敗れ、百済軍は1000余人が討ち取られてしまった。
　こうして、百済の勢威が弱まるなか、新羅は伽耶諸国への圧力を強めていく。そして、翌562年には、このころ伽耶諸国の盟主的な地位にあった加羅を滅ぼしてしまったのである。百済と同盟していた加羅が滅んだことで、伽耶諸国に対する百済の影響力は失われることとなった。

中国王朝に頼る

　新羅に圧迫されるようになった威徳王は、北朝の北斉（550年～577年）や北周（556年～581年）、南朝の陳（557年～589年）に朝貢して、領土を維持しようとした。そして、589年、隋（581年～618年）が陳を滅ぼして中国を再統一すると、すぐに使節を送っている。
　このとき、陳との戦いに加わっていた隋の軍船が、百済の支配下にあった耽羅（現在の済州島）に漂着した。威徳王が、この軍船を保護して、隋に帰還させたため、百済と隋との間に国交が開かれる。ただ、威徳王が要請した高句麗征討は、認められなかった。

朝鮮三国志列伝　百済

在位2年目での崩御
恵王
けいおう　ヘワン

生没	生年不詳～599年
在位	598年～599年
実名	扶余季

🜚 倭に聖王の死を伝える

　恵王の実名は扶余季という。先々代の聖王の次男で、先代の威徳王の弟にあたる。554年に父の聖王が新羅に討ち取られたときには、支援を得ていた倭に報告するための使者となっている。
　598年に威徳王が崩御したが、威徳王には、王子がいなかったからか、弟の扶余季が即位して、恵王となった。先代の威徳王は、隋（581年～618年）に朝貢して高句麗征討を訴えたが、隋からの支援を得られてはいない。このため、百済は高句麗の侵略に苦しめられるようになる。そうしたなか、恵王はわずか在位2年目に崩御した。
　恵王の詳しい事績については、なにも伝わっていない。

仏教に傾倒
法王
ほうおう　ポプワン

生没	生年不詳～600年
在位	599年～600年
実名	扶余宣

🜚 殺生禁止令を公布

　法王は、先代の恵王の長男である。恵王は、在位2年目にして崩御しているが、もしかしたらかなりの高齢であったのかもしれない。法王自身も、在位2年目に崩御している。
　法王は、篤く仏教を信仰していたようで、諡号の「法」も、仏教による法、すなわち真理を意味しているものと思われる。法王は、即位した年に早くも殺生禁止令を公布すると、民家で飼っている鷹をすべて空に放させ、漁猟に使われる道具も焼却させている。また、わずかな在位の間に、王興寺の建立を開始し、僧侶30人を得度させた。百済で旱魃が続いたことから、漆岳寺で雨乞いを行うなど、仏教に基づく施策を打ち出している。

新羅を追いつめる

武王
ぶおう　ムワン

生没	生年不詳～641年
在位	600年～641年
実名	扶余璋

高句麗征討を隋に要請

　武王は法王の子で、法王がわずか在位2年目に崩御したため、即位した。武王は、威徳王以来の、隋（581年～618年）との関係を重視して、607年と翌608年、高句麗征討を隋に要請する。そして、隋が高句麗出兵を決定すると、611年、早くも隋に出兵の期日を聞く。これは、百済も出兵することを伝えたようなものだから、隋も百済を高く評価したという。

　しかし、武王は、このとき、高句麗にも内通していた。そのため、隋が612年に高句麗へ侵攻したとき、武王は高句麗に出兵しなかったのである。おそらく、武王は、高句麗の滅亡までは望んでいなかったのだろう。高句麗が滅亡してしまえば、百済は、常に隋による侵攻の危険にさらされてしまうことになるからである。

唐への朝貢と新羅への反攻

　高句麗の遠征に失敗した隋は、618年に滅亡し、替わって唐（618年～907年）が建国された。武王は、621年に唐へ朝貢し、「帯方郡王、百済王」に冊封されている。こうして、唐の権威を得た武王は、本格的に新羅へと侵攻していく。そして、624年には新羅の6城、627年には新羅の西部2城を奪い、さらに大軍を派遣しようとして兵を集めた。

　このとき、新羅の真平王（在位579年～632年）が、唐に使者を送って仲裁を求めたため、百済は唐から新羅との停戦を命じられてしまう。そのため、武王は表面的には唐の勧告に従ったが、新羅への侵攻をやめることはなかった。554年に百済の聖王が新羅との戦いのなかで討ち死にしたあと、百済と新羅との関係は、修復できないほどに悪化していたからである。

　こうして、武王は新羅を追いつめていったのであるが、そのさなかの641年、崩御した。百済の使節が、武王の崩御を唐に伝えると、唐は武王に哀悼の意を表し、「光禄大夫」を追贈したという。この武王の代まで、唐と百済の関係は良好であった。

朝鮮三国志列伝　百済

百済最後の王
義慈王
ぎじおう　ウイジャワン

生没	599年～660年
在位	641年～660年
実名	扶余義慈

🔲 王権の強化

　義慈王は、実名を扶余義慈といい、先代の武王の長男であった。641年に武王が崩御したため、即位したものである。百済最後の王となったため、後の代につけられる諡号はなく、実名にちなんで義慈王とよばれている。

　義慈王は、即位した翌年の642年、王母の死を契機に弟や重臣ら40人余を百済から追放した。こうして、権力を王に集中させたのである。

🔲 唐・新羅による侵攻

　対外的には、王子の扶余豊璋と扶余勇を人質として倭に送り、倭との同盟を強化した。また、高句麗とも結んで、新羅への進出を本格化していく。そして、642年には、新羅が支配する伽耶諸国へと侵攻し、新羅の拠点であった大耶城を落としている。

　これに対し、百済に圧迫された新羅が、唐（618年～907年）に支援を要請したため、百済は唐による侵攻を受けてしまう。660年、唐・新羅連合軍に王都である泗沘まで攻め込まれた義慈王は降伏し、百済は滅亡した。

🔲 唐に連行された王

　百済の滅亡後、義慈王は唐に連行されたが、心身ともに疲労していたのであろうか。唐に入って数日後、急死してしまった。もしかしたら、自害したということも可能性としてはあるかもしれない。唐の高宗（在位649年～683年）は、義慈王に「金紫光禄大夫、衛尉卿」を追贈した。

　朝鮮の史料である『三国史記』は、義慈王が酒色を好み、臣下の諫言を無視したため、百済が滅亡したとしている。しかし、中国の史料である『新唐書』には、唐の人々は義慈王を「海東の曾子」と称えたことがみえている。海東とは朝鮮のことで、曾子は、孔子の弟子の一人で、孝行したことでも知られている。新羅が百済を討ったことを正当化するため、『三国史記』は義慈王を暗君として描いたにちがいない。

百済復興軍の盟主
扶余豊璋
ふよ・ほうしょう　プヨ・プンジャン

生没	生没年不詳
官位	不詳

倭の人質

　百済最後の王となった義慈王の王子で、百済と倭の同盟を保証する人質として、倭に送られていた。ただ、扶余豊璋がいつ倭に渡海してきたのかについては、はっきりしていない。

　扶余豊璋が渡海した年は、『日本書紀』によれば631年のことであるが、『三国史記』によると、義慈王が倭と通好するのは、653年のことである。仮に631年であったとすると、扶余豊璋は、祖父にあたる武王の命令で倭に来ていたことになる。

百済への帰還

　660年、百済が唐（618年～907年）と新羅に攻め込まれて滅亡すると、遺臣の鬼室福信は、倭に扶余豊璋の帰国を求める。唐・新羅軍に抵抗するため、扶余豊璋を百済復興軍の盟主に奉じようとしたのである。

　こうして、扶余豊璋は、662年、倭の援軍とともに祖国へと帰還することになった。倭では、扶余豊璋が百済の王となったあとも友好的な関係を続けようとしたのだろう。帰還する扶余豊璋に倭の織冠を授けるとともに、太安万侶の一族である多臣蔣敷の妹を妻として嫁がせている。

百済復興軍の敗北

　扶余豊璋の帰還により、百済復興軍の士気も高まり、唐・新羅軍は押される一方であった。しかし、やがて、扶余豊璋と鬼室福信との間に、溝が生じて、扶余豊璋は鬼室福信を殺害してしまう。百済復興軍を主導してきた鬼室福信の死により、百済復興軍の勢いにも陰りがみえはじめる。

　唐・新羅の攻勢が強まるなか、扶余豊璋は倭に援軍を要請した。しかし、663年、白江の戦いで倭軍は唐軍に敗れてしまった。このあと、高句麗に逃れた扶余豊璋は、668年に高句麗が唐に滅ぼされた際に捕らえられ、嶺南（ベトナム北部）に流されたという。

朝鮮三国志列伝　百済

百済復興軍を主導
鬼室福信
きしつ・ふくしん　クイシル・ポクシン

生没	生年不詳〜663年
官位	恩率

🅠 扶余豊璋に殺される

　鬼室福信は、百済の武王の甥にあたるというから、実母が武王の姉妹であったのだろう。627年には、使者として唐（618年〜907年）にも赴いている。
　660年に百済が滅亡したあとは、僧の道琛や黒歯常之らとともに、百済復興軍を組織して、任存城で蜂起する。人質として倭に滞在していた扶余豊璋を盟主に奉じると、鬼室福信らは、
　「唐軍はいつ本国に撤退するのか。教えてくれれば、見送ろう」
　と唐軍に使者を送るほど唐・新羅軍を追いつめていく。
　やがて、鬼室福信は扶余豊璋と対立して殺害された。663年、白江の戦いで百済復興軍が壊滅したあと、子とみられる鬼室集斯が倭に亡命している。

百済復興軍を率いた怪僧
道琛
どうちん　ドチン

生没	生年不詳〜661年
官位	不詳

🅠 鬼室福信に殺される

　道琛の経歴については、よくわからない。百済の僧であったが、兵法などに通じていたのであろう。660年に百済が滅亡すると、鬼室福信とともに、将軍と称して百済復興軍を率いていた。
　唐軍の主力は百済を滅ぼしたあと、高句麗出兵のため帰還していたが、その隙に百済復興軍は、唐・新羅軍が駐留する旧都泗沘を包囲する。このため、唐からは劉仁軌率いる援軍が渡海してきたが、道琛は、唐の使者に会うことはもちろん、書翰を与えることもせず、唐の使者をそのまま帰したという。それだけの権勢をもっていたということなのだろうが、その権勢があだとなり、鬼室福信に暗殺されてしまった。

唐の将軍となった百済人
黒歯常之
こくし・じょうし　フクチ・サンジ

生没 生年不詳〜689年
官位 達率

🅀 白江の戦い後に降伏

　黒歯常之は、百済の将軍で、660年に唐・新羅軍が侵攻してきたときには、降伏している。しかし、その直後、黒歯常之が、任存城で蜂起すると、10日も経たないうちに立ち上がった百済の遺臣は3万にものぼったという。
　しかし、鬼室福信主導で進められた百済の復興は、盟主に奉じた扶余豊璋が鬼室福信を殺害したことで頓挫してしまう。663年、白江の戦いで百済復興軍が壊滅すると、黒歯常之は唐に投降した。
　黒歯常之は、もともと将軍として優れた資質を備えていたのだろう。その後は唐の将軍として突厥などとの戦いに活躍し、『旧唐書』や『新唐書』といった唐の史料にも列伝が残されている。

王都に迫る新羅軍を迎撃
階伯
かいはく　ケベク

生没 生年不詳〜660年
官位 達率

🅀 妻子を殺害して出陣

　階伯は、百済の将軍で、660年、唐・新羅軍が百済に侵攻してきたとき、陸路から王都である泗沘に向かう新羅軍を決死隊5000人で迎え撃つことを命じられた。階伯は、すでに百済が唐・新羅に勝つことはできないと覚悟していたにちがいない。妻子を殺害したうえで、出陣したのだった。
　階伯は、新羅軍を迎え撃つため、黄山原というところに陣を布く。ここは、天険として知られる炭峴から少し泗沘寄りに位置し、新羅軍が敗北すれば逃げ道はなくなる。百済軍は、新羅軍と4度戦い、4度とも勝ったという。しかし、背水の陣を布いた新羅軍の決死の攻撃を受け、百済軍はついに総崩れとなり、階伯も討ち取られてしまった。

新羅

しらぎ　シルラ　356年ころ～935年

建国の年代

　新羅は、辰韓12国のなかの一国である斯盧が発展したものとされるが、詳しいことはよくわかっていない。新羅は「しら」とも読まれるが、わが国では、城を意味する「ぎ」を語尾に付して「しらぎ」と読みならわしている。

　神話によると、新羅はB.C.57年、卵から生まれた赫居世王（在位B.C.57年～4年）が即位したとされているが、もちろん、史実とは考えられない。中国の史料である『秦書』によると、新羅は377年に初めて、高句麗に従って前秦（351年～394年）に朝貢したと記されている。これは、朝鮮の史料である『三国史記』に記される奈勿王（在位356年～402年）のときのことである。このため、実際には、新羅はこのとき建国されたと考えられる。

朝鮮三国を統一

　新羅は、朝鮮三国のなかでは最も遅くに建国されており、高句麗に従って前秦に朝貢していることからも明らかなように、高句麗に従属する立場であった。しかし、高句麗と百済が対立している間、新羅は着実に成長を遂げていく。真興王（在位540年～576年）の時代には、百済を支援して、高句麗に奪われていた漢江流域の百済の旧領を奪い返すと、今度は、百済から漢江流域を奪っている。さらに、朝鮮半島南部の伽耶諸国の覇権をめぐって百済と争い、百済の聖王（在位523年～554年）を敗死に追い込んだ。

　しかし、真興王の亡き後、新羅は高句麗と百済に圧迫されるようになっていく。このため、新羅は、唐（618年～907年）に支援を求めたのである。こうして、連合した唐と新羅は、660年に百済を滅ぼし、668年に高句麗を滅ぼした。その後、新羅は唐と対立し、結局、新羅は唐に大敗してしまう。それでも、735年、唐が朝鮮半島の経営を放棄したことにより、新羅が大同江以南を統一することになった。

新羅王統系図

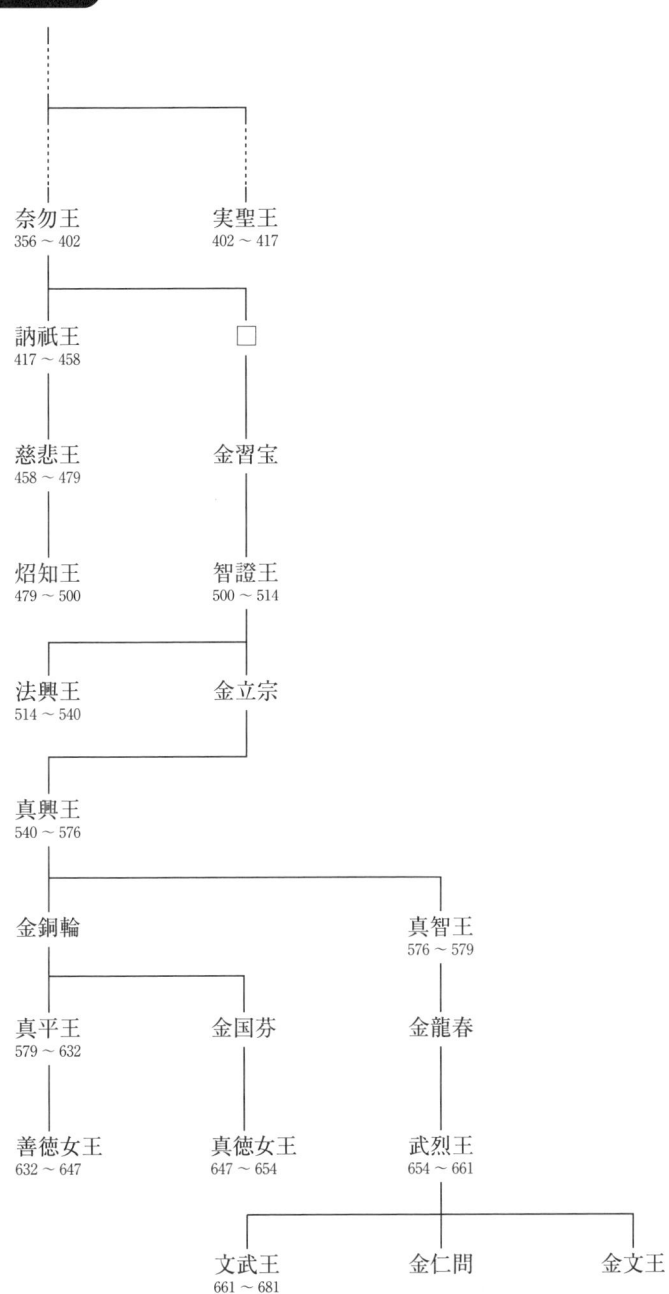

```
            │
    ┌───────┴───────┐
  奈勿王           実聖王
 356〜402        402〜417
    │               │
  訥祇王            □
 417〜458           │
    │               │
  慈悲王           金習宝
 458〜479           │
    │               │
  炤知王           智證王
 479〜500        500〜514
    │               │
  法興王           金立宗
 514〜540           │
    │               │
  真興王
 540〜576
    │
    ┌───────────────┐
  金銅輪           真智王
                 576〜579
    │               │
    ┌───────┐       │
  真平王   金国芬   金龍春
 579〜632           │
    │       │       │
  善徳女王 真徳女王 武烈王
 632〜647 647〜654 654〜661
                    │
         ┌──────────┼──────────┐
       文武王      金仁問     金文王
      661〜681
```

朝鮮三国志列伝 新羅

新羅建国の王
奈勿王
なこつおう　ネムルワン

生没	生年不詳〜402年
在位	356年〜402年
実名	不詳

新羅の建国

『三国史記』によると、奈勿王は、新羅第17代の王として356年に即位したという。しかし、同時代の中国の史料からは、奈勿王の前に16人の王が新羅にいたことを確認することはできない。

新羅が中国の王朝に朝貢したのは、377年が初めてである。新羅の建国も、この前後であったのだろう。本書では、新羅はこの奈勿王によって建国されたと考えたい。

高句麗を頼る

奈勿王は、百済と同盟したが、一方で北方の大国である高句麗との外交も無視することはできなかった。高句麗の故国壌王（在位384年〜391年）の跡を継いだ広開土王（在位391年〜412年）は、392年、新羅に人質を差し出すように求めてくる。

当然、新羅としては、その要求を断るわけにはいかない。奈勿王は、伊尺飡である金大西知の子を人質として高句麗に送った。このため、高句麗と対立する百済との同盟は、破綻してしまったのである。

この結果、新羅は399年、百済と同盟する倭に侵入され、国境の諸城を次々に落とされてしまう。奈勿王は、高句麗の広開土王に援軍を要請し、400年、やっと倭軍を新羅から追い出すことができた。

不審な死

こうして、新羅が高句麗の保護国と化すなか、401年に高句麗の人質となっていた金大西知の子が帰国した。そして、直後の翌402年2月、奈勿王が崩御すると、金大西知の子が実聖王として即位したのである。

実聖王が即位する間の経緯は明らかではないものの、不自然な感じは否めない。奈勿王は、実聖王自身によって暗殺されたか、実聖王の即位を望む高句麗の意向によって殺されたように思われる。

奈勿王を暗殺して即位したか
実聖王
じっせいおう　シルソンワン

生没	生年不詳〜417年
在位	402年〜417年
実名	不詳

🌀 高句麗の人質となる

　実聖王は、伊尺湌である金大西知の子で、長らく人質として高句麗に滞在したあと、401年に帰国する。そして、翌402年に奈勿王が崩御すると、奈勿王の王子が幼少であったために即位したという。しかし、即位してすぐに実聖王は、奈勿王の王子である金卜好と金未斯欣を高句麗と倭に人質として送っている。二人ともすでに相応の年齢に達していたと思われるので、奈勿王の王子が幼少であるという理由で即位したのは事実ではなかろう。
　実聖王は、高句麗の意向を受けて即位したものと思われる。ただ、その後、奈勿王の太子を暗殺しようとして高句麗に送ったところ、逆に、そのことを知った太子によって暗殺されたと伝わる。

実聖王を暗殺して即位
訥祇王
とつぎおう　ヌルジワン

生没	生年不詳〜458年
在位	417年〜458年
実名	不詳

🌀 実弟二人を取り戻す

　訥祇王は、先々代の奈勿王の太子であったから、先代の実聖王との血縁関係は薄い。417年、実聖王に暗殺されそうになったため、逆に実聖王を暗殺して即位したと伝わる。『三国史記』では自らが手を下したといい、『三国遺事』では実聖王に奈勿王の太子の暗殺を依頼された高句麗人が、逆に、実聖王を殺したことになっている。このあたりの顛末は不明であるが、いずれにしても、高句麗の支援を受けていたのは確かだろう。
　訥祇王が即位したとき、王弟である金卜好と金未斯欣は、それぞれ高句麗と倭に人質として送られていた。このため、訥祇王は、奈麻の朴堤上に命じて、二人を新羅に帰還させている。

高句麗と倭の侵入に苦しむ
慈悲王
じひおう　チャビワン

生没	生年不詳〜479年
在位	458年〜479年
実名	不詳

🔷 百済との同盟

　慈悲王は、訥祇王の長男で、458年、訥祇王が崩御したため即位した。訥祇王が高句麗と倭から人質を帰還させていたため、この慈悲王の代に、新羅は高句麗と倭による侵攻に苦しめられることになる。

　倭は、459年、462年、463年と立て続けに新羅に侵攻してきた。しかし、いずれも撃退に成功し、沿海部に城を築いて倭軍に備えている。

　同盟する百済が475年、高句麗の長寿王（在位412年〜491年）によって攻め込まれたときには、百済の蓋鹵王（在位455年〜475年）の要請に応え、慈悲王は百済に援軍を送った。しかし、新羅の援軍が百済の王都である漢城に到着する直前、漢城は陥落し、蓋鹵王も殺されてしまっている。

百済との同盟を強化
炤知王
しょうちおう　ソジワン

生没	生年不詳〜500年
在位	479年〜500年
実名	不詳

🔷 高句麗による侵攻を防ぐ

　炤知王は、慈悲王の長男で、慈悲王の崩御にともない即位した。即位した直後から、炤知王は、高句麗による侵入に苦しめられている。

　そうしたなか、高句麗に王都の漢城を落とされてのち権力の弱まった百済が、493年、新羅に政略結婚を要請してきた。このため、炤知王は伊伐飡である比智の娘を王妃として百済に送っている。

　政略結婚により、新羅と百済との同盟は強化された。たとえば、494年に新羅が高句麗に攻め込まれたときには百済から援軍が送られているし、翌495年に高句麗が百済に攻め込んだときには、炤知王が百済に援軍を送っている。こうして、新羅は百済と結び、高句麗に対抗していった。

新羅の制度を整える
智證王
ちしょうおう　チジュンワン

生没	437年～514年
在位	500年～514年
実名	不詳

国号と王の称号を定める

　智證王は、奈勿王の曾孫で、先代の炤知王の又従兄弟にあたるという。炤知王に実子がいなかったために即位したというが、王統が急に変わった感は否めない。

　智證王は、502年と508年の2度、北朝の北魏（386年～534年）に朝貢し、「王」と認められた。智證王は、中国の王朝の権威を借りながら、新羅の国家制度を整えようとしたのである。そうしたなか、新羅の群臣は、

　「わが国は建国以来、斯羅、斯盧、新羅と称したりして、国号が一定しませんでした。新羅の「新」は国が新しくなるという意味ですし、「羅」は四方を網羅するという意味があります。これを機に、国号を新羅に統一されてはいかがでしょうか。また、わが国では、君主の称号も定まっておりませんでしたが、古来、君主は王とよばれるものです。ですから、君主の称号も、王に統一されてはいかがでしょうか」

　と智證王に上奏したという。

　これを受け、智證王は、「斯羅」や「斯盧」とも書かれてきた国号を「新羅」と定めた。また、「尼師今」や「麻立干」と呼ばれてきた君主の称号を、初めて「王」に統一したという。つまり、厳密に言えば、新羅の「王」は、この智證王から始まることになる。

高句麗からの自立

　これまで新羅は、王族を高句麗に送り、実質的にはその冊封を受けていたが、智證王は、中国王朝の冊封を受けることにより、高句麗からの自立を図るようになっていく。

　智證王は、506年には国内の州郡県制を定め、それぞれの州の軍主に命じ、対内的には民政を安定させるとともに、対外的には領土を拡張していく。智證王は、512年、軍主の一人である伊尺湌の金異斯夫に命じ、于山（現在の鬱陵島）を服属させた。

朝鮮三国志列伝　新羅

251

伽耶諸国に進出
法興王
ほうこうおう　ポップンワン

生没	生年不詳〜540年
在位	514年〜540年
実名	募秦(ぼしん)

梁への朝貢

　法興王は、智證王の長男で、514年に智證王が崩御したため、即位したものである。法興王は、521年、百済の支援を得て南朝の梁（502年〜557年）に朝貢している。すでに新羅は、先代の智證王の時代に北朝の北魏（386年〜534年）に朝貢していたから、南北両朝から、新羅を認めてもらおうとしたのだろう。

　なお、中国の史書である『梁書』や『南史』では、このとき朝貢した新羅王の実名を「募秦」としている。新羅の王家は、「金」を姓としているから、もしかしたら、王統が異なるのかもしれない。

伽耶諸国への進出

　梁への朝貢が百済の支援を受けていたことからも明らかなように、新羅と百済は同盟を結んでおり、友好的な関係にあった。そうしたなかで、法興王は、朝鮮半島南端に位置する伽耶諸国への進出を図っていく。伽耶諸国には任那や加羅など小規模な国が割拠していた。

　522年に加羅から婚姻による同盟を求められると、法興王は伊尺湌である比助夫の妹を加羅の王妃として送る。だが、これを機に新羅が加羅の内政に干渉したため、同盟はやがて破綻してしまう。また、任那に対しては、軍事的な圧力をかけ続けたため、532年、任那の仇衡王（在位521年〜532年）は新羅に降伏した。

仏教の公認

　新羅には、すでに訥祇王の時代に、高句麗から仏教は伝わっていたが、国内で広く受容されていたというわけではない。このため、仏教を信じる者と信じない者が争う事態に陥ってしまった。

　そこで、528年、法興王は仏教を国として公認することにした。『三国遺事』によると、王自身も出家したと伝えられている。

高句麗と百済の対立に乗じて領土を拡大
真興王
しんこうおう　チヌンワン

生没 534年～576年
在位 540年～576年
実名 金深麥夫

🌀 7歳で即位

　真興王は、先代の法興王の弟である金立宗の子で、法興王にとっては甥にあたる。540年7月に法興王が崩御したあと、即位した。

　ただ、即位したときには7歳であったため、真興王の実母が政務をみたという。真興王の実母である金立宗の妃は、法興王の娘であった。

🌀 漢江流域の百済領を併合

　このころ、新羅は百済と同盟を結んでいた。548年に百済が高句麗に攻め込まれたときには、真興王が百済に援軍を送っている。さらに、551年、百済とともに高句麗へ侵攻し、高句麗が占領していた百済の旧領、すなわち漢江流域を取り戻したのである。

　もちろん、真興王は、百済のために出兵したわけではない。百済を支援すると謳いながら、漢江上流域を新羅の領土に併合すると、さらに、553年には、百済が支配下におく漢江下流域をも、新羅に併合したのである。こうして、新羅の領域は、ついに朝鮮半島の西岸まで達するに至った。

🌀 伽耶諸国を滅ぼす

　百済の聖王（在位523年～554年）は、真興王に王女を嫁がせたが、優勢にある真興王は、百済と結ぶ加羅が盟主的な存在となっていた伽耶諸国に進出していく。こうした動きに対し、554年、百済は加羅とともに、新羅の管山城に総攻撃をしかけてきた。このとき、新羅は百済軍に奇襲をかけ、聖王を討ち取ったのである。

　真興王は、百済の聖王を討った勢いに乗じて、562年、加羅へと侵攻していく。同盟する百済が弱体化している状態で、加羅は新羅に抗することができず、ついに降伏した。これにより、朝鮮半島から伽耶諸国は消滅し、名実ともに、三国時代が始まることになる。新羅は、この真興王の時代に、国力を飛躍的に増大させていった。

伽耶諸国進出の急先鋒
金異斯夫
きん・いしふ　キム・イサブ

| 生没 | 不詳 |
| 官位 | 伊尺飡 |

🅠 文武兼備の将軍

　金異斯夫は、新羅を建国したとされる奈勿王の後裔という。512年、智證王の命を受けて、于山（現在の鬱陵島）を平定した。このとき、金異斯夫は木でつくった獅子の置物を軍船に並べ、降伏しなければ獅子を放つと脅して平定を成し遂げたというが、史実かどうかはわからない。

　次の法興王の時代には、伽耶諸国に進出する急先鋒として、529年には安羅に介入した倭の近江毛野臣を撃退し、532年には任那を降伏させる。さらに、真興王の時代には、562年、主将として加羅を平定した。

　なお、金異斯夫は、単に軍略に長けていただけではない。545年には、真興王に国史の編纂を進言するなど、文化にも理解があったようである。

加羅平定の功労者
金斯多含
きん・したがん　キム・サダハム

| 生没 | 不詳 |
| 官位 | 不詳 |

🅠 恩賞を辞退

　金斯多含は、金異斯夫と同様、奈勿王の後裔という。父は、級伐飡の金仇梨知で、若くして新羅の青年組織である花郎に属していた。562年、真興王が金異斯夫に加羅の平定を命じたとき、15、6歳であった金斯多含は、従軍することを真興王に直訴する。真興王は、若すぎるといって許さなかったが、金斯多含が熱心に請願するため、真興王も折れ、副将に任じたという。

　金斯多含が先鋒として加羅を急襲すると、道説智王（在位？～562年）は、防御の態勢をとる余裕もなく降伏し、加羅は平定された。真興王は、金斯多含の戦功第一として、田地と俘虜200人を与えようとしたが、辞退し、俘虜を釈放したうえ、田地は配下の兵に分け与えたという。

廃位に追い込まれた!?
真智王
しんちおう　チンジワン

生没	生年不詳〜579年
在位	576年〜579年
実名	金舎輪

百済の反攻

　真智王は、真興王の次男である。真興王の長男である金銅輪が早世していたため、次男の金舎輪が即位することになったのである。即位したばかりの真智王は、伊尺飡の金居柒夫を上大等に任じ、国政を委ねた。
　真智王は、百済が新羅に反攻を始めるなか、579年、在位4年目にして崩御した。『三国遺事』によると、真智王は群臣によって廃位に追い込まれたのだという。当時の新羅の王権は決して強大なものではなかった。そのため、王に統治能力がないと廃位されることも珍しいことではなく、廃位に追い込まれたのは事実だったのかもしれない。王位は、真智王の兄である金銅輪の子の金白浄が継いで、真平王となった。

新羅最初の国史を編纂した宰相
金居柒夫
きん・きょしつふ　キム・コチルブ

生没	498年〜576年
官位	波珍飡

僧侶から新羅の宰相へ

　金居柒夫は、新羅を建国したとされる奈勿王の後裔という。若い頃は、僧侶として修行していて、高句麗にも遊学したことがあった。寺院では、経典だけではなく、歴史に関する典籍などもよく読んでいたのだろう。金異斯夫の進言をいれた真興王の命を受け、545年、国史の編纂にあたっている。これが新羅で最初の国史編纂であったが、残念ながら、現存していない。
　金居柒夫は、歴史に通じていただけではなく、真興王の時代に新羅が高句麗や百済と戦っていたときには、将軍として活躍もしている。こうした経歴により、金居柒夫は576年に即位した真智王から、上大等に任じられた。上大等とは、政治と軍事を統べる新羅最高の官職のことである。

隋・唐に朝貢して高句麗・百済に対抗

真平王
しんぺいおう　チンピョンワン

生没	生年不詳〜632年
在位	579年〜632年
実名	金白浄

隋への朝貢

　真平王は、先々代の真興王の長男であった金銅輪の子で、叔父にあたる真智王が崩御したあと、即位した。真平王は、中国を再統一した隋（581年〜618年）の権威を利用して、高句麗・百済と対峙していこうとする。594年、真平王は、隋から「上開府、楽浪郡公、新羅王」に封じられた。

　高句麗による侵入に苦慮した真平王は、隋に高句麗征討を要請する。これにより、隋は612年、100万と号する大軍で高句麗に侵攻したが、高句麗の固い守りに阻まれて失敗してしまう。

唐への朝貢

　高句麗征討に失敗した隋が滅んで唐（618年〜907年）が興ると、真平王は、早速、唐に朝貢した。624年、真平王は、唐から「柱国、楽浪郡王、新羅王」に冊封されている。

　真平王は、高句麗に侵略されていることを唐に訴えたが、唐は高句麗と新羅に対し、和親することを諭すだけだった。建国間もない唐には、高句麗に遠征する余裕はなかったのである。

　一方、唐から新羅との和親を求められた高句麗は、百済と同盟することで、新羅に対抗していく。このため、新羅は次第に追いつめられていった。

国内の反乱

　新羅が高句麗と百済に圧迫されるなか、真平王の権威は失墜して、国内に反乱がおこってしまう。631年には、伊尺湌の柒宿と阿湌の石品が反乱を企てたため、真平王は柒宿を捕らえて処刑し、一族を粛清した。石品は、百済の国境まで逃げたが、妻子に会うため変装して家に戻ったところを捕らえられ、やはり処刑されたという。

　こうして真平王は、反乱は抑えることには成功したが、新羅を立て直そうとした矢先、王自身が翌632年、崩御してしまったのである。

256

新羅最初の女王
善徳女王
ぜんとくじょおう　ソンドクニョワン

生没	生年不詳〜647年
在位	632年〜647年
実名	金徳曼

聡明な女帝

　善徳女王は、先代の真平王の王女で、実名は金徳曼という。幼少のころから聡明さで知られており、唐（618年〜907年）から牡丹の花の絵と種子が贈られてきたときには、
「美しい花ですが、おそらく、香りはないのでしょうね」
といった。その理由を真平王が問うと金徳曼は、
「この絵には蜂や蝶が描かれておりません。もし花に香りがあれば、蜂や蝶が寄ってきますから、絵にも描かれるはずです」
と答えたという。
　632年に真平王が崩御すると、跡を継ぐべき男子がいなかったため、金徳曼が即位して善徳女王となった。新羅で最初の女王が誕生したのである。

反乱軍に殺されたか

　このころの新羅は、百済の義慈王（在位641年〜660年）による侵攻を受け続けていた。642年には、国の西部の40余城を百済に奪われてしまい、危機感を抱いた善徳女王は、高句麗に支援を要請する。しかし、百済と同盟して唐に対峙していた高句麗が、新羅に援軍を送ることはなかった。
　そこで唐に支援を要請すると、唐の太宗（在位626年〜649年）は、善徳女王を廃位し、代わりに唐の皇族を新羅の王とすることを条件に出してきた。これを受け、新羅の国内では、唐に従属しようとする廷臣と、唐からの自立を守ろうとする廷臣に分裂してしまう。
　645年、善徳女王は、伊尺飡の毗曇を上大等に任じ、政治と軍事を統べさせた。善徳女王は、毗曇に国内をまとめさせようとしたのだが、こともあろうに、647年、その毗曇が善徳女王の退位を求めて反乱をおこす。
　善徳女王は、金庾信に毗曇の追討を命じたが、その争乱のさなかに急死した。死因については、史書に記されていないため判然としないが、討ち死にしてしまった可能性が高い。

朝鮮三国志列伝　新羅

唐に頼って新羅を立て直す

真徳女王
しんとくじょおう　チンドクニョワン

生没	生年不詳〜654年
在位	647年〜654年
実名	金勝曼（きんしょうまん）

◆ 内乱の平定

　真徳女王は、先々代の真平王の同母弟である金国芬の娘であったというから、善徳女王の従姉妹にあたる。647年、女王の廃位を求めて蜂起した毗曇の乱のさなかに、善徳女王が崩御してしまったため、伊尺飡の金春秋らによって擁立されたのが、この真徳女王である。

　唐（618年〜907年）は、新羅に支援する条件として、女王の廃位をあげていた。おそらく、女王だから新羅の内政が混乱しているというのは表向きの理由で、実際には、唐の皇族を新羅の王として送り込み、実質的に新羅を支配しようとしたのだろう。だからこそ、金春秋はあえて善徳女王の後継として、再び女王を即位させたようにも思われる。

　即位したばかりの真徳女王は、改めて金春秋に毗曇の乱の平定を命じた。これにより、毗曇は殺害され、それに連坐して30人が死んだという。

◆ 唐への依存を深める

　百済による新羅への侵攻はますます激しくなり、新羅は648年、国境付近の10余城を百済に陥落させられてしまう。これに危機感を抱いた真徳女王は、金春秋に命じ、改めて唐に支援を要請することにする。

　このとき、ちょうど唐では、高句麗征討を計画しているところであった。そこで、唐は、新羅を支援してまず百済を滅ぼし、そのあとで高句麗を挟み撃ちにすることに決めたのである。

　こうして唐の支援をとりつけた真徳女王は、649年より唐の衣冠礼服の制度を導入し、650年には独自の年号を廃止して唐の年号を用いることにした。唐に対しては従属の姿勢をみせつつ、百済や高句麗に対しては唐の権威をみせつけたのである。

　唐の支援を得られたことを喜んだ真徳女王は、650年、使者を唐に遣わして、唐を讃える漢詩を贈っている。この漢詩は、唐でも高く評価され、654年に真徳女王が崩御したとき、唐では皇帝が追悼式を挙げたという。

唐と結んで百済を滅ぼす
武烈王
ぶれつおう　ムヨルワン

生没	602年？〜661年
在位	654年〜661年
実名	金春秋

娘の復讐

　武烈王は、実名を金春秋といい、父は真智王の子である金龍春、母は真平王の娘であった。真徳女王に仕え、伊尺湌の官位に就いている。

　このころの新羅は、百済による侵略に苦慮しており、642年には、新羅の要衝である大耶城が百済軍に落とされてしまう。このとき、大耶城の金品釈に嫁いでいた金春秋の娘も自害に追い込まれていた。

　以来、金春秋は、百済に復讐を果たすため、積極的な外交活動を行った。まず、金春秋が向かったのは高句麗である。しかし、高句麗からの支援を得ることはできず、倭に向かう。このころの倭は、百済と友好的な関係にあったため、やはり支援を得ることはできなかった。そのため、金春秋は、自ら唐（618年〜907年）に赴いて、百済征討を求めたのである。唐は、百済を滅ぼしてから高句麗を挟み撃ちにする戦略を立て、新羅を支援することに決めた。

百済の滅亡

　真徳女王が654年に崩御すると、群臣は、上大等であった金閼川を推戴しようとする。しかし、金閼川は、老齢を理由に辞退し、金春秋を推薦したのだという。こうして、金春秋が武烈王として即位することになった。

　660年、唐が百済に出兵したときには、武烈王は「嵎夷道行軍摠管」に任じられ、自ら出陣して唐軍とともに百済の王都である泗沘を落としている。こうして、百済の義慈王（在位641年〜660年）は降伏し、新羅を長きにわたって苦しめてきた百済は滅亡したのである。娘を殺されたという武烈王の個人的な恨みも、ここに果たされたといえよう。

　唐は、百済への出兵にあたり、百済の旧領を新羅に与えるという約束をしていたらしい。しかし、いざ百済が滅亡すると、唐は百済の旧領に熊津都督府をおき、唐による直接統治を始めた。新羅にとってみれば、これでは隣国が百済から唐に替わったにすぎない。武烈王は、唐から高句麗への出兵を命じられるなか、661年に崩御した。

朝鮮三国志列伝　新羅

朝鮮三国を統一
文武王
ぶんぶおう　ムンムワン

生没	生年不詳～681年
在位	661年～681年
実名	金法敏（きんほうびん）

◎ 百済滅亡直後に即位

　文武王は、実名を金法敏という。父は先代の武烈王で、母は名将として名高い金庾信の妹である。

　660年に、唐（618年～907年）が百済に出兵したときには、将軍の金庾信らとともに新羅軍の主力を率いて百済に侵攻するなどの活躍をしている。翌661年、百済を滅ぼした唐が高句麗征討の軍をおこそうというとき、武烈王が崩御したため、金法敏が即位して文武王となった。

◎ 唐との対立

　新羅は唐の支援を得て百済を滅ぼしたが、百済は唐の支配下におかれ、新羅が併合することはできなくなってしまう。このため、文武王は、唐と結んで668年に高句麗を滅ぼすと、唐に対する抵抗をはじめた。もちろん、表だって唐に敵対すれば、唐による征討は免れない。そのため、文武王は、唐に従うそぶりをみせながら百済の旧領に進出していったのである。

　『三国史記』には、新羅は唐との戦いに勝って、百済から唐を追い出したと記されているが、唐の史料からは、そうした事実を確認することはできない。高句麗の遺領における反乱が相次いだことで、唐が朝鮮半島の支配を諦めたというのが実情であろう。676年、唐が朝鮮半島から撤退したため、文武王が朝鮮三国を統一した。

◎ 陵墓をつくらず

　文武王は、朝鮮三国の統一に喜びを感じるよりも、数多くの命が失われ、朝鮮半島が荒廃したことに憂いを感じていたのだろう。

　　立派な陵墓を造営するために臣民を苦しめたくはない。死んで10日後には火葬にし、葬儀は質素に行うように

　という遺命を残し、681年に崩御した。群臣らは、文武王の遺命に従い、王都である金城東方の海中にある岩に葬ったという。

三国統一に貢献した将軍

金庾信
きん・ゆしん　キム・ユシン

生没 595年〜673年
官位 太大角干

任那王の末裔

　金庾信の曾祖父は、任那の仇衡王（在位521年〜532年）である。任那は伽耶諸国のなかの一国で、新羅による侵攻を防ぐことができず、532年、仇衡王は、一族とともに新羅に降伏していた。新羅は、任那王家の一族を重用し、金庾信の祖父や父は、いずれも伊伐湌の官位を与えられている。

　金庾信は、647年に上大等の毗曇が善徳女王に対して反乱をおこしたときには、善徳女王の側に立って戦い、善徳女王が崩ずると真徳女王の擁立に奔走している。また、武烈王の代には、大将軍として唐（618年〜907年）とともに百済を滅ぼし、文武王の代に高句麗を滅ぼした。善徳女王・真徳女王・武烈王・文武王の4代に仕え、新羅の政治・軍事を支えた金庾信は、まさに三国統一の立役者といってよい。こうした功績により、668年、金庾信は、特別に設けられた新羅で最高の官位である太大角干を文武王から贈られている。

金庾信の願い

　文武王が金庾信を高く評価したのは、もちろん、金庾信の資質が優れていたからにほかならない。それだけではなく、文武王の実母は金庾信の妹であった。そのため、肉親としても信頼を寄せていたのだろう。673年、金庾信が病に臥せると、文武王は自ら金庾信を見舞った。このとき金庾信は、

「殿下がそれがしを重用してくださったのは、ありがたき幸せです。今、朝鮮三国は統一され、泰平とはいえなくても、平和な世になりました。ただ、国を建てたときの勢いが続かず、すぐに滅亡してしまう例も、古来、少なくありません。ですから、殿下は、統一を達成することよりも、統一を維持することのほうが難しいと肝に銘じ、優れた人材を登用して新羅を守っていってください。新羅がこの先も安泰であれば、それがしは死んでも、思い残すことはございません」

というと、文武王は泣きながら、金庾信の願いを聞き届けたという。その直後、金庾信は薨去し、文武王は香典を贈って弔った。

朝鮮三国志列伝　新羅

朝鮮三国王年表

年代	高句麗	百済	新羅	年代	高句麗	百済	新羅
B.C40	東明王 B.C.37～B.C.19			380	故国壌王 384～391	枕流王 384～385	
B.C30				390	広開土王 391～412	辰斯王 385～392	
B.C20	瑠璃王 B.C.19～12?			400		阿莘王 392～405	実聖王 402～417
B.C10				410	長寿王 412～491	腆支王 405～420	
1				420		久爾辛王 420～427	訥祇王 417～458
10	大武神王 12?～44			430		毗有王 427～455	
20				440			
30				450		蓋鹵王 455～475	
40	閔中王 44～48			460			慈悲王 458～479
50	慕本王 48～53			470		文周王 475～477	
60				480		三斤王 477～479	炤知王 479～500
70				490	文咨明王 491～519	東城王 479～501	
80				500		武寧王 501～523	智証王 500～514
90				510			法興王 514～540
100	太祖大王 105?～121?			520	安臧王 519～531	聖王 523～554	
110				530	安原王 531～545		
120	次大王 121?～140?			540	陽原王 545～559		真興王 540～576
130				550		威徳王 557～598	
140	新大王 140?～179			560	平原王 559～590		
150				570			真智王 576～579
160				580			真平王 579～632
170				590	嬰陽王 590～618	恵王 598～599	
180	故国川王 179～227?			600		法王 599～600	
190				610		武王 600～641	
200				620	栄留王 618～642		
210				630			善徳女王 632～647
220	東川王 227～248			640	宝臧王 642～668	義慈王 641～660	真徳女王 647～654
230				650			武烈王 654～661
240				660			文武王 661～681
250	中川王 248～270			670			
260							
270	西川王 270～292						
280							
290	烽上王 292～300						
300	美川王 300～331						
310							
320							
330	故国原王 331～371						
340		肖古王 346～375					
350			奈勿王 356～402				
360							
370	小獣林王 371～384	仇首王 375～384					

付録
朝鮮三国の武器・甲冑
朝鮮三国志年表

高句麗の衣装と軍装

高句麗の官位
<ruby>大対盧<rt>だいたいろ</rt></ruby>
<ruby>太大兄<rt>たいだいけい</rt></ruby>
<ruby>烏拙<rt>うせつ</rt></ruby>
<ruby>太大使者<rt>たいだいししゃ</rt></ruby>
<ruby>位頭大兄<rt>いとうだいけい</rt></ruby>
<ruby>大使者<rt>だいししゃ</rt></ruby>
<ruby>大兄<rt>だいけい</rt></ruby>
<ruby>褥奢<rt>じょくしゃ</rt></ruby>
<ruby>意侯奢<rt>いこうしゃ</rt></ruby>
<ruby>小使者<rt>しょうししゃ</rt></ruby>
<ruby>小兄<rt>しょうけい</rt></ruby>
<ruby>翳属<rt>えいぞく</rt></ruby>
<ruby>仙人<rt>せんにん</rt></ruby>

高句麗の衣装

高句麗人は冠をかぶり、とくに貴族は金・銀で飾った。衣服は、袖のある大きな上着、大きめの袴、白い革の帯、黄色い革の沓が一般的である。図は「梁職貢図」に描かれた高句麗使者の装束で、貴族は、冠に鳥の羽根を挿すことになっていた。

高句麗の軍装

高句麗の甲冑は、小札とよばれる小さな板を綴じてつくられている。こうした甲冑は、もともとはモンゴル系の北方遊牧民族の軍装である。高句麗は、長い間、鮮卑族によって建国された前燕・後燕と抗争を繰り広げていたから、鮮卑族の軍装の影響を受けていても不思議ではない。縦長の特徴的な冑は、蒙古形とよばれている。

付録

百済の衣装と軍装

百済の官位
佐平（さへい）
達率（たつそつ）
恩率（おんそつ）
徳率（とくそつ）
扞率（かんそつ）
奈率（なそつ）
将徳（しょうとく）
施徳（しとく）
固徳（ことく）
季徳（きとく）
対徳（たいとく）
文督（ぶんとく）
武督（ぶとく）
佐軍（さぐん）
振武（しんぶ）
克虞（こくぐ）

百済の衣装

「梁職貢図（りょうしょくこうず）」に描かれた百済使者の装束。百済の衣装は、高句麗に近かったらしい。衣装や言語などが高句麗と同じであると『梁書（りょうしょ）』には記されている。ただ、百済人は、複衫（ふくさん）という独特の冠をかぶり、奈率（なそつ）以上は、銀製の花飾りをつけていた。なお、百済人は、袴を褌（こん）とよんでいたという。

百済の軍装

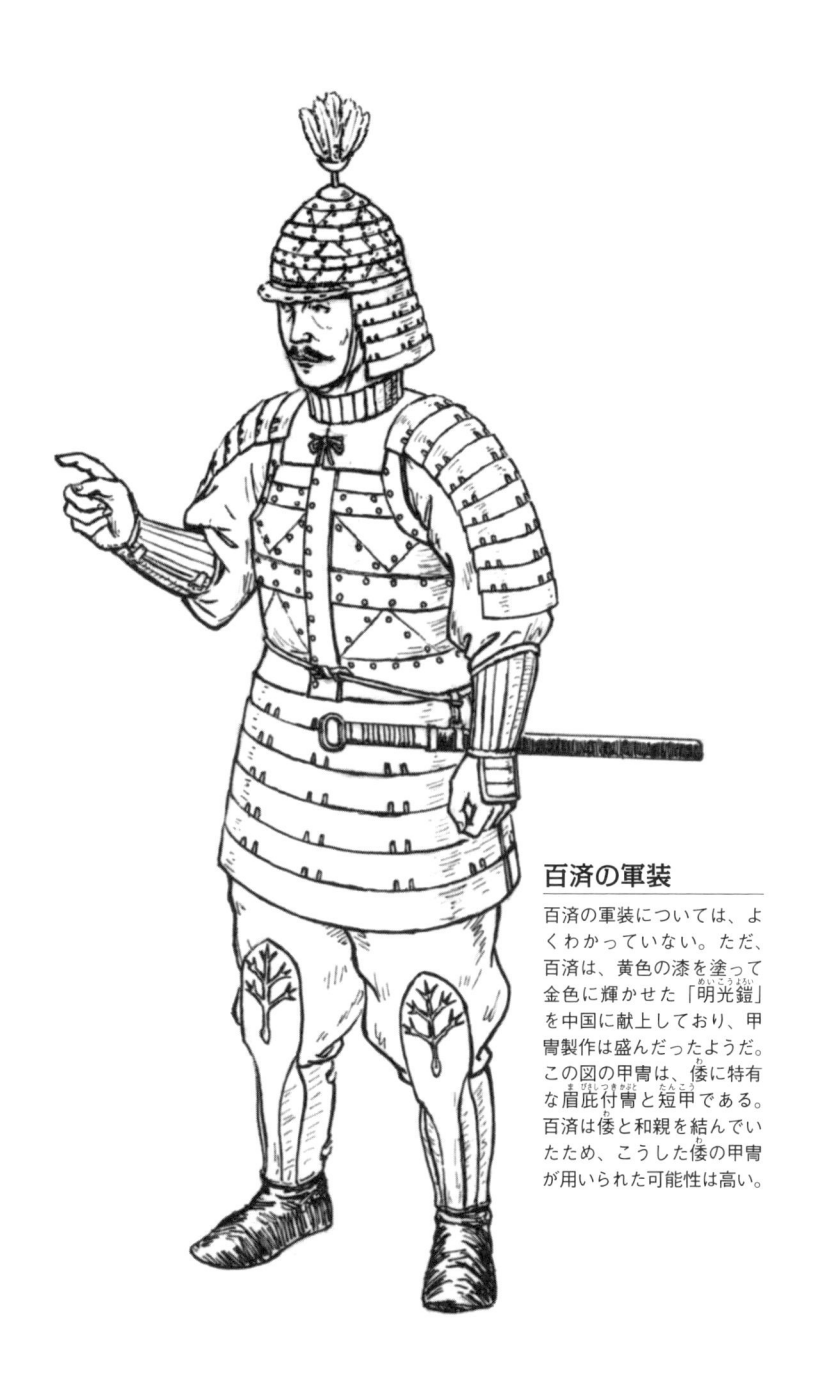

百済の軍装については、よくわかっていない。ただ、百済は、黄色の漆を塗って金色に輝かせた「明光鎧」を中国に献上しており、甲冑製作は盛んだったようだ。この図の甲冑は、倭に特有な眉庇付冑と短甲である。百済は倭と和親を結んでいたため、こうした倭の甲冑が用いられた可能性は高い。

付録

新羅の衣装と軍装

新羅の官位
太大角干（たいだいかくかん）
伊伐湌（いばつさん）
伊尺湌（いしゃくさん）
迊湌（そうさん）
波珍湌（はちんさん）
大阿湌（だいあさん）
阿湌（あさん）
一吉湌（いつきつさん）
沙湌（さん）
級伐湌（きゅうばつさん）
大奈麻（だいなま）
奈麻（なま）
大舎（だいしゃ）
舎知（しゃち）
吉士（きつし）
大烏（だいう）
小烏（しょうう）
造位（ぞうい）

新羅の衣装

「梁職貢図（りょうしょくこうず）」に描かれた新羅使者の装束。新羅の衣装は、高句麗の衣装に似ていたという。なお、新羅人は白色を貴んでいたため、白色の衣装が一般的であった。

新羅の軍装

新羅の軍装については、よくわかっていない。ただ、新羅からは竪矧の短甲が出土しており、ここではその甲で再現した。新羅の冑については判然としないが、甲にあわせて衝角付冑としている。

馬冑と馬甲

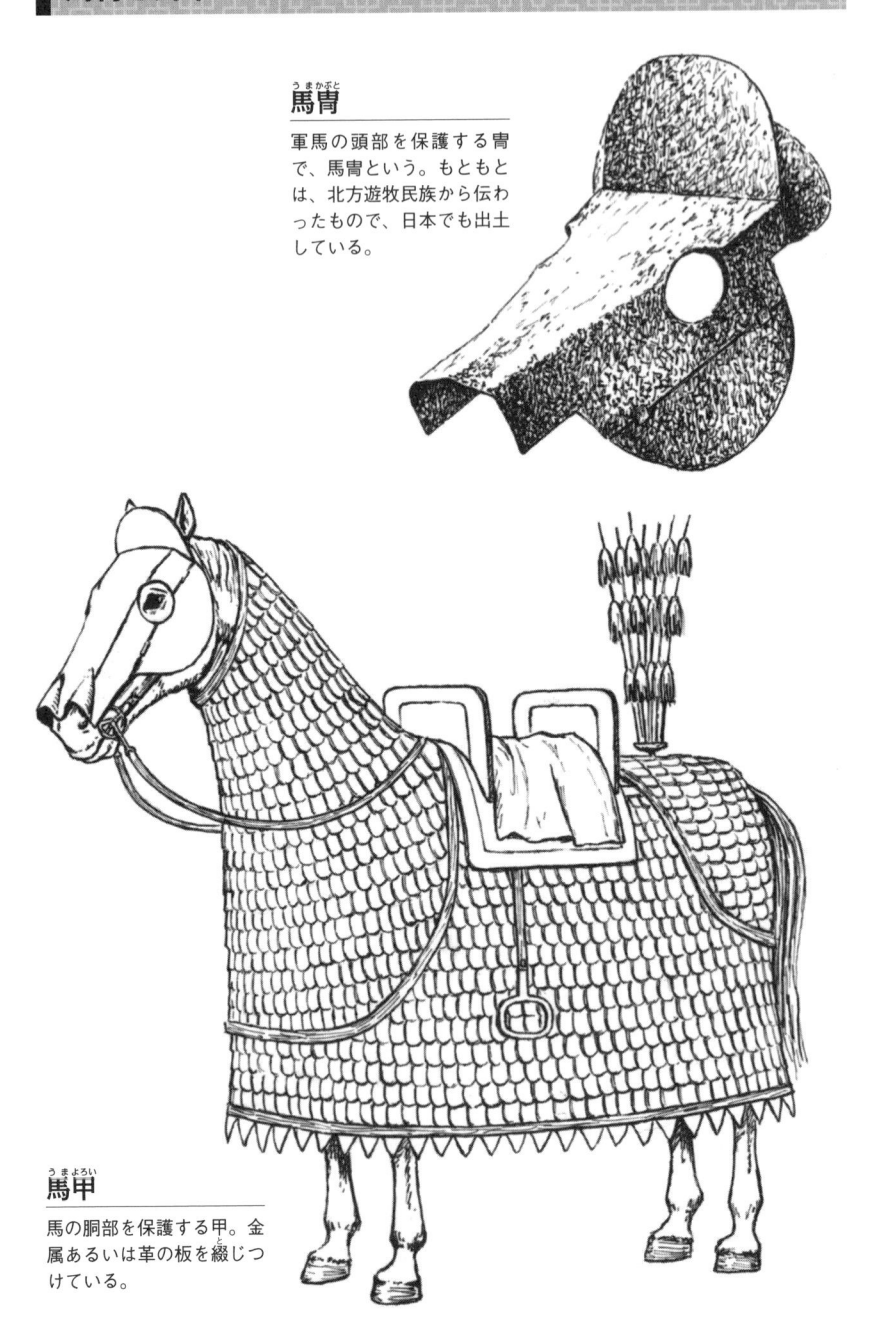

馬冑(うまかぶと)
軍馬の頭部を保護する冑で、馬冑という。もともとは、北方遊牧民族から伝わったもので、日本でも出土している。

馬甲(うまよろい)
馬の胴部を保護する甲。金属あるいは革の板を綴じつけている。

武器

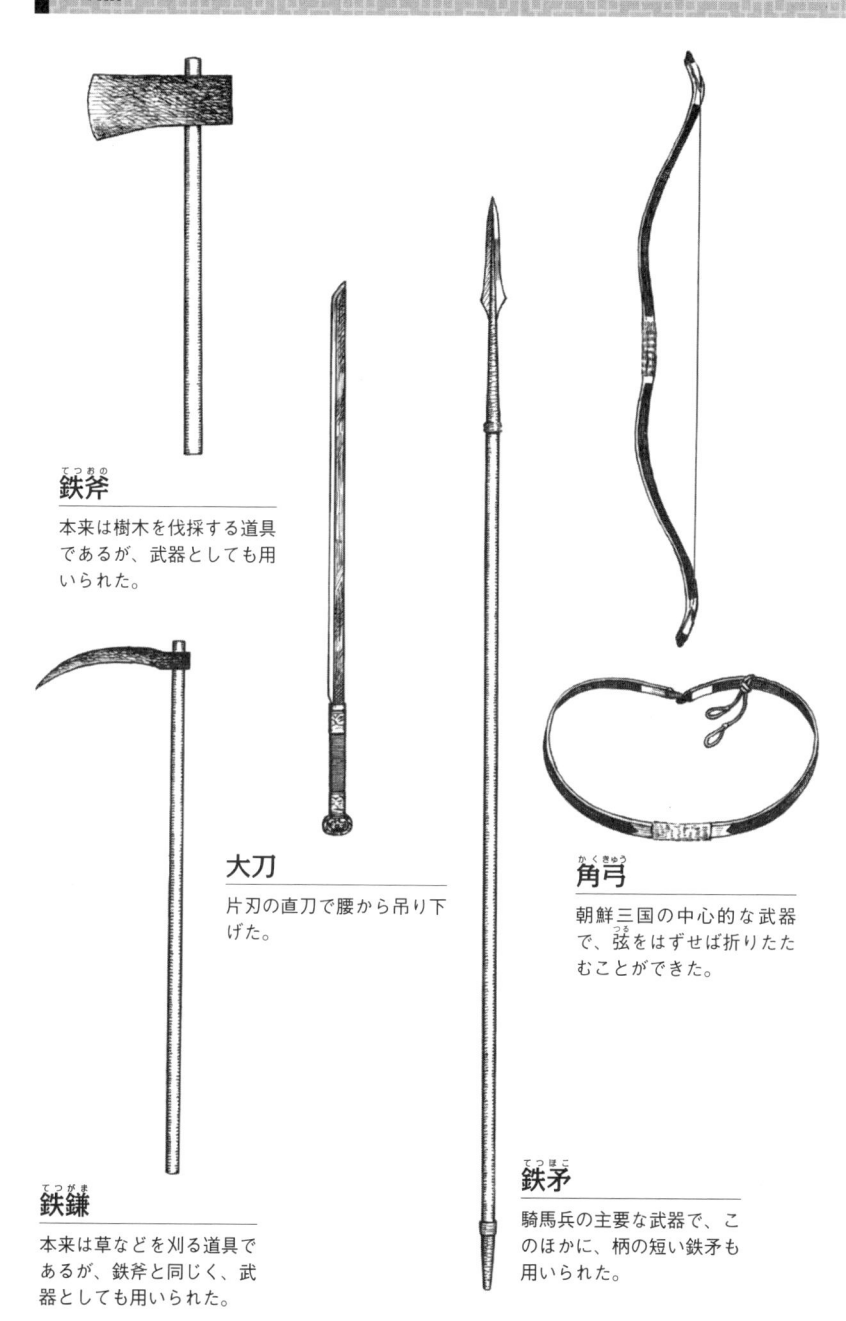

鉄斧(てつふ)
本来は樹木を伐採する道具であるが、武器としても用いられた。

鉄鎌(てつがま)
本来は草などを刈る道具であるが、鉄斧と同じく、武器としても用いられた。

大刀
片刃の直刀で腰から吊り下げた。

角弓(かくきゅう)
朝鮮三国の中心的な武器で、弦をはずせば折りたたむことができた。

鉄矛(てつほこ)
騎馬兵の主要な武器で、このほかに、柄の短い鉄矛も用いられた。

朝鮮三国志年表

凡例
出典の明記がないものは『三国史記』に拠った
『日本書紀』神功皇后紀は、紀年の干支を2運（120年）繰り下げている
中国の王朝名は、朝鮮三国に関連するものだけを取り上げた
事項に関連する国を、高＝高句麗、百＝百済、新＝新羅の黒いアイコンで示した

中国王朝	年	月	事項	関連国
漢（前漢）	B.C.37年	是歳	高朱蒙、高句麗を建国し、東明王として即位	高百新
	B.C.34年	4月	高句麗の東明王、卒本に王都を造営す	高百新
	B.C.28年	9月	高句麗の東明王、扶尉猒に命じて北沃沮を討つ	高百新
	B.C.19年	4月	高句麗の東明王の王子高類利、母とともに高句麗に戻る。東明王、高類利を太子とする	高百新
		9月	高句麗の東明王が崩御し、太子高類利、瑠璃王として即位	高百新
	B.C.6年	正月	扶余の帯素王、高句麗に使節を遣わして人質を要求。高句麗の瑠璃王、太子の高都切を人質にしようとするが、高都切が拒絶	高百新
		11月	扶余の帯素王、5万の軍勢を率いて高句麗に侵攻するが、大雪のため扶余軍に凍死者が続出し、撤退す	高百新
	1年	正月	高句麗の瑠璃王の太子高都切、薨去	高百新
	4年	2月	高句麗の瑠璃王、王子の高解明を太子とす	高百新
新	9年	3月	高句麗の太子高解明、父瑠璃王の命で自害す	高百新
		8月	扶余の帯素王、高句麗の瑠璃王に服属を求める	高百新
	12年	是歳	高句麗王、新の王莽による匈奴出兵を拒否したため、謀殺される（『後漢書』）	高百新
	13年	11月	扶余の帯素王、高句麗に侵攻して敗北	高百新
	14年	8月	高句麗、新の玄菟郡高句麗県を奪う	高百新
	22年	2月	高句麗、扶余に侵攻して、扶余の帯素王を討つ	高百新
		4月	扶余の帯素王の弟が即位して曷思王となる	高百新
漢（後漢）	28年	7月	漢の遼東太守が大軍を率いて高句麗の王都を包囲。高句麗の大武神王、計略を用いて撤退させる	高百新
	32年	4月	高句麗の大武神王の王子高好童、楽浪郡の崔理の女婿となり、楽浪を攻撃する	高百新
		11月	高句麗の大武神王の王子高好童、自害する	高百新
		12月	高句麗の大武神王、王子の高解憂を太子とする。また、使節を漢の光武帝に遣わす	高百新
	44年	9月	漢の光武帝、海路から楽浪郡を平定し、改めて郡県を設置	高百新
		10月	高句麗の大武神王が崩御し、閔中王が即位	高百新
	48年	是歳	高句麗の閔中王が崩御し、慕本王が即位	高百新
		春	高句麗、漢の遼東郡に侵入。遼東郡の太守蔡彤、高句麗の慰撫に努める	高百新
	53年	11月	高句麗の慕本王、杜魯に暗殺される	高百新
	68年	是歳	扶余の曷思王の孫にあたる都頭、高句麗に投降	高百新
	105年	正月	高句麗の太祖大王、漢の遼東郡に侵入。遼東太守の耿夔、高句麗軍を撃破	高百新
		9月	漢の遼東太守耿夔、貊人を撃破	高百新
	109年	正月	高句麗の太祖大王、漢の安帝の元服式を慶賀	高百新
	111年	3月	高句麗、濊貊とともに漢の玄菟郡に侵入（『資治通鑑』）	高百新
		是歳	高句麗の太祖大王、漢に使者を遣わして、玄菟郡への帰属を求む	高百新
	118年	6月	高句麗、濊貊とともに漢の玄菟郡に侵入し、華麗城を攻撃	高百新

中国王朝	年	月	事項	関連国
漢（後漢）	121年	春	漢の幽州刺史の馮煥、玄菟太守の姚光が高句麗に侵攻し、濊貊を撃破。高句麗の太祖大王、太子の高遂成に漢軍を撃退させる	高 百 新
		4月	高句麗の太祖大王、自ら鮮卑8000人とともに漢の遼東郡遼隊県に侵入し、遼東太守の蔡諷を討ち取る	高 百 新
		12月	高句麗の太祖大王、自ら馬韓・濊貊1万余騎を率いて漢の玄菟郡の拠点である玄菟城を包囲。扶余の王子尉仇台が玄菟城に援軍を送ったため、高句麗は大敗	高 百 新
		是歳	高句麗の太祖大王が崩御し、次大王が即位（『後漢書』）	高 百 新
	122年	是歳	高句麗の次大王、馬韓・濊貊とともに漢の遼東郡に侵攻するが、扶余からの援軍を得た漢軍に敗退し、玄菟郡に降伏	高 百 新
	124年	10月	高句麗の次大王、使者を漢に遣わして朝貢	高 百 新
	146年	8月	高句麗、漢の遼東郡西安平県から楽浪郡に侵入し、帯方県令を殺害、楽浪郡太守の妻子を俘虜とする	高 百 新
	168年	是歳	漢の玄菟太守耿臨が高句麗に侵攻。高句麗の新大王、漢に降伏して自ら玄菟郡への帰属を求む	高 百 新
	169年	是歳	高句麗、将軍の優居・然人らを派遣して、漢の玄菟郡太守公孫域を救援し、富山城を攻略	高 百 新
	172年	11月	漢が高句麗に侵攻。高句麗の将軍明臨荅夫、漢軍を撃破	高 百 新
	179年	12月	高句麗の新大王が崩御し、故国川王が即位	高 百 新
	184年	是歳	漢の遼東太守が高句麗に侵攻。高句麗の故国川王、王子の高罽須に命じて迎え撃たせるも勝てず、自ら出陣して漢軍を撃破	高 百 新
	190年	9月	高句麗で、故国川王の外戚にあたる於界留・左可慮らが謀反	高 百 新
	191年	4月	高句麗王の外戚である於界留・左可慮ら、王都の卒本を攻撃。反乱を鎮圧した故国川王、内政改革のため、乙巴素を登用	高 百 新
	198年	2月	高句麗、通溝に丸都山城を築く	高 百 新
	209年	10月	高句麗、王都を通溝に移す	高 百 新
魏 呉 蜀	227年	5月	高句麗の東川王が即位	高 百 新
	234年	是歳	魏、高句麗に使臣を遣わして和親を結ぶ	高 百 新
	236年	2月	呉の大帝孫権、使者の胡衛を高句麗に遣わして和親を求む	高 百 新
		7月	高句麗、呉の使者胡衛を斬首し、その首を魏に送る	高 百 新
	237年	是歳	高句麗、魏に使者を遣わし、改元を慶賀	高 百 新
	238年	是歳	魏の司馬懿、遼東の公孫淵を滅ぼす。高句麗、魏に援軍数千人を送る	高 百 新
	242年	是歳	高句麗、公孫氏がいなくなった魏の遼東郡西安平県を侵掠	高 百 新
	243年	是歳	高句麗の東川王、王子の高然弗を太子とする	高 百 新
	244年	是歳	魏の幽州刺史田丘倹、玄菟郡から1万の大軍で高句麗に侵入（『三国史』）	高 百 新
	245年	是歳	魏の幽州刺史田丘倹、高句麗の王都通溝を陥落（『三国史』）	高 百 新
	247年	2月	高句麗、魏に通溝を陥落されたため、東黄城に王都を移す	高 百 新
	248年	9月	高句麗の東川王が崩御し、中川王が即位	高 百 新
		11月	高句麗で中川王の弟高預物・高奢句らが謀反をおこしたとして誅される	高 百 新
	251年	是歳	高句麗の中川王、王后を讒訴した貫那夫人を処刑	高 百 新
	255年	是歳	高句麗の中川王、次男の高薬盧を太子とする	高 百 新
	259年	12月	魏の将軍尉遅楷、高句麗に侵入。高句麗、5000の精兵で迎え撃ち、8000余を討ち取る	高 百 新
晋	270年	10月	高句麗の中川王が崩御し、太子の高薬盧が即位して西川王となる	高 百 新
	280年	10月	粛慎が高句麗に侵入。高句麗の西川王、王弟の高達賈に防がせる。高達賈、粛慎を撃破し、安国君に封じられる	高 百 新
	292年	是歳	高句麗の西川王が崩御し、烽上王が即位	高 百 新
		3月	高句麗の烽上王、叔父にあたる高達賈の謀反を疑い、暗殺する	高 百 新
	293年	8月	鮮卑の慕容廆、高句麗に侵入。高句麗の烽上王、高奴子に助けられて王都から逃れる	高 百 新
		9月	高句麗の烽上王、弟の高咄固の謀反を疑い自害を命じる。高咄固の子である高乙弗は逃亡	高 百 新

付録

273

中国王朝	年	月	事項	関連国
晋	296年	8月	鮮卑の慕容廆が高句麗に侵入。鮮卑を撃退した高句麗の烽上王、高奴子を新城の太守にする	高百新
	298年	11月	高句麗の烽上王、逃亡した高乙弗を探索させたが、見つからず	高百新
	300年	8月	高句麗の烽上王、15歳以上の男女を国中から徴発して王宮を改修	高百新
		9月	高句麗の宰相倉助利、烽上王を廃位し、高乙弗を迎えて美川王とする。烽上王とその王子二人は自害	高百新
	302年	9月	高句麗の美川王、3万の大軍で晋の玄菟郡に侵入し、8000人を俘虜とす	高百新
	311年	8月	高句麗の美川王、晋の遼東郡西安平県に侵入	高百新
	313年	10月	高句麗、晋の楽浪郡を滅ぼして男女2000余を俘虜とす	高百新
	314年	9月	高句麗、晋の帯方郡を滅ぼす	高百新
		是歳	高句麗の美川王、王子の高斯由を太子とする	高百新
	319年	12月	晋の平州刺史崔毖、鮮卑に圧迫され高句麗に亡命	高百新
	320年	12月	高句麗、鮮卑が支配する遼東郡に侵入。鮮卑の慕容仁、高句麗軍を破る	高百新
	330年	是歳	高句麗、後趙に使者を遣わして楛矢を贈る	高百新
	331年	2月	高句麗の美川王が崩御し、故国原王が即位	高百新
	334年	8月	高句麗、東黄城を改修	高百新
	335年	正月	高句麗、新城を築く	高百新
前燕	339年	是歳	前燕が高句麗に侵入。高句麗の故国原王、前燕に和睦を請う	高百新
	340年	是歳	高句麗の故国原王、太子を前燕に遣わして朝貢	高百新
	342年	2月	高句麗の故国原王、丸都山城を修築し、国内城を築く	高百新
		8月	高句麗の故国原王、東黄城から丸都山城に戻る	高百新
		10月	前燕、棘城から龍城に遷都	高百新
		11月	前燕の文明帝、自ら大軍を率いて高句麗に侵攻。敗れた高句麗は、前燕に故国原王の父美川王の遺骸を持ち去られ、母周氏と王妃を連れ去られる	高百新
	343年	2月	高句麗の故国原王、弟を前燕に遣わして朝貢。前燕、高句麗に美川王の遺骸を返還	高百新
		7月	高句麗の故国原王、東黄城に移居	高百新
		是歳	高句麗、晋に使者を遣わして朝貢	高百新
	345年	10月	前燕の文明帝、子の慕容恪に命じて高句麗の南蘇城を奪う	高百新
	346年	9月	百済の肖古王、即位	高百新
	349年	是歳	高句麗、亡命してきていた前燕の宋晃を前燕に送り返す	高百新
前秦	355年	12月	高句麗の故国原王、前燕に使者を遣わし、王母の返還を請う。前燕、王母を高句麗に帰還させ、故国原王を「征東大将軍、営州刺史、楽浪公、高句麗王」に冊封	高百新
		是歳	高句麗の故国原王、王子の高丘夫を太子とする	高百新
	356年	4月	新羅の奈勿王、即位	高百新
	364年	7月	百済、卓淳に遣使(『日本書紀』)	高百新
	366年	3月	倭、斯摩宿禰を卓淳に派遣。斯摩宿禰配下の爾波移、百済に赴く(『日本書紀』)	高百新
	367年	4月	百済、倭に遣使	高百新
	369年	9月	高句麗、2万の大軍で百済に侵攻。高句麗軍と百済軍、雉壌で戦い、高句麗が敗れる	高百新
	370年	是歳	前秦が前燕を滅ぼす。高句麗の故国原王、亡命してきた前燕の皇族である慕容評を前秦に送る	高百新
	371年	10月	百済の肖古王、2万の大軍で東黄城に侵攻。高句麗の故国原王、百済軍を防戦するなかで討ち死にし、太子の高丘夫が小獣林王として即位	高百新
	372年	正月	百済、晋に朝貢	高百新
		6月	前秦、高句麗に僧の順道を遣わして仏像および経文を伝える	高百新
		9月	百済の肖古王、倭王に七枝刀1口・七子鏡1面を贈る(『日本書紀』)	高百新
	375年	7月	高句麗、百済の水谷城を攻撃	高百新
		11月	百済の肖古王が崩御し、仇首王が即位	高百新

中国王朝		年	月	事項	関連国
前秦	晋	376年	11月	高句麗、百済の北境を侵犯	高百新
		377年	10月	百済の仇首王、3万の大軍を率いて高句麗の東黄城を攻撃	高百新
			11月	高句麗、新羅の使者を引き連れ前秦に朝貢	高百新
		378年	9月	契丹が高句麗の北辺に侵入し、8部落が襲われる	高百新
		381年	是歳	新羅、高句麗の支援を受け、高句麗とともに使者を前秦に遣わして朝貢	高百新
後燕		384年	4月	百済の仇首王が崩御し、枕流王が即位	高百新
			11月	高句麗の小獣林王が崩御し、故国壌王が即位	高百新
		385年	6月	高句麗、4万の軍勢で遼東郡に侵攻	高百新
			11月	後燕が高句麗を攻めて遼東・玄菟の2郡を回復	高百新
			11月	百済の枕流王が崩御し、辰斯王が即位	高百新
		386年	8月	高句麗、百済に侵攻し敗北	高百新
	北魏	387年	正月	百済で真嘉謨が達率、豆知が恩率となる	高百新
			9月	百済、東濊と関彌嶺で戦うも勝てず	高百新
		389年	9月	百済、高句麗の南辺を侵掠	高百新
		390年	9月	百済、嘉謨に命じて高句麗の都押城を陥落させ、200人を俘虜とす。功により、嘉謨は兵官佐平となる	高百新
		391年	4月	百済、東濊に北辺の赤峴城を落とされる	高百新
			是歳	高句麗で故国壌王が崩御し、広開土王が即位(「広開土王碑」)	高百新
		392年	正月	高句麗、新羅に遣使して人質を要求。新羅の奈勿王、伊尺飡金大西知の子を人質として送る	高百新
			7月	高句麗、百済に侵攻して石峴城など10城を落とす	高百新
			9月	高句麗、契丹に侵攻して男女500を俘虜とし、契丹に捕らわれていた高句麗の臣民1万を連れ戻す	高百新
			10月	高句麗、百済の関彌城を落とす	高百新
			11月	百済の辰斯王が行宮で崩御し、阿莘王が即位	高百新
		393年	正月	百済、真武を左将にす	高百新
			5月	新羅、倭に王都の金城を包囲されるが、撃退	高百新
			8月	百済の将軍真武、高句麗に奪われた関彌城を取り囲むが、奪還ならず	高百新
		394年	7月	百済、高句麗に侵攻して水谷城を攻撃。高句麗の広開土王、自ら精兵5000を率いて百済軍を破る	高百新
			8月	高句麗、百済との国境に7城を築く	高百新
		395年	8月	東濊が新羅の北辺に侵入。新羅、悉直で東濊を大破	高百新
			8月	百済、左将の真武を高句麗に侵攻させるが、礼成江で大敗し、8000余が討ち取られる	高百新
			11月	百済の阿莘王、自ら高句麗に出陣するも、大雪のため撤退	高百新
		396年	是歳	高句麗、百済を降伏させる(「広開土王碑」)	高百新
		397年	5月	百済の阿莘王、倭と和親を結ぶため太子の扶余映を人質として送る	高百新
			7月	百済、漢江の南岸で大規模な閲兵式を行う	高百新
		398年	2月	百済、真武を兵官佐平にし、沙豆を左将にす	高百新
			3月	百済、双峴城を築く	高百新
			8月	百済の阿莘王、自ら高句麗に出陣するも、滞陣中、軍営に隕石が落ちたことをきらって撤退	高百新
			是歳	高句麗、粛慎を降伏させる(「広開土王碑」)	高百新
		399年	8月	百済、高句麗出兵のために軍馬を徴発す。これを忌避した百済の臣民が新羅に逃亡	高百新
		400年	正月	高句麗、後燕に朝貢	高百新
			2月	後燕の昭武帝、自ら3万の兵を率いて高句麗に侵攻し、高句麗の新城・南蘇の2城を落とす	高百新
			是歳	高句麗、倭に侵略された新羅を5万の軍勢で救援、そのまま任那・安羅に進軍して倭を撃破(「広開土王碑」)	高百新
		401年	7月	高句麗の人質となっていた金大西知の子が新羅に帰還	高百新
		402年	2月	新羅の奈勿王が崩御し、金大西知の子が実聖王として即位	高百新

中国王朝			年	月	事項	関連国
後燕	北魏	晋	402年	3月	新羅、倭と和親を結ぶため、奈勿王の子である金未斯欣を人質として送る	高百新
				5月	百済、倭に遣使し、大きい珠を求める	高百新
				是歳	高句麗、後燕の宿軍城を攻撃。後燕の平州刺史慕容帰、城を棄てて逃亡	高
			403年	正月	新羅、未斯品を伊伐湌とす	高百新
				2月	百済、倭から使者を迎える	高百新
				7月	百済、新羅の辺境を侵犯	高百新
			404年	11月	高句麗、後燕に侵攻	高
				是歳	高句麗、帯方地方に侵入した倭を撃破(「広開土王碑」)	高
			405年	正月	後燕の昭文帝、自ら出陣して高句麗の遼東城を攻めたが落とせず	高
				4月	新羅、倭軍に明活山城を攻められるも、実聖王が自ら出陣して破る	高百新
				9月	百済の阿莘王が崩御し、腆支王が即位	高百
			406年	2月	百済、東晋に朝貢	高百
				9月	百済、解忠を達率にし、漢城の租1000石を賜う	高百
				12月	契丹に侵入した後燕、遠征の帰途、高句麗の木底城を襲撃するも落とせず	高
			407年	3月	倭、新羅の東辺を侵犯	高百新
				6月	倭、新羅の南辺を侵犯して100人を掠奪	高百新
			408年	2月	新羅、対馬から侵入した倭軍を迎撃	高百新
北燕			409年	3月	高句麗、北燕に朝貢	高
				7月	高句麗、王都の東に禿山など6城を築く	高
				是歳	百済、倭からの使節を迎える	高百
			410年	是歳	高句麗、東扶余を降伏させる(「広開土王碑」)	高
			412年	是歳	新羅、奈勿王の子である金卜好を高句麗に人質として送る	高百新
				是歳	高句麗の広開土王が崩御し、長寿王が即位(「広開土王碑」)	高
			413年	是歳	高句麗の長寿王、使者の高翼を晋に遣わし、倭王讃の使者とともに朝貢。長寿王は「使持節、都督営州諸軍事、征東将軍、高句麗王、楽浪公」に冊封される	高
			415年	8月	新羅、風島で倭に勝利	高百新
			416年	是歳	百済の腆支王、晋から「使持節、都督百済諸軍事、鎮東将軍、百済王」に冊封される	高百
			417年	5月	新羅の実聖王が崩御し、訥祇王が即位	高百新
				7月	百済、沙口城を築く	高百
			418年	正月	新羅の訥祇王の弟金卜好、高句麗から帰国	高百新
				夏	百済、倭に遣使	高百
				秋	新羅の訥祇王の弟金未斯欣、倭から逃げ戻る	高百新
		宋	420年	3月	百済の腆支王が崩御し、久爾辛王が即位	高百
			422年	是歳	高句麗の長寿王、宋から「散騎常侍」と「督平州諸軍」を加封される(『宋書』)	高
			424年	2月	新羅、高句麗に遣使	高百新
				是歳	高句麗の長寿王、馬婁らを宋に遣使(『宋書』)	高
			425年	是歳	高句麗、北魏に朝貢	高
			427年	12月	百済の久爾辛王が崩御し、毗有王が即位	高百
				是歳	高句麗、平壌に遷都	高
			428年	2月	百済、倭の使節を迎える	高百
			429年	秋	百済、宋に朝貢	高百
			430年	4月	宋の使節を迎える。宋は久爾辛王の即位を知らず、毗有王に腆支王と同じ爵号を与える	高百
			431年	4月	新羅、倭に金城近くの明活山城を包囲される	高百新
			433年	7月	百済、新羅に遣使して和を請う	高百新
			434年	2月	百済、新羅に遣使して良馬2頭を贈る	高百新
				9月	百済、新羅に白鷹を贈る	高百新
				10月	新羅、百済に金と明珠を贈る	高百新

中国王朝			年	月	事項	関連国
北燕	北魏	宋	435年	6月	高句麗、北魏に朝貢し、「都督遼海諸軍事、征東将軍、領護東夷中郎将、遼東郡開国公、高句麗王」に冊封される	高百新
			436年	4月	北魏、北燕を滅ぼす	高百新
				5月	北燕の昭成帝、高句麗に亡命。北魏、高句麗に昭成帝の召還を命ずるが、高句麗は拒絶	高百新
			437年	2月	高句麗、北魏に朝貢	高百新
			438年	3月	高句麗に亡命した北燕の昭成帝、宋に亡命を請う。高句麗の長寿王、昭成帝を迎えにきた宋の使節と戦い、昭成帝を殺害	高百新
			439年	11月	高句麗、北魏に朝貢	高百新
				12月	高句麗、北魏に朝貢	高百新
				是歳	高句麗、宋の求めに応じ、軍馬800頭を贈る(『宋書』)	高百新
			440年	6月	新羅、倭に東辺を侵犯される	高百新
				10月	百済、宋に朝貢	高百新
				是歳	新羅に辺境を侵犯された高句麗、新羅に出兵しようとするが、新羅が謝罪したため中止す	高百新
			444年	4月	新羅、金城を10余日にわたって倭軍に包囲される	高百新
			450年	7月	新羅の将軍が高句麗辺境の将軍を殺害。新羅の訥祇王、高句麗に謝罪	高百新
			454年	7月	高句麗、新羅に侵攻	高百新
			455年	9月	百済の毗有王が崩御し、蓋鹵王が即位	高百新
				10月	高句麗、百済に侵攻。新羅の訥祇王、百済に援軍を派遣	高百新
				是歳	高句麗、宋に朝貢	高百新
			458年	8月	新羅の訥祇王が崩御し、慈悲王が即位	高百新
			459年	4月	新羅、東辺から侵入した倭軍に金城を包囲される	高百新
			461年	2月	新羅の慈悲王、金未斯欣の娘を王妃に迎える	高百新
				4月	百済の蓋鹵王、弟の扶余昆支を人質として倭に送る(『日本書紀』)	高百新
			462年	3月	高句麗、北魏に朝貢	高百新
				5月	新羅、倭に活開城を攻撃され、1000余を俘虜にされる	高百新
			463年	2月	新羅、歃良城の攻略に失敗した倭軍を追撃。沿海地方に2城を築く	高百新
				7月	新羅、大閲兵式を行う	高百新
				是歳	高句麗の長寿王、宋から「車騎大将軍、開府儀同三司」に冊封される	高百新
			465年	2月	高句麗、北魏に朝貢	高百新
			466年	3月	高句麗、北魏に朝貢。北魏の文明太后、高句麗の長寿王に王女を後宮に出すように命令	高百新
			467年	2月	高句麗、北魏に朝貢	高百新
			468年	2月	高句麗、東濊の軍勢1万を率いて新羅の悉直城を攻略	高百新
				4月	高句麗、北魏に朝貢	高百新
				9月	新羅、高句麗との国境に近い何瑟羅で15歳以上の臣民を徴発して泥河沿岸に築城	高百新
			469年	2月	高句麗、北魏に朝貢	高百新
				8月	百済、高句麗の南辺を侵犯	高百新
				10月	百済、双峴城を修理し、青木嶺に大柵を設置	高百新
			470年	2月	高句麗、北魏に朝貢	高百新
				是歳	新羅、三年山城を築く	高百新
			471年	2月	新羅、芼老城を築く	高百新
			472年	2月	高句麗、北魏に朝貢	高百新
				7月	高句麗、北魏に朝貢	高百新
				是歳	百済の蓋鹵王、北魏に朝貢して高句麗征討を訴えたが聞きいれられず	高百新
			473年	正月	新羅、阿湌の伐智と級伐湌の徳智を左右将軍に任ず	高百新
				2月	高句麗、北魏に朝貢	高百新
				7月	新羅、明活山城を改修	高百新
				8月	高句麗、北魏に朝貢	高百新
			474年	3月	高句麗、北魏に朝貢	高百新

中国王朝		年	月	事項	関連国
北魏	宋	474年	7月	高句麗、北魏に朝貢	高 百 新
			是歳	高句麗、宋に朝貢	高 百 新
		475年	正月	新羅の慈悲王、明活山城に移居	高 百 新
			2月	高句麗、北魏に朝貢	高 百 新
			8月	高句麗、北魏に朝貢	高 百 新
			9月	高句麗の長寿王、3万の軍勢を率いて百済に侵攻。新羅は百済に援軍を送るも間に合わず、百済の王都漢城は陥落。百済の蓋鹵王は処刑され、文周王が即位	高 百 新
			10月	百済、王都を熊津に移す	高 百 新
		476年	2月	高句麗、北魏に朝貢	高 百 新
			2月	百済、大豆山城を改修	高 百 新
			3月	百済、宋に朝貢しようとするも、高句麗に妨害されて果たせず	高 百 新
			4月	耽羅、百済に方物を献上	高 百 新
			6月	倭、新羅の東辺を侵犯。新羅の将軍徳智、倭軍を迎え撃ち200余人を討ち取る	高 百 新
			7月	高句麗、北魏に朝貢	高 百 新
			8月	百済、解仇を兵官佐平とする	高 百 新
			9月	高句麗、北魏に朝貢	高 百 新
		477年	2月	高句麗、北魏に朝貢	高 百 新
			4月	百済の文周王、弟扶余昆支を内臣佐平とする	高 百 新
			5月	倭、新羅に5道から侵攻	高 百 新
			7月	百済の内臣佐平の扶余昆支が薨去	高 百 新
			9月	百済の兵官佐平の解仇、文周王を暗殺。三斤王が即位	高 百 新
			9月	高句麗、北魏に朝貢	高 百 新
		478年	春	百済の兵官佐平の解仇、恩率の燕信とともに大豆城で挙兵。徳率の真老、解仇を殺害して平定。燕信は高句麗に亡命	高 百 新
			是歳	高句麗、宋に朝貢	高 百 新
	南斉	479年	2月	新羅の慈悲王が崩御し、炤知王が即位	高 百 新
			3月	高句麗、北魏に朝貢	高 百 新
			9月	高句麗、北魏に朝貢	高 百 新
			4月	百済の三斤王が崩御し、倭、扶余昆支の次男扶余牟大を帰国させる（『日本書紀』）	高 百 新
			11月	倭から帰国した百済の扶余牟大、東城王として即位	高 百 新
			是歳	加羅、南斉に朝貢（『南斉書』）	高 百 新
		480年	4月	高句麗の長寿王、南斉から「驃騎大将軍」に冊封される。高句麗、余奴らを南斉に遣わして朝貢しようとしたところ、北魏に捕らえられ、北魏から叱責される	高 百 新
			11月	東濊、新羅の北辺を侵犯	高 百 新
		481年	3月	高句麗、東濊とともに新羅の北辺に侵攻し、狐鳴など7城を奪う。新羅、百済・加羅からの援軍を得て、高句麗・東濊軍を泥河の西方で破り、1000余を斬首	高 百 新
			是歳	高句麗、南斉に朝貢	高 百 新
		482年	正月	百済、真老を兵官佐平とする	高 百 新
			5月	倭、新羅の辺境を侵犯	高 百 新
			9月	東濊、百済の北辺を侵掠、300余戸を俘虜とす	高 百 新
		484年	正月	新羅、烏含を伊伐飡とする	高 百 新
			2月	百済、南斉に朝貢	高 百 新
			7月	百済、内法佐平の沙若思を南斉に遣わしたが、高句麗軍に妨害されて朝貢できず	高 百 新
			7月	高句麗、新羅の北辺に侵入。新羅、百済の援軍を得て、母山城で高句麗軍を大破	高 百 新
			10月	高句麗、北魏に朝貢	高 百 新
		485年	2月	新羅、仇伐城を築く	高 百 新
			5月	百済、新羅に遣使して修好す	高 百 新
			5月	高句麗、北魏に朝貢	高 百 新

中国王朝		年	月	事項	関連国
北魏	南斉	485年	10月	高句麗、北魏に朝貢	高
		486年	正月	新羅、伊尺湌の実竹を将軍に任じ、3000人を徴発して三年山・屈山の2城を修築	高百新
			2月	新羅、乃宿を伊伐湌とする	高百新
			2月	百済、苩加を衛士佐平とする	百
			3月	百済、南斉に朝貢	百
			4月	高句麗、北魏に朝貢	高
			4月	倭、新羅の辺境を侵犯	高百新
			7月	百済、王宮を改修し、牛頭城を築く	百
		487年	5月	高句麗、魏に朝貢	高新
		488年	正月	新羅の炤知王、月城に移居	高百新
			2月	高句麗、北魏に朝貢	高百新
			4月	高句麗、北魏に朝貢	高百新
			7月	新羅、刀那城を築く	高新
			閏8月	高句麗、北魏に朝貢	高
		489年	2月	高句麗、北魏に朝貢	高
			6月	高句麗、北魏に朝貢	高
			9月	高句麗、新羅の北辺に侵攻し、孤山城を落とす	高新
			10月	高句麗、北魏に朝貢	高
		490年	2月	新羅、鄙羅城を改修	高百新
			7月	高句麗、北魏に朝貢	高
			7月	百済、15歳以上の臣民を徴発して沙峴・耳山の2城を築城	百
			9月	高句麗、北魏に朝貢	高
		491年	2月	高句麗の長寿王が崩御し、文咨明王が即位	高百新
			5月	高句麗、北魏に朝貢	高
			9月	高句麗、北魏に朝貢	高
		492年	3月	高句麗の文咨明王、北魏から「使持節、都督遼海諸軍事、征東将軍、護東夷中郎将、遼東郡開国公、高句麗王」に冊封される	高
			6月	高句麗、北魏に朝貢	高
			8月	高句麗、北魏に朝貢	高
			10月	高句麗、北魏に朝貢	高
		493年	正月	高句麗、北魏に朝貢	高
			3月	百済の東城王、新羅に婚姻を請う。新羅の炤知王、伊伐湌である比智の娘を百済に送る	百新
			7月	新羅、臨海・長嶺の2鎮を置いて倭に備える	百新
		494年	正月	高句麗、北魏に朝貢	高
			2月	扶余、国をあげて高句麗に投降	高
			7月	高句麗、薩水原で新羅を破る。新羅、百済からの援軍3000を得て犬牙城を守る	高百新
			7月	高句麗の文咨明王、南斉から「使持節、散騎常侍、都督営・平二州諸軍事、征東大将軍、楽浪公」に冊封される	高
			7月	高句麗、北魏に朝貢	高
		495年	2月	高句麗、北魏に朝貢	高
			5月	高句麗、北魏に朝貢	高
			8月	高句麗、百済の雉壤城を包囲。百済、新羅からの援軍を得て雉壤城を守る	高百新
		496年	是歳	高句麗の文咨明王、南斉から「車騎将軍」を加えられる	高
			是歳	高句麗、南斉に朝貢	高
			8月	高句麗、新羅に侵攻して牛山城を攻撃。新羅、将軍の実竹を派遣して泥河で高句麗軍を防ぐ	高新
		497年	4月	倭、新羅の辺境を侵犯	高新
			5月	百済の兵官佐平真老、薨去。達率の燕突が兵官佐平となる	百
			8月	高句麗、新羅の牛山城を落とす	高新
		498年	正月	高句麗の文咨明王、王子の高興安を太子とする	高
			7月	百済、沙井城を築く	百

中国王朝		年	月	事項	関連国
北魏	南斉	498年	8月	百済の東城王、耽羅の平定に向かうが、その途中、耽羅が降伏したため中止する	百新
			8月	高句麗、北魏に朝貢	高新
		499年	是歳	飢饉により百済の臣民2000が高句麗に逃亡	高百新
		500年	3月	倭、新羅の長峯鎮を攻め落とす	高百新
			8月	高句麗、北魏に朝貢	高百新
			11月	新羅の炤知王が崩御し、智證王が即位	新
		501年	正月	高句麗、北魏に朝貢	高
			7月	百済、新羅に備え、炭峴に柵を設置	百新
			8月	百済、加林城を築城、衛士佐平の苩加に守らせる	百
			11月	百済の東城王、衛士佐平の苩加に襲撃され重傷を負う	百
			12月	高句麗、北魏に朝貢	高
			12月	百済の東城王が崩御し、武寧王が即位	百
	梁	502年	正月	百済の武寧王、扞率の解明に命じて衛士佐平の苩加を討つ	百
			4月	高句麗の文咨明王、梁から「車騎大将軍」とされる	高
			11月	百済の達率の優永、5000の軍勢を率いて高句麗の水谷城を攻撃	高百
			12月	高句麗、北魏に朝貢	高
		503年	9月	靺鞨、百済の馬首柵を焼き、高木城を攻撃。百済、5000の軍勢を送って撃退	百
		504年	4月	高句麗、芮悉弗を北魏に遣わして朝貢、百済と勿吉を讒訴する	高百
		505年	2月	新羅、国内の州郡県の制度を定む。靺鞨との国境には悉直州を設置し、金異斯夫を軍主とする	新
		506年	7月	靺鞨、百済の高木城を攻撃し、600余を討ち取る	百
			9月	高句麗、北魏に朝貢	高
			11月	高句麗、百済に侵攻するも、大雪により撤退	高百新
		507年	5月	百済、高木城の南側に二つの柵、長嶺城を築き、靺鞨に備える	百
			9月	高句麗、北魏に朝貢	高
			10月	高句麗の将軍高老、靺鞨とともに百済の漢城に進撃。百済、高句麗・靺鞨軍を撃退	高百
		508年	是歳	高句麗の文咨明王、梁から「撫軍大将軍、開府儀同三司」の官爵を与えられる	高
			5月	高句麗、北魏に朝貢	高百新
			12月	高句麗、北魏に朝貢	高百新
		509年	5月	高句麗、北魏に朝貢	高百新
		510月	閏6月	高句麗、北魏に朝貢	高百新
			11月	高句麗、北魏に朝貢	高百新
		512年	3月	高句麗、北魏に朝貢	高
			4月	百済、梁に朝貢	百
			4月	倭、穂積臣押山を百済に派遣(『日本書紀』)	百
			5月	高句麗、北魏に朝貢	高
			6月	新羅、于山を平定	新
			9月	高句麗、百済の加弗・円山の2城を攻めて男女1000余を俘虜とす	高百
			12月	百済、上多利・下多利・娑陀・牟婁の併合を黙認するよう倭に求める(『日本書紀』)	百
		513年	正月	高句麗、北魏に朝貢	高
			5月	高句麗、北魏に朝貢	高
			6月	百済、五経博士の段楊爾を倭に派遣し、加羅の影響下にある己汶・多沙を併合するための支援を求める(『日本書紀』)	百
			11月	百済、倭に朝貢(『日本書紀』)	百
			12月	高句麗、北魏に朝貢	高
		514年	3月	加羅、子呑・多沙に城を築いて倭に備える(『日本書紀』)	百
			7月	新羅の智證王が崩御し、法興王が即位	新
			11月	高句麗、北魏に朝貢	高
		515年	4月	加羅、多沙に駐留する倭軍を撃破(『日本書紀』)	百
			10月	高句麗、北魏に朝貢	高

中国王朝		年	月	事項	関連国
北魏	梁	516年	4月	高句麗、北魏に朝貢	高
			9月	百済、己汶を併合したことを倭に報告（『日本書紀』）	高百
		517年	4月	高句麗、北魏に朝貢	高百
		518年	2月	新羅、株山城を築城	高百新
			2月	高句麗、北魏に朝貢	高百新
			4月	高句麗、北魏に朝貢	高百新
			5月	高句麗、北魏に朝貢	高百新
		519年	是歳	高句麗の文咨明王が崩御し、安臧王が即位	高
		520年	正月	高句麗、梁に朝貢	高
			2月	高句麗の安臧王、梁から「寧東将軍、都督営・平二州諸軍事、高句麗王」に冊封されるが、梁の冊封使が北魏に捕えられる。高句麗の安臧王、北魏から「安東将軍、領護東夷校尉、遼東郡開国公、高句麗王」に冊封される	高
			9月	高句麗、梁に朝貢	高
		521年	11月	百済、新羅の使者をともない梁に朝貢	百新
			12月	百済の武寧王、梁から「使持節、都督百済諸軍事、寧東大将軍、百済王」に冊封される	百
		522年	3月	加羅の異脳王、新羅に婚姻による同盟を請う。新羅、伊尺飡である比助夫の妹を加羅に送る	加百新
		523年	2月	百済、佐平の因友・達率の沙烏らに命じ、双峴城を築城	百
			5月	百済の武寧王が崩御し、聖王が即位	百
			8月	高句麗、百済に侵攻。百済の聖王、左将の志忠に命じ、1万の軍勢で高句麗軍を撃退させる	高百
			11月	高句麗、北魏に朝貢して良馬10頭を進上	高
		524年	9月	新羅の法興王、南の境界に巡幸。加羅の異脳王、法興王のもとを訪れて表敬	加新
			是歳	百済の聖王、梁から「持節、都督百済諸軍事、綏東将軍、百済王」に冊封される	百
		525年	2月	百済、新羅に使節を送る	百新
			2月	新羅、大阿飡の伊登を沙伐州の軍主とする	新
		526年	3月	高句麗、梁に朝貢	高
			10月	百済、熊津の都城を改修し、沙井柵を立てる	百
		527年	6月	倭の近江毛野臣が伽耶諸国に向かうところ、筑紫君の磐井が乱をおこす（『日本書紀』）	
			11月	高句麗、梁に朝貢	高
		528年	11月	倭の物部麁鹿火、磐井の乱を鎮定（『日本書紀』）	
			是歳	新羅、仏教を公認	新
		529年	3月	百済、多沙を併合。倭、近江毛野臣を安羅に派遣（『日本書紀』）	百
			4月	加羅の異脳王、自ら倭に渡航（『日本書紀』）	
			4月	新羅の金異斯夫、安羅に駐留する倭の近江毛野臣を攻撃（『日本書紀』）	新
			9月	加羅、倭に近江毛野臣の更迭を訴える（『日本書紀』）	
			10月	高句麗の安臧王、自ら軍勢を率いて百済に侵入し、北辺の穴城を落とす。百済の聖王、佐平の燕謨に命じ、3万の軍勢で五谷原で防戦させたが、2000余が討ち取られて大敗	高百
			是歳	加羅の異脳王、王妃の従者を新羅に追放。加羅と新羅との同盟が破綻（『日本書紀』）	新
		530年	9月	加羅、倭に近江毛野臣の失政を訴える（『日本書紀』）	
		531年	4月	新羅、伊尺飡の哲夫を上大等に任ずる	新
			5月	高句麗の安臧王が崩御し、安原王が即位	高
		532年	3月	高句麗の安原王、北魏から「使持節、散騎常侍、領護東夷校尉、遼東郡開国公、高句麗王」に冊封される	高
			4月	高句麗、梁に朝貢	高
			6月	高句麗、北魏に朝貢	高
			11月	高句麗、梁に朝貢	高

付録

281

中国王朝		年	月	事項	関連国
北魏	梁	532年	是歳	任那、新羅に降伏する	新
		533年	2月	高句麗、北魏に朝貢	高
東魏	西魏	534年	3月	百済、梁に朝貢	百
			是歳	北魏、東西に分裂。高句麗の安原王、東魏から「驃騎大将軍」を加えられる	高百新
			是歳	新羅の上大等である哲夫が薨去	高百新
		535年	2月	高句麗、梁に朝貢	高百新
		536年	8月	高句麗、東魏に朝貢	高
		537年	12月	高句麗、東魏に朝貢	高
		538年	春	百済、泗沘に都を移し、国号を南扶余とする	百
		539年	5月	高句麗、東魏に朝貢	高
		540年	7月	新羅の法興王が崩御し、真興王が即位	高百新
			9月	百済の聖王、将軍の燕会に命じ、高句麗の牛山城を包囲させる。高句麗の安原王、5000の軍勢を援軍として送り、百済軍の包囲を解く	高百新
			12月	高句麗、東魏に朝貢	高
		541年	3月	高句麗、梁に朝貢	高
			3月	新羅、金異斯夫を兵部令とする	新
			4月	百済の聖王、伽耶諸国の王らを集め、任那・卓淳・喙己呑の再興を協議（『日本書紀』）	百
			是歳	百済、梁に朝貢	百
		542年	12月	高句麗、東魏に朝貢	高
		543年	11月	高句麗、東魏に朝貢	高
		544年	3月	百済、倭に阿賢移那斯・佐魯麻都・河内直の更迭を訴える（『日本書紀』）	百
			11月	高句麗、東魏に朝貢	高
			11月	百済、伽耶諸国の王を集め、再び、任那・卓淳・喙己呑の再興を協議（『日本書紀』）	百
		545年	3月	高句麗の安原王が崩御。内乱を経て陽原王が即位	高
			12月	高句麗、東魏に朝貢	高
		546年	11月	高句麗、東魏に朝貢	高
		547年	7月	高句麗、白巌城・新城を改修	高
			是歳	高句麗、東魏に朝貢	高
		548年	正月	高句麗、東魏の軍勢6000とともに百済の独山城を攻撃。新羅、将軍の朱珍に3000の軍勢をつけて百済を救援し、高句麗・東魏軍を撃退する	高百新
			9月	高句麗、東魏に朝貢	高
		549年	10月	百済、梁に朝貢。百済の使節、梁で反乱をおこした将軍の侯景に捕らえられる	百
			是歳	高句麗、東魏に朝貢	高
北斉		550年	正月	百済の将軍達巳、1万の軍勢で高句麗の道薩城を落とす	高百
			3月	高句麗、百済の金峴城を落とす。新羅、百済を支援すると称し、伊尺湌の金異斯夫に命じて高句麗軍が占拠する金峴城を落とす	高百新
			6月	高句麗、北斉に朝貢	高
			9月	高句麗の陽原王、北斉から「使持節、侍中、驃騎大将軍、領護東夷校尉、遼東郡開国公、高句麗王」に冊封される	高
		551年	3月	新羅の金居柒夫、漢江の上流域の高句麗領に侵攻し、竹嶺以北、高峴以南の10郡を併合	高百新
			5月	高句麗、北斉に朝貢	高
			9月	突厥、高句麗の新城を落とせず、白巌城を包囲。高句麗の将軍高紇、2万の軍勢で突厥軍を破り、1000余を討ち取る	高
		552年	5月	百済、倭に朝貢（『日本書紀』）	百
			10月	百済の聖王、倭に仏像や経典を贈る（『日本書紀』）	百
			是歳	高句麗、平壌城を築城	高百新
		553年	正月	百済、倭に援軍を要請（『日本書紀』）	百

中国王朝			年	月	事項	関連国
北斉	西魏	梁	553年	6月	倭、内臣を百済に派遣し、馬2頭・船2艘・弓50張・矢50具を贈る（『日本書紀』）	百
				7月	新羅、百済の東北辺を奪い、新州を設置し、阿湌の金武力を軍主とする	百新
				8月	百済、倭に援軍を要請（『日本書紀』）	百
				10月	百済の聖王、王女を新羅の真興王に嫁がせる	百新
			554年	正月	百済、倭に援軍を要請（『日本書紀』）	百
				7月	新羅、明活山城を修築	新
				7月	百済の聖王、自ら軍勢を率いて新羅に侵攻して敗死する	百新
				10月	高句麗、百済の熊川城を攻めたが、落とせず	高百
			555年	2月	百済聖王の子の扶余昌、弟の扶余季を倭に遣わし、聖王の敗死を伝える（『日本書紀』）	百
				11月	高句麗、北斉に朝貢	高
			556年	正月	百済聖王の子の扶余季、百済に帰国（『日本書紀』）	百
				7月	新羅、比列忽州を設置し、沙湌の成宗を軍主とする	新
	北周	陳	557年	3月	百済聖王の太子扶余昌、威徳王として即位（『日本書紀』）	百
				10月	高句麗の丸都山城で朱理が反乱をおこして誅殺される	高
			559年	3月	高句麗の陽原王が崩御し、平原王が即位	高
			560年	2月	高句麗の平原王、北斉から「使持節、領東夷校尉、遼東郡公、高句麗王」に冊封される	高
				9月	新羅、倭に朝貢（『日本書紀』）	新
				11月	高句麗、陳に朝貢	高
			561年	7月	百済、新羅に出兵して大敗を喫す	百新
				是歳	新羅、倭に朝貢（『日本書紀』）	新
			562年	2月	高句麗の平原王、陳から「寧東将軍」に冊封される	高
				9月	新羅、加羅を滅ぼす	新
				11月	新羅、倭に朝貢。新羅の使者、帰国せず倭に帰化（『日本書紀』）	新
			564年	是歳	高句麗、北斉に朝貢	高
				是歳	新羅、北斉に朝貢	新
			565年	正月	高句麗、北斉に朝貢	高
				2月	新羅の真興王、北斉から「使持節、東夷校尉、楽浪郡公、新羅王」に冊封される	新
				9月	陳、新羅に使節を遣わし、仏教の経典1700余巻を贈る	新
			566年	12月	高句麗、陳に朝貢	高
				是歳	新羅、陳に朝貢	新
			567年	3月	新羅、陳に朝貢	新
				9月	百済、陳に朝貢	百
			568年	6月	百済、陳に朝貢	百
				11月	高句麗、陳に朝貢	高
			570年	是歳	百済の威徳王、北斉から「使持節、侍中、車騎大将軍、帯方郡公、百済王」に冊封される	百
			571年	2月	高句麗、陳に朝貢	高
				是歳	百済の威徳王、北斉から「使持節、都督東・青州諸軍事、東・青州刺史」に冊封される	百
			572年	3月	新羅の太子の金銅輪が薨去	新
				是歳	百済、北斉に朝貢	百
				是歳	新羅、北斉に朝貢	新
			573年	是歳	高句麗、北斉に朝貢	高
			574年	正月	高句麗、陳に朝貢	高
			576年	8月	新羅の真興王が崩御し、真智王が即位。伊尺湌の金居柒夫が上大等となる	新
			577年	7月	百済、陳に朝貢	百
				10月	百済、新羅西辺に侵攻。新羅、伊尺湌の世宗が百済軍3700を討ち取り、撃破	百新
				11月	百済、北周に朝貢	百

中国王朝		年	月	事項	関連国
北周	陳	577年	是歳	高句麗、北周に朝貢。高句麗の平原王、北周から「開府儀同三司、大将軍、遼東郡開国公、高句麗王」に冊封される	高
		578年	7月	新羅、陳に朝貢	高百新
			是歳	百済、北周に朝貢	高百新
		579年	2月	百済、熊峴城と松述城を築城	高百新
			7月	新羅の真智王が崩御し、真平王が即位	高百新
			8月	新羅、伊尺湌の弩里夫を上大等とする	高百新
		580年	2月	新羅、伊尺湌の后稷を兵部令とする	高百新
隋		581年	10月	百済、隋に朝貢。百済の威徳王、隋から「上開府儀同三司、帯方郡公」に冊封される	高百
			12月	高句麗、隋に朝貢。高句麗の平原王、隋から「大将軍、遼東郡公」に冊封される	高百
		582年	正月	高句麗、隋に朝貢	高百新
			正月	百済、隋に朝貢	高百新
			11月	高句麗、陳に朝貢	高百新
		583年	正月	高句麗、隋に朝貢	高百新
			4月	高句麗、隋に朝貢	高百新
			冬	高句麗、陳に朝貢	高百新
		584年	春	高句麗、隋に朝貢	高百新
			11月	百済、陳に朝貢	高百新
		585年	12月	高句麗、陳に朝貢	高百新
		586年	是歳	高句麗、平壌に遷都	高百新
			是歳	百済、陳に朝貢	高百
		588年	12月	新羅の上大等の弩里夫が薨去し、伊尺湌の首乙夫が上大等となる	高百新
		589年	是歳	隋が陳を滅ぼす。百済、耽羅に漂着した隋の軍船を隋に送還	高百
		590年	4月	高句麗の使者、難破して倭に漂着（『日本書紀』）	高百新
			10月	高句麗、陳が隋に滅ぼされたことを契機に防備を固めるが、隋から詰問される。高句麗の平原王が隋に謝罪しようとしたところ崩御し、嬰陽王が即位。嬰陽王、隋から「上開府儀同三司」とされ、「遼東郡公」の爵を継ぐことを認められる	高百
		591年	正月	高句麗、隋に王号による冊封を請う	高百新
			3月	高句麗の嬰陽王、隋から「高句麗王」に冊封される	高百新
			5月	高句麗、隋に朝貢	高百新
			是歳	新羅、南山城を築く	高百新
		592年	正月	高句麗、隋に朝貢	高百新
		593年	7月	新羅、明活山城を改修	高百新
		594年	是歳	新羅の真平王、隋から「上開府、楽浪郡公、新羅王」に冊封される	高百新
		596年	3月	新羅、隋に朝貢	高百新
			3月	新羅の高僧曇育、隋に行って仏法を求める	高百新
		597年	5月	高句麗、隋に朝貢	高百新
		598年	6月	高句麗の嬰陽王が1万余の靺鞨軍を率いて隋の遼西郡に侵入したため、隋、水陸30万の軍勢で高句麗に侵攻（第1次高句麗遠征）	高百新
			9月	高句麗に侵入した隋軍が撤退し、高句麗の嬰陽王、隋に謝罪。百済の威徳王、隋に高句麗遠征の嚮導を請うが、高句麗が謝罪したことを理由に隋は再度の遠征を否定	高百
			12月	百済の威徳王が崩御し、恵王が即位	高百
		599年	是歳	百済の恵王が崩御し、法王が即位	高百
		600年	正月	高句麗、隋に朝貢	高百新
			5月	百済の法王が崩御し、武王が即位	高百新
		602年	8月	602年、百済、新羅の阿莫城を攻めたが落とせず	高百新
			是歳	新羅、大奈麻の上軍を隋に遣わして朝貢	高百新
		603年	8月	高句麗の将軍高勝、新羅の北漢山城を攻撃。新羅の真平王、自ら2万の軍勢を率いて高句麗軍を破る	高百新
		604年	7月	新羅、大奈麻の万世・恵文らを遣わして隋に朝貢	高百新
		605年	2月	百済、角山城を築城	高百

中国王朝	年	月	事項	関連国
隋	605年	8月	新羅、百済の東辺を侵犯	高百新
	607年	3月	百済、扞率の燕文進を遣わして隋に朝貢。また佐平の王孝鄰を遣わして隋に朝貢	高百新
		5月	高句麗、百済の松山城を攻撃したが落とせず、石頭城を攻撃して男女3000人を俘虜とす	高百新
	608年	2月	高句麗、新羅の北境を侵犯し、8000人を俘虜とす	高百新
		3月	百済、隋に朝貢	高百新
		4月	高句麗、新羅の牛鳴山城を落とす	高百新
	611年	2月	隋、高句麗征討の詔を発す	高百新
		2月	百済、隋に朝貢して高句麗出兵の期日を聞く	高百新
		4月	隋の煬帝、高句麗親征のため、涿郡に到着	高百新
		8月	百済、赤嵒城を築城	高百新
		10月	百済、新羅の椵岑城を100日間にわたって包囲。翌612年正月、椵岑城の讃徳、討ち死にし、落城	高百新
		是歳	新羅、隋に朝貢し、高句麗への出兵を請う	高百新
	612年	正月	隋軍、高句麗に出兵（第2次高句麗遠征）	高百新
		2月	隋軍、遼河を浮橋で渡河して高句麗に侵入	高百新
		4月	隋軍、高句麗の遼東城を包囲	高百新
		7月	高句麗軍、清川江で隋軍に大勝（薩水大捷）。隋軍、撤退	高百新
	613年	正月	隋の煬帝、詔書を下し、高句麗再征の準備を命ず	高百新
		4月	隋軍、高句麗に再征（第3次高句麗遠征）	高百新
	614年	2月	隋の煬帝、高句麗再々征を命ず（第4次高句麗遠征）	高百新
		7月	高句麗、隋に降伏を請う	高百新
		8月	隋軍、高句麗から撤退	高百新
		10月	隋、高句麗の嬰陽王に参内を命じたが、嬰陽王は無視	高百新
	616年	10月	百済の達率の苩奇、8000の軍勢で新羅の母山城を攻撃	高百新
唐	618年	9月	高句麗の嬰陽王が崩御し、栄留王が即位	高百新
		是歳	新羅の将軍辺品、百済に奪われていた椵岑城を取り戻す。しかし、すぐに百済軍に包囲され、新羅軍では、讃徳の子である奚論が討ち死に	高百新
	619年	2月	高句麗、唐に朝貢	高百新
		7月	高句麗、唐に朝貢	高百新
	621年	7月	新羅、唐に朝貢	高百新
		10月	百済、唐に朝貢	高百新
	622年	是歳	高句麗、唐に朝貢。唐、高句麗に隋兵の送還を命ず	高百新
	623年	10月	新羅、唐に朝貢	高百新
		秋	百済、新羅の勒弩県を侵犯	高百新
		12月	高句麗、唐に朝貢	高百新
	624年	正月	百済、唐に朝貢。百済の武王、唐から「帯方郡王、百済王」に冊封される	高百新
		2月	高句麗、唐に朝貢。高句麗の栄留王、唐から「上柱国、遼東郡王、高句麗王」に冊封される	高百新
		3月	新羅の真平王、唐から「柱国、楽浪郡王、新羅王」に冊封される	高百新
		7月	百済、唐に朝貢	高百新
		10月	百済、新羅の速含・桜岑・岐岑・烽岑・旗懸・穴柵など6城を落とす	高百新
		12月	高句麗、唐に朝貢	高百新
	625年	11月	百済、唐に朝貢	高百新
		11月	新羅、唐に朝貢し、高句麗に侵略されていることを訴える	高百新
	626年	7月	新羅、唐に朝貢	高百新
		7月	唐の高祖、高句麗に対し、百済・新羅と和親するように諭す。高句麗の栄留王、唐に陳謝し、百済・新羅との和平を請う	高百新
		8月	百済、新羅の主在城を落とし、城主の東所は討ち死に	高百新
		9月	唐の高祖が譲位し、太宗が即位	高百新
		12月	百済、唐に朝貢	高百新
	627年	6月	新羅、唐に朝貢	高百新

中国王朝	年	月	事項	関連国
唐	627年	7月	百済の将軍沙乞、新羅西辺の2城を落とし、男女300余人を俘虜とす。新羅、百済による侵犯を唐に訴える	高百新
		8月	百済、鬼室福信を唐に遣わして朝貢。唐の太宗、新羅との和親を命ず	高百新
		11月	新羅、唐に朝貢	高百新
	628年	2月	百済、新羅の椵岑城を攻めたが落とせず	高百新
		9月	高句麗、唐に朝貢	高百新
	629年	8月	新羅の将軍金庾信、高句麗に侵入して娘臂城を落とす	高百新
		9月	高句麗、唐に朝貢	高百新
		9月	百済、唐に朝貢	高百新
		9月	新羅、唐に朝貢	高百新
	631年	2月	唐が高句麗の京観を破壊させたことにより、唐への警戒を強めた高句麗、千里長城の築城を開始	高百新
		3月	百済、扶余豊璋を人質として倭に送る（『日本書紀』）	高百新
		5月	新羅で伊尺湌の柒宿と阿湌の石品が反乱をおこして鎮圧される	高百新
		7月	新羅、唐に朝貢して美女二人を献上。唐の太宗、憐れんで二人を新羅に送り返す	高百新
		9月	百済、唐に朝貢	高百新
	632年	正月	新羅の真平王が崩御し、善徳女王が即位	高百新
		2月	百済、馬川城を改修	高百新
		12月	百済、唐に朝貢	高百新
		12月	新羅、唐に朝貢	高百新
	633年	7月	新羅、唐に朝貢	高百新
		8月	百済、新羅の西辺に侵入して西谷城を攻撃し、13日目に落とす	高百新
	635年	是歳	新羅の善徳女王、唐から「柱国、楽浪郡公、新羅王」に冊封される	高百新
	636年	正月	新羅の善徳女王、伊尺湌の水品を上大等とする	高百新
		2月	百済、唐に朝貢	高百新
		5月	百済の将軍于召、500の軍勢で新羅の独山城を急襲するが、新羅の将軍金閼川に捕らえられる	高百新
	637年	7月	新羅の善徳女王、金閼川を大将軍とする	高百新
		12月	百済、唐に朝貢して鉄甲と雕斧を献上	高百新
	638年	10月	高句麗、新羅北辺の七重城を攻撃	高百新
		11月	新羅の将軍金閼川、七重城を包囲する高句麗軍を撃破	高百新
	639年	10月	百済、唐に朝貢して金甲と雕斧を献上	高百新
	640年	2月	高句麗の栄留王、太子の高桓権を唐に遣わして朝貢	高百新
	641年	3月	百済の武王が崩御し、義慈王が即位。義慈王、唐から「柱国、帯方郡王、百済王」に冊封される	高百新
		8月	百済、唐に朝貢	高百新
	642年	正月	高句麗、唐に朝貢	高百新
		正月	百済、唐に朝貢	高百新
		正月	新羅、唐に朝貢	高百新
		正月	百済の義慈王、内佐平ら40人を追放（『日本書紀』）	高百新
		7月	百済の義慈王、自ら出陣して新羅西辺の獼猴城など40余城を落とす	高百新
		8月	百済、高句麗と結び、新羅の党項城を落とす	高百新
		8月	百済の将軍允忠、1万の軍勢で新羅の大耶城を落とす。大耶城の金品釈は自害	高百新
		10月	高句麗の淵蓋蘇文、栄留王を暗殺し、宝臧王を即位させる	高百新
		冬	新羅、金春秋を高句麗に遣わして援軍を要請するが、高句麗は拒絶	高百新
	643年	正月	高句麗の宝臧王、父を封じて大陽王とする	高百新
		正月	高句麗、唐にて朝貢	高百新
		正月	百済、唐に朝貢	高百新
		正月	新羅、唐に朝貢	高百新
		3月	高句麗の淵蓋蘇文、宝臧王に道教の公認を提案し、宝臧王、唐に道教を求む。唐の太宗、高句麗に道士の叔達ら8人を遣わし、『老子』を贈る	高百新

中国王朝	年	月	事項	関連国
唐	643年	閏6月	高句麗の宝蔵王、唐から「上柱国、遼東郡王、高句麗王」に冊封される	高百新
		9月	新羅の善徳女王、唐に朝貢して百済と高句麗の侵略を訴える。唐の太宗、女王を廃し、新羅に唐の皇族を王として送ることを提案	高百新
	644年	正月	高句麗、唐に朝貢。唐の相里玄奨、高句麗に赴き、百済とともに新羅と和親することを諭すが、高句麗の淵蓋蘇文は、新羅が高句麗の領土を奪ったとして聞かず	高百新
		正月	百済、唐に朝貢	百
		正月	新羅、唐に朝貢	新
		7月	唐の太宗、高句麗出兵の準備を命ず	高
		9月	高句麗、唐に朝貢して銀を進上するが、唐は受け取らず	高
		9月	新羅の大将軍金庾信、百済に侵攻して7城を落とす	百新
		11月	唐の太宗、高句麗に出兵（第1次高句麗遠征）	高
		是歳	百済の義慈王、王子の扶余隆を太子とする	百
	645年	正月	新羅、唐に朝貢	新
		5月	百済、唐が新羅の軍勢を徴発すると聞き、新羅に侵攻して7城を落とす	百新
		10月	唐、高句麗の玄菟・蓋牟・遼東・白巌・卑沙などの10城を陥落させたが、王都の平壌までは至らず撤退	高
		11月	新羅、伊尺飡の毗曇を上大等とする	新
	646年	5月	高句麗、唐に謝罪し、二人の美女を献上。唐の太宗、受け取らずに送り返す	高
	647年	正月	新羅の上大等の毗曇が廉宗らと反乱をおこし、善徳女王は崩御。即位した真徳女王が乱を平定	新
		2月	新羅、伊尺飡の金閼川を上大等とする	新
		2月	新羅の真徳女王、唐から「柱国、楽浪郡王」に冊封される	新
		7月	唐の将軍牛進達・李海岸、高句麗に侵入して、石城を落とし、3000人を討ち取る	高
		10月	百済の将軍義直、3000の軍勢で新羅の茂山城を攻撃し、さらに兵を分けて甘勿・桐岑の2城を包囲。新羅の将軍金庾信、百済軍を撃破する	百新
		12月	高句麗の宝蔵王、次男の高任武を遣わして唐に謝罪	高
		是歳	新羅、金春秋らを倭に遣使（『日本書紀』）	新
	648年	正月	高句麗、唐に朝貢	高
		正月	新羅、唐に朝貢	新
		正月	唐の将軍薛万徹・裴行方、3万余の軍勢で萊州から海を越えて高句麗を攻撃	高
		4月	唐の将軍古神感、海路から高句麗に侵攻し、易山で高句麗軍5000を撃破。高句麗、1万余の軍勢で唐軍の軍船を急襲するも、伏兵によって敗れる	高
		3月	百済の将軍義直、新羅の西辺に侵攻して腰車城など10余城を落とす	百新
		4月	百済の将軍義直、玉門谷へ進軍。新羅の将軍金庾信、百済軍を撃破	百新
		9月	唐の将軍薛万徹、海路から鴨緑江に入り、泊灼城を包囲。高句麗の将軍高文、烏骨・安市などの諸城の軍勢3万余を率いて泊灼城を救援したが敗れる	高
		是歳	新羅、金春秋とその子である金文王を遣わして唐に朝貢。金春秋、金文王を宿衛として唐に留め、新羅に帰国。このとき、新羅の使節は黄海上で高句麗に襲撃され、温君解が殺される	高新
	649年	正月	新羅、唐の衣冠を採用	新
		7月	唐の太宗が崩御し、高宗が即位。高宗、太宗の遺詔により、高句麗出兵を中止とする	高
		8月	百済の佐平の殷相、7000の軍勢を率いて新羅に侵入し、石吐城などの7城を包囲。新羅の将軍金庾信、救援に向かい、百済軍を撃破	百新
	650年	6月	新羅、唐に朝貢。このとき、真徳女王、唐を称える漢詩を詠み、錦に織って高宗に献上	高百新

中国王朝	年	月	事項	関連国
唐	651年	是歳	百済、唐に朝貢。唐、百済に新羅との和親を命ず	百 新
		是歳	新羅、波珍湌の金仁問を遣わして唐に朝貢。金仁問、唐に滞留して宿衛の任につく	高 百 新
	652年	正月	高句麗、唐に朝貢	高 百 新
		正月	百済、唐に朝貢	高 百 新
		正月	新羅、唐に朝貢	高 百 新
	653年	8月	百済、倭と和親を結ぶ	高 百 新
		11月	新羅、唐に朝貢し、金総布を進上	高 百 新
	654年	3月	新羅の真徳女王が崩御し、金春秋が武烈王として即位	高 百 新
		4月	新羅の武烈王、唐から「開府儀同三司、楽浪郡王、新羅王」に冊封される	高 百 新
		10月	高句麗の将軍安固、靺鞨とともに契丹を討つ。契丹の李窟哥、高句麗・靺鞨軍を新城で撃破	高 百 新
	655年	正月	高句麗、百済・靺鞨とともに新羅の北辺に侵入して33城を落とす。新羅の武烈王、唐に救援を求む	高 百 新
		2月	唐の将軍程名振・蘇定方、高句麗に侵入	高 百 新
		5月	唐の将軍程名振・蘇定方、遼河を渡河して高句麗軍と戦い、1000余人を討ち取る	高 百 新
		7月	百済、馬川城を改修	高 百 新
	656年	7月	新羅、王子の金文王を遣わして唐に朝貢	高 百 新
		是歳	新羅の金仁問、宿衛の任についていた唐から帰国	高 百 新
	658年	6月	唐の将軍程名振・薛仁貴、高句麗に侵入したが敗退	高 百 新
	659年	4月	百済、新羅の独山と桐岑の2城を攻撃	高 百 新
		4月	新羅、百済に圧迫され、唐に援軍を請う	高 百 新
		8月	新羅、阿湌の真珠を兵部令とする	高 百 新
		11月	唐の将軍薛仁貴、高句麗の将軍温沙門と横山で戦い、撃破	高 百 新
	660年	正月	新羅の上大等の金剛が薨去し、伊尺湌の金庾信が上大等となる	高 百 新
		6月	唐の将軍蘇定方・劉仁願、13万の大軍で百済に侵攻。新羅、唐を支援する	高 百 新
		7月	百済の義慈王、唐・新羅に降伏。百済滅亡	高 百 新
		9月	唐の蘇定方、百済の人質を連れて唐に帰国。唐の劉仁願と新羅の金仁泰、泗沘城に留まる。唐、百済の遺領に熊津都督府をおき、王文度を熊津都督とする	高 百 新
		9月	百済復興軍の覚従、倭に百済の滅亡を伝える(『日本書紀』)	高 百 新
		10月	新羅の武烈王、自ら爾礼城を攻め、百済の20余城を開城させる	高 百 新
		10月	百済復興軍の鬼室福信、唐人の俘虜100余人を倭に送り、援軍を請う(『日本書紀』)	高 百 新
		11月	高句麗、新羅の七重城攻撃。新羅の匹夫、討ち取られる	高 百 新
		11月	唐の契苾何力・蘇定方・劉伯英・程名振、高句麗に侵攻	高 百 新
	661年	正月	倭の斉明天皇、百済復興軍を支援するため、自ら九州に赴く(『日本書紀』)	高 百 新
		2月	百済復興軍、泗沘城を攻撃。新羅の金品日、泗沘城の救援に向かう	高 百 新
		3月	唐、劉仁軌を熊津都督府に送る(『旧唐書』『新唐書』)	高 百 新
		4月	新羅の金品日、百済復興軍の抵抗により泗沘への救援を諦めて退却。その途中、賓骨壌で大敗する	高 百 新
		4月	唐の任雅相・契苾何力・蘇定方、高句麗に侵攻。高宗は諫言により親征はせず(第2次高句麗遠征)	高 百 新
		5月	高句麗の悩音信、靺鞨の生偕とともに新羅に侵攻し、述川城を攻めたが落とせず、北漢山城を包囲	高 百 新
		6月	新羅の武烈王が崩御し、文武王が即位	高 百 新
		6月	新羅、唐から高句麗出兵を命じられる	高 百 新
		7月	倭の斉明天皇、崩御(『日本書紀』)	高 百 新
		8月	唐の蘇定方、高句麗軍を大同江で破り、平壌城を包囲	高 百 新
		9月	唐の契苾何力、陸路で鴨緑江に向けて進軍。高句麗の淵男生、唐の進軍を阻む	高 百 新

中国王朝	年	月	事項	関連国
唐	661年	9月	新羅の文武王、自ら出陣して百済復興軍が拠る甕山城・雨述城を落とす	高百新
		冬	唐の契苾何力、凍結した鴨緑江を渡り、高句麗の王都平壌に向かう	高百新
	662年	正月	新羅の文武王、唐から「開府儀同三司、上柱国、楽浪郡王、新羅王」に冊封される	高百新
		正月	新羅の金庾信、兵糧を積んで平壌に向かう	高百新
		正月	唐の龐孝泰、合掌江で高句麗の淵蓋蘇文と戦い、一族とともに討ち死に	高百新
		2月	新羅の金庾信、平壌を包囲する唐の蘇定方に兵糧を届ける	高百新
		2月	唐軍、高句麗から撤退	高百新
		2月	耽羅、新羅に降伏	高百新
		5月	百済の義慈王の王子扶余豊璋、倭から帰還して百済復興軍の盟主となる(『日本書紀』)	高百新
		7月	新羅、伊尺湌の金仁問を遣わして唐に朝貢	高百新
		8月	新羅の金欽純、百済復興軍が拠る内斯只城を落とす	高百新
		8月	新羅の文武王、真珠・真欽を一族ともに誅殺する	高百新
		12月	百済復興軍の扶余豊璋、周留城を出て避城に入る(『日本書紀』)	高百新
	663年	正月	新羅、富山城を築城	高百新
		2月	新羅の金欽純、百済復興軍が拠る居列城・居勿城・沙平城・徳安城を落とす	高百新
		4月	唐、新羅を鶏林大都督府とし、文武王を鶏林州大都督とする	高百新
		5月	百済復興軍の鬼室福信、百済王子の扶余豊璋を擁立して熊津城を包囲。唐、劉仁軌を援軍として熊津都護府に向かわせる	高百新
		6月	百済復興軍の扶余豊璋、鬼室福信を処刑する(『日本書紀』)	高百新
		8月	唐・新羅軍、白江(白村江)で百済復興軍の援軍として渡海してきた倭の水軍を破る	高百新
		9月	百済復興軍が拠る周留城、唐・新羅軍により開城	高百新
		10月	唐・新羅軍、百済復興軍の任存城を攻撃	高百新
	664年	2月	新羅の金仁問、唐の劉仁願を証人として、百済の太子扶余隆と会盟	高百新
		3月	百済復興軍、泗沘の扶蘇山城に拠って蜂起。熊津都督の扶余隆、百済復興軍を撃破	高百新
	665年	8月	新羅の文武王と扶余隆、熊津の就利山において、白馬を犠牲にして会盟	高百新
		是歳	高句麗の淵蓋蘇文、薨去	高百新
	666年	6月	高句麗の淵男生、唐に亡命	高百新
		8月	高句麗、淵男建を太大兄とする	高百新
		9月	唐、亡命してきた淵男生を特進遼東都督兼平壌道安撫大使とし、玄菟郡に封じる	高百新
		12月	高句麗の淵浄土、新羅に投降	高百新
	667年	9月	唐、高句麗に侵攻(第3次高句麗遠征)	高百新
	668年	2月	唐の李勣、高句麗の扶余城を落とす。扶余州のうちの40余城、唐に降伏。高句麗の淵男建、5万の軍勢で扶余城の救援に向かうが、唐軍に敗れ、3万余が討ち取られる	高百新
		9月	高句麗の王都平壌陥落。高句麗の宝蔵王、唐軍に捕らえられる	高百新
		12月	唐、高句麗の遺領に安東都護府をおき、薛仁貴を安東都護とする	高百新
	669年	5月	新羅、熊津都督府への侵犯を唐から詰問されて謝罪	高百新
	670年	3月	高句麗の高延武、新羅からの援軍をえて鴨緑江を渡河	高百新
		4月	高句麗の高延武、鞨鞨軍を破るが、唐からの援軍が来たため退却	高百新
		4月	高句麗の鉗牟岑、王族の高安勝を奉じて挙兵。唐、高侃に追討を命じる	高百新
		6月	高句麗の王族高安勝、鉗牟岑を殺害して新羅に亡命。新羅、高安勝を金馬渚に封じる	高百新
		7月	新羅、熊津都督府に侵攻し、63城を落とす	高百新
		8月	新羅の文武王、須彌山を遣わして、高安勝を高句麗王に冊封	高百新
	671年	6月	新羅、熊津都督府の泗沘に侵入	高百新

付録

289

中国王朝	年	月	事項	関連国
唐	671年	7月	唐の高侃、高句麗復興軍を安市城に破る	高 百 新
		10月	新羅、唐の輸送船70余隻を襲撃し、高句麗人の鉗耳大侯ら100余人を俘虜とす	高 百 新
	672年	7月	唐の高侃・李謹行、4万の軍勢で平壌に駐屯	高 百 新
		8月	唐の高侃・李謹行、新羅・高句麗復興軍を石門で撃破	高 百 新
		9月	新羅、唐の俘虜を返還して謝罪	高 百 新
		12月	唐の高侃・李謹行、礼成江下流の白水城で、高句麗復興軍と戦い、2000人を俘虜とす	高 百 新
	673年	閏5月	唐の李謹行、高句麗復興軍を臨津江で破り、数千人を俘虜とす。高句麗復興軍、壊滅して新羅に亡命	高 百 新
	674年	正月	唐、新羅の文武王の官爵を剥奪	高 百 新
	675年	2月	唐の劉仁軌・李謹行、新羅征討に向かい、七重城で新羅軍を撃破。新羅、唐に謝罪して剥奪された官爵を元通りにされる	高 百 新
	676年	2月	唐、安東都護府を平壌から遼東に移す	高 百 新
		7月	新羅、唐に道臨城を落とされ、県令の居尸知は戦死	高 百 新
		11月	新羅の沙湌の施得、白江口で唐の薛仁貴と戦って敗れる	高 百 新
	677年	2月	唐、高句麗の宝蔵王を「遼東州都督、朝鮮王」に冊封し、安東都護府を統括させる	高 百 新
	680年	3月	新羅の文武王、高句麗の王族高安勝に妹を嫁がせる	高 百 新
	681年	7月	新羅の文武王が崩御し、神文王が即位	高 百 新
		是歳	高句麗の宝蔵王、靺鞨と結んで自立を図り、卬州に召還される	高 百 新
	682年	是歳	高句麗の宝蔵王、崩御	高 百 新
	683年	10月	新羅、高句麗の王族高安勝に金姓を与え、新羅の貴族とする	高 百 新
	686年	是歳	唐、宝蔵王の孫である高宝元を朝鮮郡王として安東都護府の鎮撫に努めるが失敗	高 百 新
	698年	是歳	高句麗に従属していた靺鞨の大祚栄、渤海を建国し、高王として即位。唐、安東都護府を一時的に廃止し、宝蔵王の孫である高宝元に統治させようとするが、高宝元、赴任せず	高 百 新
	699年	是歳	唐、宝蔵王の子である高徳武を安東都督とするも渤海の勢力拡大を阻止できず	高 百 新
	735年	是歳	唐、大同江以南の統治を放棄して新羅に割譲。統一新羅の版図が決まる	高 百 新

索引

人名索引

あ

阿賢移那斯　あけえなし ……… 80,81,282
阿莘王　あしんおう ……… 46,47,50,220,
　　232,233,275,276
安曇比羅夫　あずみのひらふ …………… 175
關英　あつえい …………………………… 88
阿道　あどう …………………………… 219
安原王　あんげんおう ……… 78,81,223,281,
　　282
安臧王　あんぞうおう ……… 76-78,222,
　　223,238,281
安帝　あんてい ……………………… 17,18,272
晏留　あんりゅう ………………………… 19

い

蘆原君臣　いおはらのきみおみ ……… 179
尉仇台　いきゅうだい ………………… 17,273
韋冲　いちゅう …………………………… 96
乙支文徳　いつしぶんとく … 106-108,227
乙豆智　いつとうち ………………… 14,15
乙巴素　いつぱそ ……… 19,20,214,273
威徳王　いとくおう（扶余昌）… 85,86,92,
　　94,97,238,239-241,283,284
異脳王　いのうおう ……………… 72-76,281
意利珍豆啓民可汗
　　いりちんとうけいびんかかん …… 98,99
磐井　いわい …………………………… 74,281
殷相　いんしょう ……………………… 150,287
允忠　いんちゅう ……………… 122,123,286

う

内臣　うちのおみ ……………… 83,84,283
于仲文　うちゅうぶん ……………… 106,107
于徳　うとく …………………………… 85
宇文愷　うぶんがい …………………… 103

宇文化及　うぶんかきゅう …………… 114
宇文述　うぶんじゅつ ……… 106-109,114

え

衛頭　えいとう ………………………… 43
衛満　えいまん→満
嬰陽王　えいようおう ……… 95-99,103,107,
　　112,115,131,224,225,284,285
栄留王　えいりゅうおう ……… 115,117,120,
　　121,124,127,130,138,225,226,285,286
朴市秦田来津　えちはたのたくつ
　　…………………… 175,176,179,182
燕会　えんかい …………………… 78,282
淵蓋蘇文　えんがいそぶん ……… 124,127,
　　129-131,136,138,173,174,187,188,190,
　　196,197,225,226,227,286,287,289
淵献誠　えんけんせい ………………… 188
淵献忠　えんけんちゅう ……………… 188
円光　えんこう ………………………… 100
淵浄土　えんじょうど …… 188,196,227,289
燕信　えんしん ……………… 67,235,278
淵男建　えんだんけん ……… 187-189,
　　191,192,289
淵男産　えんだんさん …… 187,188,191,192
淵男生　えんだんせい ……… 173,174,187,
　　188,192,288,289
燕文進　えんぶんしん ……………… 98,285

お

王恢　おうかい ………………………… 142
王頎　おうき …………………………… 22
王寓　おうぐう ………………………… 29
王孝鄰　おうこうりん ……………… 98,285
王遵　おうじゅん ……………………… 16
王調　おうちょう ……………………… 16
王白駒　おうはくく …………………… 60
王文度　おうぶんたく …… 164,166,194,288

近江毛野臣　おうみのけののおみ…74-76,
　　　　　　　　　　　　　　　254,281
王莽　おうもう……………11,12,14,209,272
王柳貴　おうりゅうき…………………… 84
大海人皇子　おおあまのおうじ …………167
大伴金村　おおとものかなむら … 72,74,75
多臣蒋敷　おおのおみこもしき … 175,243
太安万侶　おおのやすまろ ………………243
温君解　おんくんかい …………… 148,287
温彦博　おんげんはく …………… 116,117
温祚王　おんそおう　（高温祚）… 34,62,228

か

解仇　かいきゅう ………… 66,67,235,278
解忠　かいちゅう ………………… 50,276
階伯　かいはく ……………… 157-159,245
解慕漱　かいぼそう ……………… 9,32,208
蓋鹵王　がいろおう ‥ 63-66,221,228,234,
　　　　　　　　　　235,237,250,277,278
郭栄　かくえい …………………………109
赫居世王　かくきょせいおう　（朴赫居世）…
　　　　　　　　　　　　　　　88,89,246
郝景　かくけい ………………………… 41
覚従　かくじゅう ………………… 165,288
郭充　かくじゅう ……………………… 28
郝処俊　かくしょしゅん ………………188
賈言忠　かげんちゅう …………………190
過古　かこ ……………………………… 36
嘉悉王　かしつおう ………………… 68,69
葛城襲津彦　かつらぎのそつひこ ……… 56
葛盧　かつろ …………………………… 59
河内直　かわちのあたい ………… 80,81,282
毌丘倹　かんきゅうけん …… 22,23,215,273
鉗耳大侯　かんじたいこう … 199,201,290
韓寿　かんじゅ ………………………… 30
桓帝　かんてい ………………………… 18
貫那　かんな …………………… 215,273
鉗牟岑　かんむしん ………… 195,196,289

き

箕子　きし …………………… 8,99,116
義慈王　ぎじおう　（扶余義慈）… 122,129,
　　　　　　　146,150-152,156,157,
　　　　　　　161-163,165,167,175,184,
　　　　　　　242,243,257,259,286-289
鬼室集斯　きしつしゅうし ……………244
鬼室福信　きしつふくしん … 119,165,167,
　　　　　　　　　168,175,177,178,243,
　　　　　　　　　244,245,286,288,289
貴智　きち ………………………………167
魏徴　ぎちょう …………………………143
義直　ぎちょく ………… 146,156,157,287
祇珍山　ぎちんさん ……………………195
吉那　きつな ……………………………164
紀角宿禰　きのつののすくね ……………232
吉備臣　きびのおみ ………………… 79,80
義福　ぎふく …………………… 200,201
仇衡王　きゅうこうおう … 77,126,252,261
仇首王　きゅうしゅおう　（扶余須）… 36-38,
　　　　　　　40,42,47,219,231,232,274,275
牛進達　ぎゅうしんたつ ……… 138,145,287
仇珍大　きゅうちんだい ……………… 82
興首　きょうしゅ ………………………157
恭帝　きょうてい　（楊侑）…………… 114
挙真　きょしん ………………… 146,147
許攸　きょゆう …………………………109
金蛙王　きんあおう ………… 9,32,34,208
金闕川　きんあつせん … 152,259,286,287
金闕智　きんあつち …………………… 90
金異斯夫　きんいしふ ……… 76,82,87,251,
　　　　　　　　　　　254,255,280,281,282
金官昌　きんかんしょう ………… 158,159
金仇梨知　きんきゅうりち ……………254
金居柒夫　きんきょしつふ・82,255,282,283
金歆運　きんきんうん …………………153
金欽純　きんきんじゅん ……… 156,158,168,
　　　　　　　　　　　176,190,195,289
金元述　きんげんじゅつ ………… 200,201

金国芬　きんこくふん……………………258
金斯多含　きんしたがん……………87,254
金舎輪　きんしゃりん→真知王
金儒敦　きんじゅとん………………163,197
金春秋　きんしゅんじゅう→武烈王
金舒玄　きんじょげん……………………119
金仁泰　きんじんたい……164,166,192,288
金仁問　きんじんもん……155,156,160,163,
　　169,170,172,178,185,190-192,288,289
金大西知　きんたいせいち……44,49,248,
　　249,275
金天存　きんてんそん…………176,197,198
金銅輪　きんどうりん……………255,256,283
金徳曼　きんとくまん→善徳女王
金奴宗　きんどそう…………………………77
金白浄　きんはくじょう→真平王
金盤屈　きんばんくつ……………………158
金品日　きんひんじつ………156,158,159,
　　168,197,198,288
金品釈　きんひんしゃく……123,124,162,
　　163,259,286
金武徳　きんぶとく…………………………77
金武力　きんぶりょく……………77,85,283
金文穎　きんぶんえい…………161,197,198
金文王　きんぶんおう……147,148,287,288
金法敏　きんほうびん→文武王
金卜好　きんぼくこう………54,55,249,276
金末斯欣　きんみしきん……………50,54-57,
　　249,276,277
金味鄒　きんみすう→味鄒王
欽明天皇　きんめいてんのう……80,83,84
金庾信　きんゆしん…………77,119,125,126,
　　144,146,150,153,156,158,
　　159,161,169-173,178,190-192,
　　200,201,257,260,261,286-289
金立宗　きんりつそう……………………253
金龍春　きんりゅうしゅん…………119,259
金良図　きんりょうず……………………195

■く
久氏　くてい……………………………35,36
苦都　くと……………………………85,86
久爾辛王　くにしんおう……233,234,276
君尹貴　くんいんき………………………74

■け
恵懿帝　けいいてい　（慕容雲）………52
恵王　けいおう　（扶余季）……86,97,240,
　　283,284
景昭帝　けいしょうてい…………………30,31
継体天皇　けいたいてんのう……72,74-76
契苾何力　けいひつかりょく……135,169,
　　173,174,188-190,288,289
恵愍帝　けいびんてい……………………52
奚論　けいろん……………………101,285
頡利可汗　けつりかがん………………203
黔日　けんじつ……………………122,163
玄宗　げんそう……………………………204
献帝　けんてい……………………20,21
元帝　げんてい　（司馬睿）……………23
献文帝　けんぶんてい……………………61

■こ
興　こう……………………………………67
高安勝　こうあんしょう…………196-198,
　　202-204,227,289,290
高伊夷模　こういいぼ→故国川王
高位宮　こういきゅう→東川王
高乙弗　こういつふつ→美川王
項羽　こうう……………………………199
高雲　こううん……………………………52
高延寿　こうえんじゅ……………137-140
高延武　こうえんぶ………195,196,203,289
高延優　こうえんゆう……………………214
高王　こうおう　（大祚栄）………204,290
高温祚　こうおんそ→温祚王
広開土王　こうかいどおう　（高談徳）……
　　44-49,51-54,206,219,220,221,

293

　　　　　　　　　　232,248,275,276
高解憂　こうかいゆう→慕本王
高侃　こうかん………… 195,200,289,290
高桓権　こうかんけん…………… 121,286
耿夔　こうき……………………… 17,212,272
高仇　こうきゅう……………………………… 60
高宮　こうきゅう→太祖大王
高恵真　こうけいしん………… 137,139,140
高好童　こうこうどう…………………… 16,272
高再思　こうさいし………………………… 212
孔子　こうし………………………………… 242
高奢句　こうしゃく………………… 215,273
高朱蒙　こうしゅもう→東明王
高翊　こうしょう…………………………… 212
高助多　こうじょた………………………… 222
高遂成　こうすいせい→次大王
高正義　こうせいぎ………………………… 137
合節　ごうせつ…………………… 146,147
勾践　こうせん……………………………… 158
高祖　こうそ　（李淵）… 114-117,119,120,
　　　　　　　　　　226,285
高祖　こうそ　（劉邦）………………… 199
高宗　こうそう…… 149-152,154,155,163,
　　　164,166,167,169,170,172,174,178,
　　　184-186,188,190,192,194,195,
　　　201-203,242,287,288
公孫淵　こうそんえん…………… 21,215,273
公孫康　こうそんこう……… 20,21,214,215
公孫度　こうそんたく……………………… 20
公孫酺　こうそんほ………………………… 17
公孫琙　こうそんゆう………………… 19,273
高大文　こうたいぶん……………………… 204
高達賈　こうたつか………………… 216,273
高談徳　こうだんとく→広開土王
高帝　こうてい　（蕭道成）………… 68,69
高徳男　こうとくだん……………………… 192
高奴子　こうどし………………… 24,273,274
高都切　こうとせつ………………… 10,209,272
高咄固　こうとつこ………… 25,216,217,273

高任武　こうにんぶ………………… 145,287
高駮位居　こうはくいきょ……………… 21
高発岐　こうはつき………………………… 214
高抜奇　こうばつき……………… 19-21,214
孝愍帝　こうびんてい……………………… 23
高武　こうぶ………………………………… 29
高福男　こうふくだん……………………… 192
高無恤　こうぶじゅつ→大武神王
高沸流　こうふつりゅう…………………… 62
光武帝　こうぶてい　（劉秀）… 14,16,17,272
高文　こうぶん…………………… 149,287
孝文帝　こうぶんてい…………………… 61,63
高宝蔵　こうほうぞう→宝蔵王
高預物　こうよぶつ………………… 215,273
高類利　こうるいり→瑠璃王
耿臨　こうりん…………………… 19,273
高和　こうわ………………………………… 52
胡衛　こえい…………………………… 21,273
黒歯常之　こくしじょうし………… 165,184,
　　　　　　　　　185,244,245
斛斯政　こくしせい………………… 111,112
国智牟　こくちむ………………………… 100
瓠公　ここう………………………………… 90
故国原王　ここくげんおう……… 28-31,36,
　　　　　　　　　38-40,47,52,
　　　　　　　218-220,230,231,274
故国壌王　ここくじょうおう…… 41,42,44,
　　　　　　　45,219,220,248,275
故国川王　ここくせんおう　（高伊夷模）…
　　　　　19,20,214,215,273
古爾万年　こにまんねん………………… 65,66

さ

再曾桀婁　さいそうけつろう………… 65,66
崔壽　さいとう……………………………… 27
狭井檳榔　さいのあじまさ………… 175,176
崔毖　さいひ………………… 26,27,217,274
蔡諷　さいふう…………………… 17,212,273
斉明天皇　さいめいてんのう………… 167,

	175,288	松屋句　しょうおくく	14,16
崔理　さいり	16,272	蔣儼　しょうげん	130
沙乞　さきつ	119,286	肖古王　しょうこおう（扶余句）	34-36,
沙宅千福　さたくせんふく	161		38-40,47,230,231,274
沙宅相如　さたくそうじょ	184,185	小獣林王　しょうじゅうりんおう	38,40,
佐魯麻都　さろまつ	80,81,282		41,219,274,275
三斤王　さんきんおう	67,235,236,278	昭成帝　しょうせいてい（馮弘）	58-60,
山上王　さんじょうおう	214,215		277
讃徳　さんとく	101,285	炤知王　しょうちおう	69,250,
			251,278-280

し

		蕭道成　しょうどうせい→高帝	
斯紀　しき	36,37	昭武帝　しょうぶてい	48,49,51,275
次大王　じだいおう（高遂成）	17,18,	昭文帝　しょうぶんてい（慕容熙）	49,
	212,213,273		51,52,276
柒宿　しちしゅく	256,286	所夫孫　しょふそん	149
実聖王　じっせいおう	49,50,54,248,	真王　しんおう	199
	249,275,276	真興王　しんこうおう	78,82,85-87,
悉独官　しつどくかん	27		95,125,238,246,253-256,282,283
司馬懿　しばい	21,23,273	辰斯王　しんしおう	42,44-47,232,275
司馬睿　しばえい→元帝		新大王　しんだいおう	18,19,213,
司馬炎　しばえん→武帝			214,273
司馬禰軍　しばじぐん	197,201	真男　しんだん	67,235
慈悲王　じひおう	250,277,278	真智王　しんちおう（金舎輪）	95,152,
斯摩宿禰　しまのすくね	36,274		255,256,259,283,284
周氏　しゅうし	30,31,218,274	真徳女王　しんとくじょおう	144,146-148,
周法尚　しゅうほうしょう	105,106		150-152,258,259,261,287,288
紐由　じゅうゆう	22,23	真武　しんぶ	46,275
周羅睺　しゅうらこう	96	神文王　しんぶんおう	204,290
州利即爾　しゅうりそくに	72	真平王　しんぺいおう（金白浄）	95,
朱珍　しゅちん	82,282		99-101,115,117-119,122,144,152,
首彌長貴　しゅびちょうき	197		241,255,256,257,259,284-286
朱蒙　しゅもう→東明王		真老　しんろう	67,235,278,279
朱理　しゅり	81,283		
儒理王　じゅりおう	89	## す	
春長　しゅんちょう	200,201		
順帝　じゅんてい	67,68	須彌山　すびさん	196,289
順道　じゅんどう	31,219,274		
常永　じょうえい	156,157,159	## せ	
蕭衍　しょうえん→武帝		済　せい	67
		斉于　せいう	65

聖王　せいおう……………74,76,78-86,101,
　　　125,228,**238**-241,246,253,281-283
芮悉弗　ぜいしつふつ………………70,280
西川　せいせん………………………123
西川王　せいせんおう………**216**,217,273
静帝　せいてい…………………………92
成武帝　せいぶてい（慕容垂）…29,41,42
昔脱解　せきだっかい→脱解王
石品　せきひん…………………256,286
席律　せきりつ…………………………100
石勒　せきろく…………………………26
薛烏儒　せつうじゅ……………………195
薛仁貴　せつじんき……139,189,190,192,
　　　194,198,200,202,288-290
薛万徹　せつばんてつ…………149,287
泉蓋蘇文　せんがいそぶん→淵蓋蘇文
宣昭帝　せんしょうてい……………31,43
詮知　せんち……………………………153
善徳女王　ぜんとくじょおう（金徳曼）…
　　　122-126,128,129,143,144,
　　　257,258,261,286,287
宣武帝　せんぶてい……………………70

■そ

曾子　そうし……………………………242
倉助利　そうじょり……24,25,216,217,274
曹操　そうそう………………20,21,109
曹丕　そうひ……………………………21
荘尤　そうゆう…………………………11
相里玄奨　そうりげんしょう…129,130,287
蘇我稲目　そがのいなめ……………84,86
則天武后　そくてんぶこう……………154,186
蘇定方　そていほう……………152,155,156,
　　　160-164,166,169-171,173,288,289
蘇伐都利　そばつとり…………………88
姐彌桀取　そびけつしゅ………………65
姐彌文貴　そびぶんき…………………72
孫皓　そんこう…………………………163
孫仁師　そんじんし………………178,185

孫漱　そんそう…………………………60
孫代音　そんだいおん………………135,136

■た

太宗　たいそう（李世民）………119-122,
　　　127-132,134-145,147-150,
　　　190,192,198,285-287
大祚栄　だいそえい→高王
帯素王　たいそおう……………10,12,209,272
太祖大王　たいそだいおう（高宮）……17,
　　　18,**212**,213,272,273
大帝　たいてい……………………21,273
大武神王　たいぶしんおう（高無恤）……
　　　10-12,14-16,**210**,211,272
太武帝　たいぶてい…………………57-59
大陽王　たいようおう…………………225,286
高向玄理　たかむこうのくろまろ……147
脱解王　だっかいおう（昔脱解）…89,90
達巳　たつみ……………………82,282
耽知　たんち……………………………85
段楊爾　だんように…………72,237,280
淡凌　たんりょう………………200,201

■ち

竹竹　ちくちく…………………………123
千熊長彦　ちくまのながひこ………36
遅受信　ちじゅしん……………184,185
智證王　ちしょうおう…**251**,252,254,280
忠常　ちゅうじょう……………………159
中川王　ちゅうせんおう………**215**,216,273
張君父　ちょうくんふ…………………133
長寿王　ちょうじゅおう……53-55,57-61,
　　　64,65,70,206,**221**,222,234,250,276-279
長孫師　ちょうそんし…………………120
長孫無忌　ちょうそんむき………127,137,
　　　138,140,142,149,154
張文収　ちょうぶんしゅう……………152
張亮　ちょうりょう………………132,140
褚遂良　ちょすいりょう………………130

陳叔宝	ちんしゅくほう……163	訥催	とつさい……118
陳大徳	ちんたいとく……121	都刀	ととう……85
陳忠	ちんちゅう……18	杜魯	とろ……211,272
枕流王	ちんりゅうおう……42,45-47,231,232,275	曇慧	どんえ……84

て

丁公　ていこう……199
禰州流　でいしゅうりゅう……35
鄭天璹　ていてんじゅ……131
程名振　ていめいしん……152,288
狄得　てきとく……153
沾解王　てんかいおう……90
腆支王　てんしおう（扶余映）…47,50,51,232,**233**,234,275,276
田譚　でんたん……11

と

佟寿　とうじゅ……28
東城王　とうじょうおう（扶余牟大）..67,69,71,78,**236**,237,278-280
東城子莫古　とうじょうしばくこ……84
道説智王　どうせつちおう……87,254
東川王　とうせんおう（高位宮）…21-23,214,**215**,218,273
董卓　とうたく……20
道琛　どうちん……165,167,168,**244**
董宝亮　とうほうりょう……161
東明　とうめい……13,32
東明王　とうめいおう（高朱蒙）…9,10,32,34,62,206,**208**,209,212,228,230,272
道琳　どうりん……64,65
徳執得　とくしゅうとく……177
徳昌　とくしょう……126
得来　とくらい……21-23
杜襲　としゅう……109
杜爽　とそう……178,184
訥祇王　とつぎおう……54-57,**249**,250,252,276,277

な

中大兄皇子　なかのおおえのおうじ…167,175
奈勿王　なこつおう……43,44,47,49,50,54,90,246,**248**,249,251,254,255,274-276
南解王　なんかいおう……89

に

日原　にちげん……164
爾波移　にはや……36,274
任永里　にんえいり……119

は

裴嶷　はいぎ……27
裴矩　はいく……99,116,117
裴行方　はいこうほう……149,287
波休帯山　はきゅうたいさん……84
苩加　はくか……71,236,237,279,280
莫古解　ばくこかい……35,37

ひ

比助夫　ひじょふ……73,74,252,281
美川王　びせんおう（高乙弗）…25-28,30,216,**217**,218,273,274
比智　ひち……69,236,250,279
毗曇　ひどん……143,144,257,258,261,287
丕寧子　ひねいし……146,147
毗有王　ひゆうおう……233,**234**,276,277
閔中王　びんちゅうおう……**211**,272

ふ

武　ぶ……67,68
馮王仁　ふうおうじん……59
馮煥　ふうかん……17,273
馮弘　ふうこう→昭成帝

297

馮跋　ふうばつ→文成帝
武王　ぶおう　（扶余璋）……97,98,100,101,
　　　　　　　　　115,117-119,122,186,
　　　　　　　　　228,241-244,284-286
武王　ぶおう……………………………………8
夫差　ふさ…………………………………158
武成帝　ぶせいてい………………………87
武帝　ぶてい　（劉徹）………………8,142
武帝　ぶてい　（蕭衍）………………71,73
武帝　ぶてい　（司馬炎）………………23
武寧王　ぶねいおう………………71-74,237,
　　　　　　　　　　　　238,280,281
扶余映　ふよえい→腆支王
扶余演　ふよえん…………………………163
扶余季　ふよき→恵王
扶余義慈　ふよぎじ→義慈王
扶余句　ふよく→肖古王
扶余訓解　ふよくんかい……………50,233
扶余敬　ふよけい…………………………186
扶余孝　ふよこう……………………161-163
扶余昆支　ふよこんし…………66-68,234,
　　　　　　　　　　　　236,237,277,278
扶余自進　ふよじしん………………165,183
扶余斯摩　ふよしま………………………237
扶余昌　ふよしょう→威徳王
扶余須　ふよす→仇首王
扶余碟禮　ふよせつれい……………50,233
扶余泰　ふよたい………………161,162,163
扶余文思　ふよぶんし……………………161
扶余豊璋　ふよほうしょう……167,175-179,
　　　　　　　　182,183,242,243,244,245,286,289
扶余牟大　ふよむたい→東城王
扶余勇　ふよゆう……………………183,242
扶余隆　ふよりゅう……………161-163,184,
　　　　　　　　　　　　186,287,289
武烈王　ぶれつおう　（金春秋）…124-126,
　　　　　　　147,148,150,152-156,163,164,166,
　　　　　　　168,169,198,258,259-261,286-288
汶斯干奴　ぶんしかんど……………………84

文咨明王　ぶんしめいおう……70,76,222,
　　　　　　　　　　　　223,279-281
文周王　ぶんしゅうおう………………66,67,
　　　　　　　　　　　　235,236,278
文成帝　ぶんせいてい　（馮跋）…52,58,61
文帝　ぶんてい　（劉義隆）……………59-60
文帝　ぶんてい　（陳蒨）…………………87
文帝　ぶんてい　（楊堅）………92,94-100,
　　　　　　　　　　　　102,114
文武王　ぶんぶおう　（金法敏）…150,151,
　　　　156,162,169-172,176,178,183-186,188,
　　　　190-192,194-204,260,261,288-290
文明太后　ぶんめいたいごう……………61,277
文明帝　ぶんめいてい　（慕容皝）…27-30,
　　　　　　　　　　　　41,274

ヘ

平原王　へいげんおう……………92,94,95,
　　　　　　　　　　　　224,225,283,284
辺品　へんぴん……………………………101,285

ホ

龐淵　ほうえん……………………………42
法王　ほうおう……………97,240,241,284
房玄齢　ぼうげんれい……………………145
法興王　ほうこうおう……………73,75,76,78,
　　　　　　　　　　　　252-254,280-282
烽上王　ほうじょうおう……………24,25,
　　　　　　　　　　　　216,217,273,274
宝臧王　ほうぞうおう　（高宝臧）……
　　　　124-127,129,145,149,191,192,196,197,
　　　　202,203,225,227,286,287,289,290
龐同善　ほうどうぜん………………188,190
宝用那　ほうような………………………153
朴赫居世　ぼくかくきょせい→赫居世王
木刕今敦　ぼくきょうこんとん……………83
木刕文次　ぼくきょうぶんじ………………84
木刕満致　ぼくきょうまんち………………65
穆公　ぼくこう……………………………142

朴堤上　ぼくていじょう ………… 54-57,249
穂積臣押山　ほづみのおみおしやま …… 72,280
慕本王　ぽほんおう　(高解憂) …… **211**, 212,272
慕容雲　ぼよううん→恵懿帝
慕容廆　ぼようかい …………… 24,27,28, 217,273,274
慕容恪　ぼようかく …………… 31,274
慕容翰　ぼようかん …………… 28,29
慕容帰　ぼようき …………………… 51,276
慕容熙　ぼようき→昭文帝
慕容皝　ぼようこう→文明帝
慕容佐　ぼようさ …………………… 41
慕容昭　ぼようしょう ……………… 28
慕容仁　ぼようじん …………… 27,28,274
慕容垂　ぼようすい→成武帝
慕容農　ぼようのう ………………… 42
慕容評　ぼようひょう …………… 31,274

ま
麻那甲背　まなこうはい …………… 74
摩羅難陀　まらなんだ ……………… 231
満　まん　(衛満) …………………… 8

み
味鄒王　みすうおう　(金味鄒) ……… 90
密友　みつゆう ……………………… 22

め
明観　めいかん ……………………… 87
明帝　めいてい ……………………… 21

も
孟光　もうこう ……………………… 59
毛尺　もうしゃく ………………… 122
孟明　もうめい …………………… 142
物部麁鹿火　もののべのあらかい …… 74,281
物部伊勢連父根
　　もののべのいせのむらじちちね ……… 72

ゆ
幽帝　ゆうてい ……………………… 31
庾質　ゆしち ……………………… 102
庾文素　ゆぶんそ ………………… 115

よ
陽伊　ようい …………………… 58,59
楊義臣　ようぎしん ……………… 109
楊堅　ようけん→文帝
陽原王　ようげんおう …………… 81,82,92, **223**,224,282,283
楊玄感　ようげんかん ………… 111,112
姚光　ようこう ………………… 17,18,273
煬帝　ようてい ………… 98-100,102-106, 108-112,114,116,129,131,133,285
楊侗　ようとう …………………… 114
楊侑　ようゆう→恭帝
楊諒　ようりょう ………………… 96

ら
来護児　らいごじ …… 105,106,108,109,112
礼塞敦　らいそくとん ……………… 83

り
李淵　りえん→高祖
李謹行　りきんこう ……………… 200,290
李君球　りくんきゅう …………… 169
李敖　りごう ……………………… 58
李靖　りせい ……………………… 143
李世民　りせいみん→太宗
李勣　りせき …………… 132-134,136,138, 140,142,145,188-192,289
李治　りち ………………………… 149
李道宗　りどうそう ……………… 132,133, 138,141-143
李道裕　りどうゆう ……………… 149
劉屋句　りゅうおくく …………… 22
柳花　りゅうか ………………… 32,208
劉炫　りゅうげん ………………… 96

劉思　りゅうし……………………87
劉秀　りゅうしゅう→光武帝（こうぶてい）
劉仁願　りゅうじんがん……164,166-168,
　　　　174,178,184-186,288,289
劉仁軌　りゅうじんき………167,168,174,
　　　　178,184-186,244,288-290
劉徳敏　りゅうとくびん…………170-172
劉邦　りゅうほう→高祖（こうそ）

■る
瑠璃王　るりおう（高類利（こうるいり））……10-12,19,
　　　　34,62,**209**,210,212,272

■れ
霊帝　れいてい……………………19
裂起　れっき………………………173

■ろ
盧綰　ろわん………………………8

■わ
穢破　わいは………………………153
和帝　わてい………………………71

地名索引

■あ
下多利　あろしたり……………71,237,280
安市城　あんしじょう………121,136,137,
　　　　140,141-143,149,287,290
安東都護府　あんとうとごふ…186,192,
　　　　194,195,200,202,203,289,290

■う
烏骨城　うこつじょう……………135,140,
　　　　149,287
于山　うざん……………………251,254,280

■お
王興寺岑城　おうこうじしんじょう…166
甕山城　おうさんじょう………170,171,289
桜岑城　おうしんじょう……………118,285
鴨緑柵　おうりょくさく……………189
上多利　おこしたり……………71,237,280

■か
懐遠鎮　かいえんちん……………112,132
蓋州　がいしゅう…………………132,142
蓋牟城　がいむじょう……132,133,142,287
加唐島　かからじま………………237
椵岑城　かしんじょう……100,101,285,286
加里村　かりそん…………………88
加林城　かりんじょう…………71,166,178,
　　　　198,236,280
甘勿城　かんこつじょう……………146,287
管山城　かんざんじょう……85,86,238,253
巌州　がんしゅう…………………136,142
漢城　かんじょう……35,39,44,45,47,50,
　　　　62,65,66,68,69,83,129,191,196,206,
　　　　221,228,231,234,235,250,276,278,280
丸都山城　がんとさんじょう……21,28,81,
　　　　273,274,283
関彌城　かんびじょう……………45,46,275

■き
旗懸城　きけんじょう……………118,285
岐岑城　ぎしんじょう……………118,285
牛山城　ぎゅうさんじょう……78,279,282
卭州　きょうしゅう………………203,225,290
喬桐島　きょうどうとう……………45
棘城　きょくじょう………………27,29,274
居列城　きょれつじょう……………176,289
金峴城　きんけんじょう……………82,282
金城　きんじょう……48,90,154,201,
　　　　204,260,275,276,277
金馬郡　きんばぐん………………204
金馬渚　きんばしょ………196,203,204,289

け

鶏林大都督府　けいりんだいととくふ
　　　　　　　　　　　　194,195,289
穴城　けつじょう　　　　　　　76,281
月城　げつじょう　　　　48,143,144,279
建安城　けんあんじょう　　136,140,202
犬牙城　けんがじょう　　　　　　69,279
玄菟郡　げんとぐん　　　8,9,11,17-19,21,
　　　　22,26-28,41,42,116,206,
　　　　213,217,219,272-275,289
玄菟城　げんとじょう　　　　　9,17,132,
　　　　　　　　　　　　212,273,287

こ

江界　こうかい　　　　　　　　　　30
高墟村　こうきょそん　　　　　　　88
高句麗県　こうくりけん　　　　　9,21,
　　　　　　　　　　　206,208,272
公山城　こうざんじょう　　　　　　66
黄山原　こうざんはら　　157,158,161,245
高耶村　こうやそん　　　　　　　　88
国内城　こくないじょう　　21,28,133,274
五谷原　ごこくはら　　　　　　76,281
古沙城　こさじょう　　　　　　　165
古沙比　こさひ　　　　　　　　　168
五女山城　ごじょさんじょう　　　　15
己汶　こもん　　　　　　　72,280,281

さ

娑陀　さだ　　　　　　　71,237,280
沙平城　さへいじょう　　　　176,289
三年山城　さんねんさんじょう　164,166,
　　　　　　　　　　　　277,279

し

泗沘　しび　　71,77,78,156,157,160-163,
　　　167,168,170,178,198-200,228,236,
　　　238,242,244,245,259,282,288,289
泗沘城　しびじょう　　　161-168,176,288

史冶島　しやとう　　　　　　　　196
従抜城　じゅうばつじょう　　　　　49
周留城　しゅうりゅうじょう　　　168,
　　　　　　175-179,183,184,289
宿軍城　しゅくぐんじょう　　　51,276
獐塞　しょうさい　　　　　　　　173
穴柵城　じょうさくじょう　　　118,285
娘臂城　じょうひじょう　　　119,120,286
辱夷城　じょくいじょう　　　　　189
所夫里州　しょふりしゅう　　　　199
辰韓　しんかん　　　　　　9,42,68,246
新州　しんしゅう　　　　　　84,85,283
新昌　しんしょう　　　　　　　　　17
新城　しんじょう　　24,28,49,132,133,
　　　　　　　140,188,189,203,218,
　　　　　　　274,275,282,288,289
真番郡　しんばんぐん　　　　　　8,9

す

水谷城　すいこくじょう　　　37,40,274,
　　　　　　　　　　　　　275,280

せ

西安平県　せいあんぺいけん　　18,21,26,
　　　　　　　　　　　　　273,274
清岩里土城　せいがんりとじょう　　57
石峴城　せきけんじょう　　　44,46,275
石城山城　せきじょうさんじょう　166,198
石門　せきもん　　　　　　200,201,290
仙桃山城　せんとうさんじょう　　　48
千里長城　せんりちょうじょう
　　　　　　　　　120,121,226,286

そ

速含城　そくがんじょう　　　　118,285
卒本　そつほん　　　　　　9,15,20,32,62,
　　　　　　　　　　　　214,272,273

た

大行城　だいこうじょう ……………… 189
大樹村　たいじゅそん ……………………… 88
大城山城　だいじょうさんじょう ……… 57
帯方郡　たいほうぐん …… 20,26,27,34,35,
　　　　　　　　　　　　 116,117,206,213,
　　　　　　　　　　　　 217,228,230,274
大耶城　だいやじょう ………… 122-124,162,
　　　　　　　　　　　　　 163,242,259,286
涿郡　たくぐん ………………………… 99,102,285
多沙　たさ ………………………… 72,280,281
但馬　たじま ……………………………… 89
多婆那　たばな …………………………… 89
多利　たり ………………………………… 72
炭峴　たんけん ……………… 157,160,245,280
丹波　たんば ……………………………… 89
耽羅　たんら …………………… 70,94,239,
　　　　　　　　　　　　 278,280,284,289

ち

雉壌　ちじょう ……………………… 36,38,274
雉壌城　ちじょうじょう …………… 69,279
中山　ちゅうざん ……………………… 41
長安　ちょうあん ……… 112,114,129,143,155
珍支村　ちんしそん ……………………… 88

つ

通溝　つうこう …………… 20-22,26,28-30,
　　　　　　　　　 46,57,188,214,215,218,273
通定　つうてい ………………………… 132
通定鎮　つうていちん ………………… 108
筑紫　つくし ……………………… 74,84,85
対馬　つしま ……………………… 56,76,276

て

定州　ていしゅう ……………………… 132

と

東黄城　とうこうじょう ………… 30,38,215,
　　　　　　　　　　　　　 218,273-275
道薩城　どうさつじょう ……… 82,150,282
桐岑城　とうしんじょう ……… 154,287,288
刀比川城　とうひせんじょう …………… 153
徳安城　とくあんじょう ……………… 176,289
徳勿島　とくこつとう ………………… 156
独山城　どくさんじょう ……… 82,154,
　　　　　　　　　　　　　 282,286,288
豊国　とよのくに ……………………… 74

な

南山城　なんざんじょう ……………… 48,284
南川　なんせん ………………………… 156
南蘇城　なんそじょう ………… 49,274,275

に

爾礼城　にれいじょう ………………… 166,288
任存城　にんそんじょう …… 165,166,168,
　　　　　　　　　　　 184,185,244,245,289

は

馬韓　ばかん ……………… 9,34,68,228,273
白巌城　はくがんじょう ………… 121,135,
　　　　　　　　　　　　　 136,282,287
白江口　はくこうぐち ……… 160,179,182
白沙　はくさ …………………………… 179
泊灼城　はくしゃくじょう ……… 149,287
白水城　はくすいじょう ……… 200,290
白村江　はくすきのえ ………… 179,289
白村　はくそん ………………………… 179
馬邑城　ばゆうじょう ………………… 200
半乞壌　はんきつじょう ……………… 36

ひ

比斯伐　ひしばつ ……………………… 86
卑沙城　ひさじょう 112,120,133,140,287
避城　ひじょう ……………… 176,177,289
火国　ひのくに ………………………… 74

ふ

風納土城　ふうのうとじょう ………… 35,39
扶蘇山城　ふそさんじょう ………… 78,289
扶余城　ふよじょう ………… 189,190,289

へ

平壌　へいじょう ……… 8,47,57,92,93,96,
　　　102,105-107,109,112,121,129,138,
　　　140,143,149,170-174,187-192,199,
　　　200,202,204,276,284,287,289,290
平壌城　へいじょうじょう …… 57,106,173,
　　　191,192,282,288
弁韓　べんかん ………………………………… 9

ほ

茂山城　ぼうさんじょう ………… 146,287
烽岑城　ほうしんじょう ………… 118,285
夢村土城　ぼうそんとじょう ………… 39

む

牟婁　むろ ……………………… 71,237,280

め

明活山城　めいかつさんじょう …… 48,143,
　　　144,276-278,283,284

ゆ

幽州　ゆうしゅう ………………… 99,102,132
熊津　ゆうしん ………………… 66,71,77,78,
　　　119,162,163,165,168,170,
　　　178,185,186,200,202,221,
　　　228,235,236,238,278,281,289
熊津城　ゆうしんじょう ……… 161,165,170,
　　　171,174,178,184,289
熊津都督府　ゆうしんととくふ ……… 164,
　　　166-168,170,174,176,179,184,186,194,
　　　195,197-199,201,202,259,288,289

よ

楊山村　ようざんそん …………………… 88

ら

萊州　らいしゅう ……… 96,99,121,132,
　　　145,149,155,287
洛陽　らくよう ………………… 114,131,155
楽浪郡　らくろうぐん ……… 8,9,16-18,20,
　　　26,27,31,39,57,116,117,
　　　206,213,217,272-274
落花巌　らっかがん …………………… 162

り

柳城　りゅうじょう …………………… 132
龍城　りゅうじょう ……… 29,41,51,52,
　　　58,59,274
遼州　りょうしゅう ………………… 134,142
遼西郡　りょうせいぐん ……… 11,26,41,96,
　　　99,111,224,284
遼沢　りょうたく …………………… 142
遼東郡　りょうとうぐん …… 9,14,16-18,20,
　　　21,26-28,31,35,41,42,108,111,117,121,
　　　188,202,212,215,217-219,225,272-275
遼東城　りょうとうじょう ……… 27,51,52,
　　　104-106,108-111,120,
　　　133-135,142,202,276,285,287
遼東半島　りょうとうはんとう ………… 112
臨屯郡　りんとんぐん ……………………… 8,9
臨渝関　りんゆかん ………………… 96,102

れ

嶺南　れいなん ………………… 182,243

ろ

六居城　ろくきょじょう …………… 104

303

主要参考文献

史料

『三国史記』 金富軾撰　井上秀雄訳注　平凡社　1980～1988
『日本書紀』 坂本太郎・家永三郎・井上光貞・大野晋校注　岩波書店　1993
『史記』 司馬遷撰　小竹文夫・小竹武夫訳　筑摩書房　1971
『後漢書』 范曄撰　吉川忠夫訓注　岩波書店　2001～2005
『三国志』 陳寿撰　今鷹真・井波律子・小南一郎訳　筑摩書房　1977～1989
『晋書』 房玄齢等撰　中華書局　1997
『宋書』 沈約撰　中華書局　1997
『南斉書』 蕭子顯撰　中華書局　1987
『梁書』 姚思廉撰　中華書局　1997
『魏書』 魏収撰　中華書局　1997
『南史』 李延壽撰　中華書局　1997
『北史』 李延壽撰　中華書局　1997
『隋書』 魏徴等撰　中華書局　1991
『旧唐書』 劉昫等撰　中華書局　1987
『新唐書』 歐陽修・宋祁撰　中華書局　1997
『太平御覧』 李昉等撰　中華書局　1960
『通典』 杜佑撰　中華書局　1988
『冊府元亀』 王欽若等編　中華書局　1989
『資治通鑑』 司馬光編　中華書局　1987
『東アジア民族史』1・2　井上秀雄ほか訳注　平凡社　1974・1976

書籍

『古代朝鮮』 井上秀雄著　日本放送出版協会　1972
『古代の朝鮮』 旗田巍編　学生社　1974
『韓国古代史』 上・下　李丙燾著　六興出版　1979
『韓国古代史研究　古代史上の諸問題』 李丙燾著　学生社　1980
『百済と倭国』 金廷鶴著　六興出版　1981
『古代中韓日關係研究』 林天蔚・黃約瑟編　香港大學亞洲研究中心　1987
『古代の日朝関係』 山尾幸久著　塙書房　1989

304

『大加耶連盟の興亡と「任那」　加耶琴だけが残った』　田中俊明著　吉川弘文館　1992
『七世紀中葉唐与新羅関係研究』　拝根興著　中国社会科学出版社　2003
『古代朝鮮の国家と社会』　木村誠著　吉川弘文館　2004
『우리곁의고구려』　京畿道博物館　2005
『倭と加耶の国際環境』　東潮著　吉川弘文館　2006
『韓國의古代甲冑』　福泉博物館　2010
『日本の古代国家形成と東アジア』　鈴木靖民著　2011
『古代朝鮮三国統一戦争史』　盧泰敦著　岩波書店　2012

著者略歴
小和田泰経（おわだ　やすつね）
歴史研究家・真言宗智山派僧侶。昭和47年（1972）東京生まれ。國學院大學大学院文学研究科博士課程後期退学。専攻は、日本中世史・対外関係史。著書に『家康と茶屋四郎次郎』（静岡新聞社）、『戦国合戦史事典』（新紀元社）、『兵法』（新紀元社）など。

Truth In History 27

朝鮮三国志 高句麗・百済・新羅の300年戦争

2012年7月30日 初版発行

著　　　者	小和田泰経
編　　　集	碧水社／新紀元社編集部
発　行　者	藤原健二
発　行　所	株式会社新紀元社 〒160-0022 東京都新宿区新宿1-9-2-3F TEL：03-5312-4481　FAX：03-5312-4482 http://www.shinkigensha.co.jp/ 郵便振替　00110-4-27618
カバーイラスト	横井淳
本文イラスト	横井淳／福地貴子
デザイン・DTP	株式会社明昌堂
印 刷 ・ 製 本	株式会社リーブルテック

ISBN978-4-7753-1051-9
本書記事およびイラストの無断複写・転載を禁じます。
乱丁・落丁はお取り替えいたします。
定価はカバーに表示してあります。
Printed in Japan